Spanish 1 for Christian Schools®

Beulah E. Hager

Spanish 1
for Christian Schools®

Beulah E. Hager

Bob Jones University Press
Greenville, SC 29614

NOTE:
The fact that materials produced by other publishers are referred to in this volume does not constitute an endorsement by Bob Jones University Press of the content or theological position of materials produced by such publishers. The position of Bob Jones University Press, and the University itself, is well known. Any references and ancillary materials are listed as an aid to the student or the teacher and in an attempt to maintain the accepted academic standards of the publishing industry.

SPANISH I for Christian Schools®

Beulah E. Hager, M.A.

Produced in cooperation with the Bob Jones University Department of Modern Languages of the College of Arts and Science, the School of Religion, and Bob Jones Academy.

for Christian Schools is a registered
trademark of Bob Jones University Press.

ISBN 0-89084-659-6

15 14 13 12 11 10 9 8 7 6 5 4

TABLE OF CONTENTS

Table of Contents

Table of Contents

Table of Contents

CAPÍTULO UNO

Introducción

Welcome to the study of Spanish! This book has been written with you, the student, in mind. You will learn to read, write, speak, and sing in Spanish. You will also become acquainted with the countries, customs, and people of the Hispanic world.

Because "God so loved the world that he gave his only begotten Son," you will learn how to tell others about God's love in Spanish. Perhaps some day you will meet some Spanish-speaking people with whom you will want to share that love. You have the opportunity now to prepare for that day. *¡Que Dios le bendiga!*

SALUDOS ▲▲

Morning Greetings

Pedro:	Buenos días, Roberto.
Roberto:	Buenos días. ¿Cómo estás?
Pedro:	(Yo) estoy muy bien, gracias. ¿Y tú?
Roberto:	Estoy bien también.

how — informal

Carmen:	¡Hola, María!
María:	¡Hola, Carmen! ¿Qué tal?
Carmen:	Regular, gracias. Y tú, ¿cómo estás?
María:	Más o menos, gracias.

Afternoon Greetings

Rosa meets her teacher after school in the afternoon.

Sra. Gómez:	Buenas tardes, Rosa. ¿Cómo estás?
Rosa:	Muy bien, gracias. ¿Y cómo está usted, señora Gómez?
Sra. Gómez:	Bien, gracias. Adiós.
Rosa:	Adiós, señora.

Evening Greetings

Carlos meets his teacher one evening.

Carlos:	Buenas noches, señor Rojas.
Sr. Rojas:	Buenas noches, Carlos. ¿Cómo estás?
Carlos:	Muy bien, gracias. ¿Y cómo está usted?
Sr. Rojas:	Muy bien, gracias. Adiós.
Carlos:	Adiós. ¡Hasta mañana!

(*Buenas noches* means both ''Good evening'' and ''Good night.'')
Note: In Spanish, the inverted question mark (¿) signals the beginning of a question.

Capítulo Uno

Sr. Fuente:	Buenos días, Miguel.
Miguel:	¡Buenos días, señor Fuente! ¿Cómo está usted?
Sr. Fuente:	Muy bien, gracias. ¡Hasta luego!

until later

Luis:	¡Hola, Paco!
Paco:	Hola, Luis, ¿qué tal?
Luis:	Muy bien. ¡Hola, Pedro! ¿Cómo estás?
Pedro:	Estoy bien, gracias. ¡Adiós!

Did you notice that when young people greet each other they say, *¿Cómo estás?*, but when they greet adults they say, *¿Cómo está usted?* Adults are greeted in a more formal manner.

Repaso (*Review*)

	Greeting	*Reply*
To greet a friend or family member:	¡Hola! ¿Cómo estás? ¿Qué tal?	¡Hola! ¡Muy bien! ¿Y tú? ¡Bien, gracias!
To greet an adult formally: (in the morning) (in the afternoon) (in the evening)	¿Cómo está usted? ¡Buenos días, señor! ¡Buenas tardes, señor! ¡Buenas noches, señora!	¡Muy bien, gracias! ¡Buenos días! ¡Buenas tardes! ¡Buenas noches!
	Taking leave	*Reply*
To take leave of anyone:	¡Adiós! ¡Hasta luego! ¡Hasta mañana!	¡Adiós! ¡Hasta luego! ¡Hasta mañana!

■ **Actividad 1**   ¡Buenos días! ¡Hola!

Imagine that you are on your way to school. You meet the following people. Greet each one using *¡Buenos días!* or *¡Hola!* as appropriate.

1. Carlos   Hola
2. Carmen
3. Señor Díaz
4. Ricardo
5. Señorita Blanco

6. Felipe
7. Señora de Pérez
8. Margarita
9. Señor Vila
10. Señora de Sánchez

■ **Actividad 2**

Imagine that you are spending the day at the park. You meet the following people. Greet them appropriately according to the time of day indicated.

Model: Señor Sánchez (7 P.M.)
         ¡Buenas noches, señor Sánchez!

1. Señorita Jiménez (8 A.M.)
2. Señor Santana (Noon)
3. Señora de Ortiz (9 P.M.)
4. Señor García (4 P.M.)

5. Señorita Ávila (10 A.M.)
6. Señora de Díaz (11 P.M.)
7. Señor Morales (2 P.M.)
8. Señor Sánchez (6 A.M.)

■ **Actividad 3**

Imagine that you are living in Perú. You are going for a walk in your neighborhood. As you meet the following people, ask them how they are doing. (Use *¿Cómo estás?* or *¿Cómo está Ud.?* as appropriate.) Then say good-by. (Use *¡Adiós!* or *¡Hasta luego!* or *¡Hasta la vista!*)

Models: (María)   *¿Cómo estás, María? ¡Adiós!*
          (Sra. Valdez)   *¿Cómo está Ud., señora Valdez? ¡Hasta luego!*

1. Elena
2. Roberto
3. Señora de Pascual
4. Señorita García
5. Paco
6. Señor Castro
7. Miguel
8. Señorita Meléndez
9. Raquel
10. Señora de Santana

PRESENTACIONES ▲▲▲▲▲▲▲▲▲▲▲▲▲▲▲▲▲▲▲▲▲▲▲▲▲▲▲▲

Margarita: ¡Hola! Soy Margarita. ¿Cómo te llamas?
Felipe: Me llamo Felipe.
Margarita: Mucho gusto, Felipe.
Felipe: ¿Cómo se llama la profesora?
Margarita: Se llama la señorita Rojas.

■ **Actividad 4**   ¿Cómo te llamas?
Ask your classmates their names by following the model.
Model: Estudiante 1:   *¡Hola! Soy (Pedro). ¿Cómo te llamas?*
Estudiante 2:   *Me llamo _____.*

■ **Actividad 5**   ¿Cómo se llama?
Answer the following questions.   Home work
Mi padre se llama Alan.
1. ¿Cómo se llama tu padre?
2. ¿Cómo se llama tu madre?
3. ¿Cómo se llama tu mejor amiga? (*best friend—female*)
4. ¿Cómo se llama tu mejor amigo? (*best friend—male*)
5. ¿Cómo se llama tu pastor?
6. ¿Cómo se llama tu profesor de español?
7. ¿Cómo se llama tu profesor de inglés?
8. ¿Cómo se llama el presidente de los Estados Unidos (*United States*)?
9. ¿Cómo se llama el director de tu escuela?
10. ¿Cómo se llama tu escuela?

ADJETIVOS ▲▲▲▲▲▲▲▲▲▲▲▲▲▲▲▲▲▲▲▲▲▲▲▲▲▲▲▲▲▲▲▲▲▲▲

You already know more words in Spanish than you realize. How many of these words do you recognize?

normal, justo, posible, imposible, práctico, impráctico, probable, inteligente, terrible, maravilloso, espléndido, interesante, brillante, importante, necesario, innecesario, estudioso, académico, común, famoso, impulsivo, cruel, sincero, generoso, nervioso, religioso, diplomático, político, económico

■ **Actividad 6**

Use the adjectives on page 5 to complete the following sentences. Use at least two adjectives for each sentence.

Model: *El profesor es sincero y brillante.*

1. El español es _____.
2. Mi padre es _____.
3. Mi pastor es _____.
4. El amor (*love*) es _____.
5. Mi amigo es _____.

■ **Actividad 7**

Complete the following sentences as you did in Actividad 6, but change the endings of the adjectives from -o to -a since the nouns below are feminine. Adjectives that end in -e remain the same.

Model: *La profesora es sincera y brillante.*

1. La historia es _____.
2. Mi madre es _____.
3. Mi escuela es _____.
4. La clase de español es _____.
5. La Biblia es _____.

LOS NÚMEROS ▲▲▲▲▲▲▲▲▲▲▲▲▲▲▲▲▲▲▲▲▲▲▲▲▲▲▲▲▲▲▲▲

Vamos a contar.

cero	0	cuatro	4	ocho	8
uno	1	cinco	5	nueve	9
dos	2	seis	6	diez	10
tres	3	siete	7		

■ **Actividad 8**   Números de teléfono

Your address book contains the telephone numbers of all your friends. Give their telephone numbers, according to the model.

Model: Raúl, 624-9153

   El número de Raúl es seis-dos-cuatro-nueve-uno-cinco-tres.

1. Pilar, 291-4586
2. Ramón, 321-5796
3. Lidia, 453-6182
4. Pedro, 248-0956
5. María, 621-4390
6. Pepe, 589-0761
7. Isabel, 792-5043
8. Andrés, 862-9410

■ **Actividad 9**   ¿Cuál es tu número de teléfono?

Ask your classmates to give you their telephone numbers as you write them down.

Model: *Estudiante 1:   ¿Cuál es tu número de teléfono?*
      Estudiante 2:   Mi número de teléfono es . . .

PROFESIONES ▲▲▲▲▲▲▲▲▲▲▲▲▲▲▲▲▲▲▲▲▲▲▲▲▲▲▲▲▲▲▲▲

Many occupations and professions have similar titles in Spanish and English. How many of these do you recognize?

profesor, estudiante, oficinista, secretaria, doctor, dentista, pastor, ministro, músico, violinista, guitarrista, organista, pianista, arquitecto, ingeniero, electricista, contratista, carpintero, plomero, aviador, piloto, general, capitán, sargento, detective, policía

LA FAMILIA ▲▲▲▲▲▲▲▲▲▲▲▲▲▲▲▲▲▲▲▲▲▲▲▲▲▲▲▲▲▲▲▲▲▲

La familia Sánchez

■ **Actividad 10**

Refer to the family tree above to fill in the blanks.

1. Juan Sánchez es el padre de Marcos. Marcos es el _____ de Juan Sánchez.
2. Juan Sánchez es el padre de Anita. Anita es la _____ de Juan.
3. Anita y Marcos son los _____ de Juan Sánchez.
4. Rosa Sánchez es *la esposa* de Juan. Es la _____ de Anita y Marcos.
5. Carmen y Pedro Sánchez son los padres de Juan Sánchez. Son los _____ de Marcos y Anita.
   abuelos

Introducción

7

- Antonio Sánchez es *hermano* de Juan Sánchez. Antonio Sánchez es *tío* de Marcos y Anita.
- Raquel y Tito son *hermanos*. Son los *sobrinos* de Juan y Rosa Sánchez.
- Raquel es *prima* de Anita y Marcos.
- Tito es *sobrino* de Juan Sánchez.
- Rebeca Sánchez es *tía* de Marcos y Anita.

Pedro Carmen

Rosa Juan Antonio Rebeca

Anita Marcos Raquel Tito

■ **Actividad 11** ¿Quién es?, ¿Quiénes son? *(who is?, who are?)*
1. ¿Quién es el primo de Marcos?
2. ¿Quiénes son los tíos de Marcos y Anita?
3. ¿Quién es el hermano de Antonio Sánchez?
4. ¿Quiénes son los sobrinos de Juan Sánchez? Nephew
5. ¿Quiénes son los abuelos de Anita, Marcos, Raquel y Tito?

■ **Actividad 12**

Answer the following questions.
1. ¿Tiene Ud. *(Do you have any)* hermanas?
   Sí, tengo *(Yes, I have)* . . . No, no tengo . . .
2. ¿Tiene hermanos? ¿Cómo se llaman?
3. ¿Cuántos *(How many)* primos tiene Ud.?
   ¿Cómo se llaman?
4. ¿Tiene sobrinos?
5. ¿Cuántos abuelos tiene?
6. ¿Tiene tíos?

un - a   el - the
una - a   la - the

LA CLASE ▲▲▲▲▲▲▲▲▲▲▲▲▲▲▲▲▲▲▲▲▲▲▲▲▲▲▲▲▲▲▲▲▲▲▲▲▲▲▲

¿Qué es esto?
Es . . .

una pizarra
Srta. Campos
Abran sus libros
una ventana
una tiza
un borrador
un libro
una puerta
una silla
una profesora
un cuaderno
un papel
un lápiz
un escritorio
un bolígrafo
una estudiante
un pupitre
un estudiante

Now for quiz Friday

■ **Actividad 13**

Point to objects in your classroom and ask your classmates what each one is.

Expresiones en la clase

Levanten la mano.	*Raise your hand.*
Bajen la mano.	*Lower your hand.*
Escuchen.	*Listen.*
Repitan.	*Repeat.*
Párense.	*Stand up.*
Siéntense.	*Sit down.*
Contesten en español.	*Answer in Spanish.*
Abran el libro.	*Open the book.*
Cierren el libro.	*Close the book.*
¿Hay preguntas?	*Are there any questions?*
¡Silencio!	*Quiet!*
Miren.	*Look.*
Por favor.	*Please.*

LOS DÍAS DE LA SEMANA ▲▲▲▲▲▲▲▲▲▲▲▲▲▲

lunes	jueves	sábado
martes	viernes	domingo
miércoles		

(Did you notice that the days of the week are not capitalized in Spanish and that the week starts with Monday?)

¿Qué día es hoy (mañana)?   *What day is today (tomorrow)?*
Es viernes.   *It's Friday.*

▪ Actividad 14

Answer the following questions.

1. Si *(If)* hoy es martes, ¿qué día es mañana?
2. Si hoy es lunes, ¿qué día es mañana?
3. Si hoy es sábado, ¿qué día es mañana?
4. Si mañana es domingo, ¿qué día es hoy?
5. Si mañana es miércoles, ¿qué día es hoy?
6. Si mañana es viernes, ¿qué día es hoy?

EL ALFABETO ▲▲▲▲▲▲▲▲▲▲▲▲▲▲▲▲▲▲▲▲▲▲▲▲▲▲▲▲▲▲▲▲▲▲

The letters of the Spanish alphabet are almost the same as the letters in the English alphabet (there are some extra ones in the Spanish alphabet), but few sounds are exactly the same. Spanish vowels are called pure vowels because each consists of only one sound, unlike some English vowels which are actually two sounds blended together. Spanish consonant sounds, while similar in most cases to their English equivalents, are not identical. You will be exposed to these differences throughout the course of the book. You must listen carefully to your teacher and to the sounds on the tapes to hear the differences in the sounds. The names of the letters are given within parentheses.

a	(a)	j	(jota)	r	(ere)
b	(be grande)	k	(ka)	rr	(erre)
c	(ce)	l	(ele)	s	(ese)
ch	(che)	ll	(elle)	t	(te)
d	(de)	m	(eme)	u	(u)
e	(e)	n	(ene)	v	(ve; be chica)
f	(efe)	ñ	(eñe)	w	(doble v)
g	(ge)	o	(o)	x	(equis)
h	(hache)	p	(pe)	y	(i griega)
i	(i)	q	(cu)	z	(zeta)

Las vocales: a, e, i, o, u   Las consonantes: b, c, ch, d, f, g, h . . .

■ **Actividad 15**   Su nombre

Tell how each of the following students writes his name.

Model: *María Blanco se escribe M-a-r-i (con acento)-a B-l-a-n-c-o.*

1. Juan Campos
2. Marta García
3. Pedro López
4. Sandra Sánchez
5. Pablo Ortiz
6. Máximo Mendoza
7. Diana Santos
8. Ana Concha

LA PUNTUACIÓN Y DIVISIÓN EN SÍLABAS

Generally, Spanish follows the same rules for capitalization and punctuation as English. But there are some exceptions. Please be aware of the following exceptions as they will be used throughout this book.

1. Only the first word of a title is capitalized unless other words are normally capitalized. *(Dime la historia de Cristo)*
2. Names of the days of the week and months of the year are *not* capitalized. *(lunes, martes, enero, diciembre)*
3. An inverted question mark (¿) or an inverted exclamation mark (¡) shows where a question or an exclamation begins. The normal marks (? !) come at the end. *(¿Cómo te llamas?, ¡Qué lástima!)*
4. At the end of quotations, the period goes *after* the quotation marks. *(''Dios es amor''.)*
5. In a series, no comma separates the next to the last item and the word *y* (*and*). *(Tengo una revista, un libro y un disco.)*

División en sílabas

Dividing a word into syllables will help you pronounce it correctly in Spanish. Here are two simple rules to help you divide words into syllables.

1. If a consonant comes between two vowels, divide after the first vowel (*ca-sa*). Note: The consonants *ll, rr,* and *ch* are single consonants.
   Divide the following words into syllables: *mu-la*
       capa, cama, ella, risa, noche, sabe, carro, tocallo, camino, sílabas, separan, muchachos
2. Always divide between two consonants unless the second consonant is *l* or *r* (*has-ta, ár-bol;* but *ta-bla, Pe-dro*).
   Divide the following words into syllables: *cen-tro*
       libro, letra, palabra, hombre, contenido, gusto, habla, clavo, español, cinco, trece

CAPÍTULO DOS

La lengua española

More than three hundred million people around the world claim Spanish as their mother tongue. Spanish is the third most widely spoken language in the world. The people who share this language are called Hispanics. Only those from Spain are called Spaniards.

Spanish is the official language of twenty countries: Spain, 16 Central and South American countries, and the Caribbean islands of Puerto Rico, the Dominican Republic, and Cuba.

There are over twenty-five million Hispanics living throughout the United States. Thus Spanish has become the second language of importance in our country. Almost three million Hispanics, mainly Dominicans and Puerto Ricans, live in the metropolitan New York area. It is said that more Puerto Ricans live in New York City than live in San Juan, Puerto Rico.

Since Fidel Castro's 1959 takeover of Cuba, more than a million Cubans have settled in Miami, Florida. The southwestern part of Miami has been *Little Havana* called *la pequeña Habana*. Most restaurants, stores, and businesses there have Spanish names, and signs in stores sometimes read, "English spoken here." The Cubans' businesses contribute about $900 million annually to the Miami community.

Chicanos, people of Mexican descent, are concentrated mainly in the southwestern states and in Chicago. Almost five million Hispanics live in Los Angeles and another million in San Francisco. Over two million live in Houston, San Antonio, Dallas, Ft. Worth, and El Paso. Mexicans and people from other Central American countries are continually crossing the border into the United States.

Lección 1

DIÁLOGO ▲▲▲▲▲▲▲▲▲▲▲▲

En la iglesia

Felipe is walking down the street on his way to church. He meets Marcos.

Felipe:	Buenos días, Marcos.	
Marcos:	Buenos días, Felipe. ¿Cómo estás?	
Felipe:	¡Muy bien! Hoy es domingo. *Voy a* la iglesia.	*I am going to*
Marcos:	¿A la iglesia?	
Felipe:	Sí. *Ven conmigo.*	*Come with me.*
Marcos:	O.K.	

They walk together for another two blocks, and they reach the church.

Felipe:	Es la iglesia.	
Marcos:	¿Es la iglesia metodista?	
Felipe:	No, no es metodista. Es bautista.	
Marcos:	La congregación es *grande.*	*big*
Felipe:	Sí, es grande. Escucha. El coro *canta* un himno.	*sings*

After the choir sings, the speaker walks to the pulpit.

El misionero:	El Señor les bendiga, hermanos. Abran sus Biblias al libro de los Salmos . . .	
Marcos:	(Whispers to Felipe) ¿Es el pastor?	
Felipe:	No, no es el pastor. Es un misionero. *Él va a predicar hoy.*	*He is going to preach today.*

They listen to the sermon, and then the service is dismissed.

Felipe:	El misionero es mi tío.	
Marcos:	*¿Verdad?*	*really?*
Felipe:	Sí, es mi tío favorito.	
Marcos:	Es un predicador interesante. Gracias, Felipe, *por invitarme a* la iglesia.	*for inviting me to*
Felipe:	Gracias *por acompañarme.* ¡Hasta luego!	*for going with me.*

Conversación

1. ¿Cómo se llaman los muchachos?
2. ¿Qué día es hoy?
3. ¿Es la iglesia metodista?
4. ¿Es el pastor el predicador hoy?
5. ¿Es el misionero el tío de Felipe?

Translate

answer

Now for quiz Friday

VOCABULARIO ▲▲▲▲▲▲▲▲▲▲▲▲▲

una iglesia

un coro

un himnario

un predicador

una Biblia

una oración

un cristiano

una congregación

Vocabulario adicional

un creyente	*a believer*
un himno	*a hymn*
un misionero	*a missionary*
un Nuevo Testamento	*a New Testament*

GRAMÁTICA ▲▲▲▲▲▲▲▲▲▲▲▲▲▲▲▲▲▲▲▲▲▲▲▲▲▲▲▲▲▲▲▲▲▲▲

El sustantivo y el artículo indefinido

Nouns are used to designate people, animals, and things. In Spanish all nouns have gender. They are either masculine or feminine. The indefinite article *un* is used with masculine nouns, and the indefinite article *una* is used with feminine nouns.

Masculine nouns	Feminine nouns
un señor	una señora
un himnario	una Biblia
un lápiz	una oración

How can you tell if a noun (*sustantivo*) is masculine or feminine?

1. Nouns used to designate people usually keep their natural gender.
    a. Nouns used to designate male persons are generally masculine:
       un señor, un pastor, un muchacho, un amigo.

    b. Nouns used to designate female persons are generally feminine:
       una señora, una maestra, una muchacha, una amiga.

2. Sometimes you can tell the gender of nouns by their endings.
    a. Most nouns ending in **-o** are masculine:
       un libro, un himno, un himnario (but *una mano*, a hand).

    b. Most nouns ending in **-a** are feminine:
       una iglesia, una Biblia (but *un día*, a day; *un mapa*, a map).

    c. Most nouns ending in **-r, -n, -l** are masculine:
       un predicador, un avión, un papel.

    d. Most nouns ending in **-d, -ción, -sión** are feminine:
       una pared, una congregación, una oración, una expresión.

    e. Nouns ending in **-e** or **-z** may be either masculine or feminine:
       un sobre, una llave; un lápiz, una cruz.

It is a good idea to learn new nouns together with their articles, because gender is not always predictable. Think of "*una* oración" and not just "oración."

handwritten notes in margin:
r, n, l — masculine
d, ción, sión — fem
e, z — either/or

■ **Actividad 1**

Write the correct indefinite article for each of these words.

1. _una_ maestra
2. _un_ profesor
3. _una_ casa
4. _una_ secretaria
5. _una_ iglesia
6. _un_ himno

7. _una_ muchacha
8. _un_ Testamento
9. _un_ himnario
10. _un_ coro
11. _un_ muchacho
12. _un_ misionero

■ **Actividad 2**

Copy the following phrases and write the correct indefinite article in the space provided.

1. Es _un_ televisor.
2. Es _un_ nación.
3. Es _un_ papel.
4. Es _un_ congregación.
5. Es _una_ ventana.

6. Es _un_ pupitre.
7. Es _un_ avión.
8. Es _un_ llave.
9. Es _una_ cruz.
10. Es _un_ predicador.

■ **Actividad 3**

Ask a classmate *¿Qué es esto?* as you point to various objects in your classroom. He should answer according to the model.

Modelo: *Alumno 1: ¿Qué es esto?* (pointing to the window)
       Alumno 2: Es una ventana.

El negativo

Compare the following sentences:

Es un cuaderno.   No es un cuaderno.
Es una ventana.   No es una ventana.
Es un lápiz.   No es un lápiz.

To form the negative, *no* is placed before the verb. The negative form of *es* is *no es*.

■ **Actividad 4**

Make each of the following sentences negative.

Modelo: Es un libro.

No es un libro.

1. Es una puerta.
2. Es un pupitre.
3. Es una llave.
4. Es un Nuevo Testamento.
5. Es un avión.

6. Es una muchacha.
7. Es un himnario.
8. Es una iglesia.
9. Es una cruz.
10. Es un pastor.

Preguntas y respuestas

To ask a question with the verb form *es,* simply raise the intonation of your voice at the end of the sentence.

¿Es un libro?

To answer in the affirmative, the intonation of your voice should go down at the end of the sentence.

Sí, es un libro.

To answer in the negative, first answer *no,* and then make the verb negative.

¿Es un lápiz? —No, no es un lápiz. Es una pluma.

(Notice that the English pronoun *it* is not translated in Spanish but is contained in the verb itself.)

■ **Actividad 5**

Answer the following questions according to the model.

Modelo: ¿Es una escuela?

No, no es una escuela. Es una iglesia.

1. ¿Es un Nuevo Testamento?

2. ¿Es un coro?

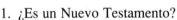

4. ¿Es una congregación?

3. ¿Es un pupitre?

5. ¿Es un muchacho?

6. ¿Es una ventana?

Lección 1: En la iglesia

El sustantivo y el artículo definido

The definite article **el** is used before masculine nouns:

el muchacho (the boy), *el carro* (the car).

The definite article **la** is used before feminine nouns:

la muchacha (the girl), *la iglesia* (the church).

The indefinite articles (un, una) are general: *un libro* (a book).

The definite articles (el, la) are specific: *el libro* (the book).

■ Actividad 6

There are many people at the church where Felipe and Marcos are visiting. Marcos asks who they are. Felipe seems to know everyone attending and answers him. Play both roles according to the model.

Modelo: un muchacho: Roberto

  Marcos: ¿Cómo se llama el muchacho?

  Felipe: ¿El muchacho? Se llama Roberto.

1. una señorita: Teresa
2. un estudiante: Tomás ~~Sunday School~~
3. una maestra de escuela dominical: Ana María Gómez
4. un pastor: Carlos López
5. un misionero: José Antonio
6. un señor: Víctor Rojas
7. una muchacha: Marta Ramos

■**Actividad 7**

Give the masculine and feminine counterparts for each of these nouns.

Modelo: el maestro   *la maestra*

1. el muchacho _____
2. la señora _____
3. el amigo _____
4. la hermana _____
5. el profesor _____
6. el padre _____
7. la hija _____

VERSÍCULO ▲▲▲▲▲▲▲▲▲▲▲▲▲▲▲▲▲▲▲▲▲▲▲▲▲▲▲▲▲▲▲

"Jehová es mi pastor; nada me faltará". Salmo 23:1

PRONUNCIACIÓN ▲▲▲▲▲▲▲▲▲▲▲▲▲▲▲▲▲▲▲▲▲▲▲▲▲▲

El sonido de la vocal *a*

The sound of the Spanish vowel *a* is similar to the sound of the English vowel *a* in "father," but it is said more quickly. The corners of the mouth are drawn back slightly as for a smile.

Modelo: mamá

Practique las palabras:

casa   papá
lava   Susana
mata   Managua
ventana

Practique las frases:

Papá lava la ventana de la casa.
Susana va a Managua.

El sonido de la vocal *e*

The sound of the Spanish vowel **e** is similar to the first **e** of the word "element." A big smile is necessary to pronounce this sound correctly.

Modelo: nene

Practique las palabras:

feo – ugh   meseta
es   pero
mesa

Practique la frase:

El nene feo ve la meseta.

Lección 1: En la iglesia

NOTA CULTURAL ▲▲▲▲▲▲▲▲▲▲▲▲▲▲▲▲▲▲▲▲▲▲▲▲▲▲▲▲▲▲

La religión en Hispanoamérica

After Christopher Columbus discovered America in 1492, the Spanish conquistadors took Catholic missionaries with them as they explored the New World. The missionaries wanted to convert the Indians to their Catholic religion. Often the Indians just added the Catholic rituals to their native religious beliefs, and the Catholics added the Indian idols to theirs. Catholicism thus became the official religion of most of the Latin American countries.

Today some religious freedom exists in most Hispanic countries. Many of these countries, however, restrict the number of missionaries and the type of work the missionaries may do. For example, at one time a new missionary was not allowed to enter Peru until another missionary had left the country. In Mexico a foreign missionary may not pastor a church. All pastors must be Mexican.

There are many faithful national pastors and Christian leaders in the evangelical churches of Latin America; however, many towns and villages still have no gospel witness. The national leadership needs more training. Open doors need to be entered now!

Cuestionario

1. Why is Catholicism predominant in Hispanic countries?
2. What was the objective of the early Spanish missionaries?
3. Name two examples that show the lack of complete religious freedom in Latin America.
4. What opportunities are available for a missionary in Latin America today?

Lección 2

DIÁLOGO ▲▲▲

La casa

La señora Elena de Martínez is calling the office of Rafael Sánchez to see
if he has a house available to rent.

Sr. Sánchez: ¡Hola! La oficina del señor Rafael Sánchez.

Sra. de Martínez: ¡Hola, señor! Me llamo Elena de Martínez. ¿Tiene
Ud. casas para *alquilar*?　　　　　　　　　　　　　*alquilar = to rent*

Sr. Sánchez: Sí, señora.

Sra. de Martínez: *Necesito* una para mi familia.　　　　　　　　*I need*

Sr. Sánchez: Tengo una casa y un apartamento.

Sra. de Martínez: *¿Cuántos cuartos* tiene la casa?　　　　　　*How many rooms*

Sr. Sánchez: La *primera planta* tiene cocina, comedor, sala y　*first floor*
baño. La *segunda planta* tiene tres dormitorios y un　*second floor*
baño.

Sra. de Martínez: ¿Tiene garaje?

Sr. Sánchez: Sí, es para dos carros.

Sra. de Martínez: ¡Qué bueno! Mi esposo tiene un carro, y yo tengo un
carro *también*.

Sr. Sánchez: Y tiene un patio grande. ¿Tiene Ud. *niños*?　　　　*children*

Sra. de Martínez: Sí, señor. Tengo dos niños y dos niñas. También tengo un perro y un gato.

Sr. Sánchez: Su familia es grande, señora. Mi casa es perfecta
para usted.

Sra. de Martínez: *¿Cuánto cuesta*, señor?　　　　　　　　　　*How much is it?*

Sr. Sánchez: *Cuatrocientos* al mes. *No incluye* luz y agua. Está en　*$400 / Does not*
la calle Cervantes, número seis.　　　　　　　　　*include*

Sra. de Martínez: Muchas gracias, señor. *Voy a hablar con mi esposo.*　*I am going to talk*
with my husband.

Conversación

1. ¿Qué necesita Elena de Martínez?
2. ¿Qué tiene Rafael Sánchez para alquilar?
3. ¿Tiene la casa cocina y comedor? ¿Qué más tiene?
4. ¿Por qué es perfecta la casa para la Sra. Martínez?
5. ¿Cuánto es la renta?
6. ¿Dónde está la casa?

VOCABULARIO ▲▲▲▲▲▲▲▲▲▲▲▲▲▲▲▲▲▲▲▲▲▲▲▲▲▲▲▲

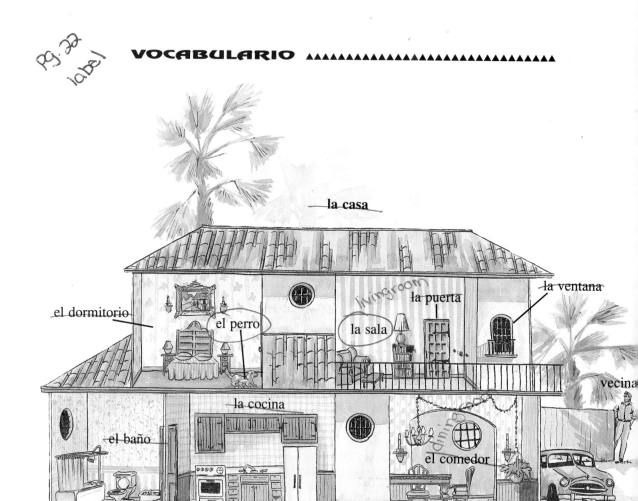

la casa

el dormitorio

el perro

la sala

livingroom

la puerta

la ventana

vecina

la cocina

el baño

dining room

el comedor

el gato

el carro
(coche)

GRAMÁTICA ▲▲▲▲▲▲▲▲▲▲▲▲▲▲▲▲▲▲▲▲▲▲▲▲▲▲▲▲▲▲▲▲▲

El verbo tener (singular)

The verb forms *tengo, tienes,* and *tiene* indicate possession. The singular forms of the verb **tener** (to have) are listed below along with the subject pronouns.

yo	tengo
tú	tienes
usted (Ud.), él, ella	tiene

Capítulo Dos

Pronombres personales (singular)

Since the endings of the Spanish verbs are usually enough to indicate who the subject is, it is normal to omit the subject pronoun.

Tengo una casa bonita.	*(I) have a nice house.*
Tienes un apartamento.	*(You) have an apartment.*
Es grande.	*(It) is big.*

Subject pronouns are used mainly for emphasis or for clarification if the subject is not clear.

Ella tiene un perro, pero *él* tiene un gato.

If you would raise your voice to emphasize the subject pronoun in English, you may use the subject pronoun in Spanish. *Usted* may be used more often than the other pronouns, but be careful not to use it in excess.

Buenos días, Sra. Torres. ¿Cómo está *usted*?

Note: The formal form of you is **Usted** and is always used when you speak to people whom you would not address by their first names; **tú** is the familiar form and is used with people whom you would address by their first names.

■ **Actividad 1**   home work

Use the correct form of the verb *tener* (tengo, tienes, tiene).

1. (Yo) _____ una bolsa.
2. Juan _____ un libro.
3. Ud. _____ un bolígrafo.
4. Rosita _____ una silla.
5. (Yo) _____ un lápiz.

6. Ella _____ un borrador.
7. Él _____ una amiga.
8. (Tú) _____ una tiza.
9. Él _____ un cuaderno.
10. (Tú) _____ una Biblia.

Adjetivos posesivos (singular)

Possessive adjectives correspond to the subject pronouns. They have the following forms:

Subject Pronouns	Possessive Adjectives
yo - I	mi - my
tú - you (familiar)	tu - your
usted, él, ella	su - his or her, your

Yo tengo un lápiz en (mi) cartera.
Tú tienes un perro en (tu) casa.
Él tiene un piano en (su) casa.
Ella tiene dos baños en (su) casa.
Ud. tiene una sala grande en (su) apartamento.

hay - there is
there are

Possessive adjectives do *not* have accents (*tu*). Some of the subject pronouns do (*tú*).

Lección 2: La casa

23

■ **Actividad 2** homework

Insert the correct form of the verb *tener* and an appropriate possessive adjective to complete each sentence. Follow the model.

Modelo: María / silla / casa

María tiene una silla en su casa.

1. Paco / radio / carro
2. Yo / estufa / cocina
3. Lisa / libro / pupitre
4. Azucena / cuartos / casa
5. Yo / baño / apartamento
6. Tú / cama / dormitorio
7. Ud. / perro / sala
8. Ella / mesa / comedor

■ **Actividad 3**

Turn to a classmate next to you and ask him whether he has the following things.

Modelo: hermana

Estudiante 1: *¿Tienes una hermana?*
Estudiante 2: *Sí, tengo una hermana.*

1. perro
2. carro
3. lápiz
4. guitarra
5. Biblia
6. gato
7. piano
8. amiga
9. libro de español
10. diccionario

A chorus to sing:

Yo tengo gozo

(1) Yo tengo gozo, gozo en mi corazón, (¿dónde?) en mi corazón, (¿dónde?) en mi corazón; yo tengo gozo, gozo en mi corazón, porque Cristo me salvó.

(2) Tú tienes paz, paz, paz, paz en tu corazón. . . . porque Cristo te salvó.

(3) Él tiene alegría en su corazón. . . . porque Cristo le salvó.

El artículo definido con títulos ante apellidos

The definite article (el, la) is used with a title before the last name of someone you are talking about.

Compare:

Es Elena de Martínez.   Es **la** señora de Martínez.
Es mi médico.   Es **el** doctor Pérez.
Jesucristo es mi amigo.   **El** Señor Jesucristo es mi amigo.

The definite article is *not* used if you are addressing the person.

Buenos días, Srta. López. ¿Cómo está Ud.? *but,* La señorita López es mi profesora.

■**Actividad 4** ¿Quién es? *(Who is?)*

Ana and Pablo are in the park. They watch people come to spend the day. Ana asks Pablo who they are. Along with a classmate, play the roles of Ana and Pablo.

Modelo: Sr. Vargas
                Ana: ¿Quién es él?
                Pablo: Es el señor Vargas.

1. José Pérez
2. Sra. de Espinosa
3. Srta. Aranda
4. Josefina García

5. Dr. Santos
6. Profesora Miranda
7. Sr. Vázquez
8. Marina Campos

■**Actividad 5**

Copy the phrase and write the definite article in the space provided if necessary.

1. Es _____ Carmen.
2. Es _____ señor Díaz.
3. Buenos días, _____ Srta. Cintrón.
4. ¿Cómo está Ud., _____ Sr. Gómez?
5. Es _____ doctor Paz.
6. _____ Señor Jesucristo es mi amigo.
7. Es _____ señora de Díaz.
8. ¿Tiene Ud. una Biblia, _____ Sr. Mora?
9. ¿Tiene _____ Srta. Vargas una casa en Puerto Rico?
10. Ella es _____ doctora Suárez.

VERSÍCULO ▲▲▲▲▲▲▲▲▲▲▲▲▲▲▲▲▲▲▲▲▲▲▲▲▲▲▲▲▲▲▲▲▲▲▲▲▲▲▲

"El que tiene al Hijo, tiene la vida; el que no tiene al Hijo de Dios no tiene la vida".   I Juan 5:12

PRONUNCIACIÓN ▲▲▲▲▲▲▲▲▲▲▲▲▲▲▲▲▲▲▲▲▲▲▲▲▲▲▲▲▲

El sonido de la vocal *i*
The sound of the Spanish vowel *i* is that of the sound of the *ee* in "see," but it is more clipped. The lips need to be stretched to form a long slitlike opening as for a big smile. Modelo: pita
> Practique las palabras:

sí	dice	maní
silla	prima	hijo

> Practique la frase:
> **Mi** prima dice: Mira mi linda piña.

NOTA CULTURAL ▲▲▲▲▲▲▲▲▲▲▲▲▲▲▲▲▲▲▲▲▲▲▲▲▲▲▲▲▲

Apellidos
How many last names do you have? Probably only one. But in Spanish-speaking countries, each person uses two last names *(apellidos)*. His first *apellido* is that of his father, which corresponds to the last name we use in the United States; the second is that of his mother. Juan's father's name is Pedro **Santana** Gómez. His mother's name is Carmen **Sosa** de Santana. Juan's name then is **Juan Santana Sosa.**

A girl keeps her paternal *apellido* when she marries and adds *de* + her husband's paternal *apellido*. Juan's sister is Sara Santana Sosa; but when she marries Tomás **Ruiz** Vargas, her name will be **Sara Santana de Ruiz** or for short, **Sra. de Ruiz.** What would your name be in a Spanish-speaking country?

Cuestionario
1. How many last names do Hispanics have?
2. Is the first last name that of the mother or father?
3. Is the second last name that of the mother or father?
4. Julia Ruíz Santana married Juan Gómez González. What is her married name?

Lección 3

DIÁLOGO ▲▲

En el colegio

Lucía and Juan are students in a high school. They meet in the hallway.

Lucía:	¡Hola, Juan! ¿Qué clases tienes *esta mañana*?	*this morning*
Juan:	Tengo matemáticas en el aula 207 a las ocho. A las nueve tengo literatura, y a las once, historia. ¿Y tú?	
Lucía:	Tengo biología en el laboratorio *ahora*. A las nueve tengo historia y a las doce, educación física en el gimnasio.	*now*
Juan:	¿Quién es el profesor de biología?	
Lucía:	El señor Suárez. Es mi profesor favorito.	
Juan:	¿Es difícil su clase de biología?	
Lucía:	No, no es difícil. La clase del Sr. Suárez es muy interesante.	
Juan:	Es interesante *estudiar reptiles* en el laboratorio, ¿no?	*to study reptiles*
Lucía:	¡Ay, no, yo detesto los reptiles!	

Conversación

1. ¿Qué clases tiene Juan hoy?
2. ¿Qué clases tiene Lucía?
3. ¿Dónde tiene Juan la clase de matemáticas?
4. ¿Quién es el profesor favorito de Lucía?
5. ¿Es difícil la clase de biología?

VOCABULARIO ▲▲▲▲▲▲▲▲▲▲▲

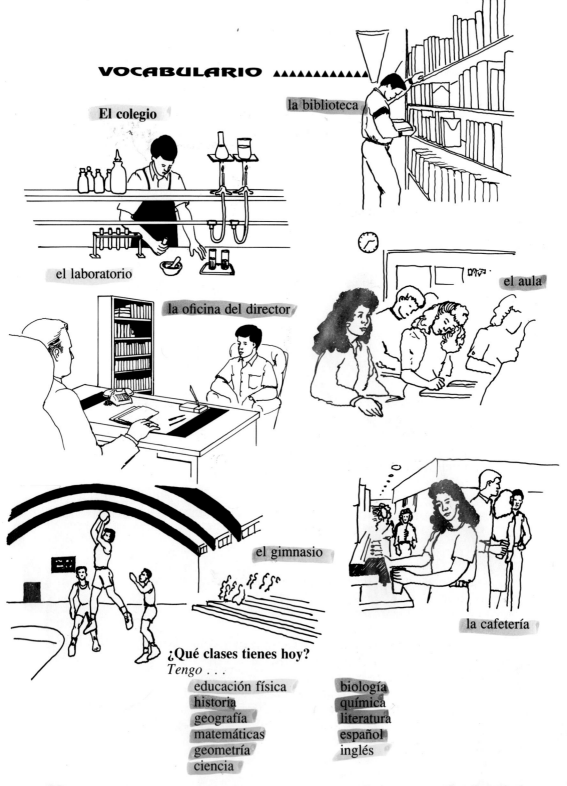

El colegio

la biblioteca

el laboratorio

la oficina del director

el aula

el gimnasio

la cafetería

¿Qué clases tienes hoy?
Tengo . . .

educación física
historia
geografía
matemáticas
geometría
ciencia

biología
química
literatura
español
inglés

GRAMÁTICA ▲▲▲▲▲▲▲▲▲▲▲▲▲▲▲▲▲▲▲▲▲▲▲▲▲▲▲▲▲▲▲▲▲▲▲▲▲▲

Preguntas con respuestas afirmativas/negativas

In lesson one you learned to make simple questions with the verb form *es*. Questions that can be answered by a simple yes or no are called *yes/no questions*. Compare the position of the subject in the following questions:

¿Es interesante **el libro**?   Is the **book** interesting?

Sí, (**el libro**) es interesante.   Yes, the **book** is interesting.
Sí, es interesante **el libro.**

¿Tiene **Pablo** un carro?   Does **Pablo** have a car?
¿Tiene un carro **Pablo**?

Sí, **Pablo** tiene un carro.   Yes, **Pablo** has a car.
Sí, tiene un carro **Pablo.**

These yes/no questions are asked in either of two ways:

¿verb + subject (if expressed) + rest of sentence?
¿verb + rest of sentence + subject (if expressed)?

The inverted question mark (¿) always signals the beginning of a question.

To form informal yes/no questions, *¿no?* or *¿verdad?* may be added at the end of the statement. (These correspond to the English tag questions "haven't you?," "does he?," "isn't she?") Either *¿no?* or *¿verdad?* can be used after positive statements: ~~isn't that true~~

Su padre es pastor, *¿verdad?*
Su padre es pastor, *¿no?* ~~really~~

But after negative statements, only *¿verdad?* is used:

Su padre *no* es pastor, *¿verdad?*

■ Actividad 1

Write two yes/no questions for each of the following statements.

Modelo: Sí, Pedro tiene una bicicleta.
            ¿Tiene Pedro una bicicleta?
            ¿Tiene una bicicleta Pedro?
            Pedro tiene una bicicleta, ¿verdad?

1. Sí, María es una estudiante buena.
2. No, mi madre no es profesora.
3. Sí, Felipe tiene una amiga bonita.
4. Sí, Carmen tiene un hermano guapo.
5. No, el profesor no tiene el diccionario.
6. Sí, el señor Suárez es inteligente.

■ **Actividad 2**

Add a tag question to each of the following statements.

1. La escuela es grande, ¿ _N, V_ ?
2. La señorita Pérez es una maestra de español, ¿ _N, V_ ?
3. Su padre no es doctor, ¿ _verdad_?
4. La Biblia es interesante, ¿ _____?
5. Su tío no es profesor, ¿ _verdad_?
6. Su colegio tiene un gimnasio, ¿ _____?
7. Ella no es secretaria, ¿ _verdad_?

La preposición *de* para indicar posesión

In English, an *'s* after a noun is often used to denote possession. Spanish does not have an equivalent to the apostrophe. Instead, the following construction is used: **definite article + noun + *de* + possessor.**

Ana tiene el lápiz *de* Mario.	*Ana has Mario's pencil.*
Tengo el cuaderno *de* Juan.	*I have John's notebook.*
Es la casa *del* Sr. Vargas.	*It is Mr. Vargas' house.*

If the preposition *de* is followed by the definite article *el*, both words combine to form the contraction *del*: de + el = del.

Es el carro *del* Sr. Pérez.	Es la clase *de la* Srta. Martínez.

¿Quién? asks "who?"; *¿de quién?* asks "whose?," a question of possession.

¿Quién es el profesor de biología?	El profesor de biología es el Sr. Suárez.
¿De quién es el libro?	El libro es de Pedro.

■ **Actividad 3**

Roberto has a bad habit of borrowing his friend's things and not returning them. Identify the owners of various things found in his room.

Modelo: el radio / Felipe

   Roberto tiene el radio de Felipe.

1. diccionario / la profesora
2. bolígrafo / Tomás
3. libro de español / Margarita
4. Biblia / su hermana
5. regla / su hermano
6. sombrero / su papá
7. bicicleta / el amigo de su hermano
8. guitarra / Ana María

■ **Actividad 4**

Refer to the items in Actividad 3 and ask a classmate who owns each thing. He should answer according to the model.

Modelo: Alumno 1: *¿De quién es el radio?*
         Alumno 2: *Es de Felipe.*

■ **Actividad 5**

Unscramble the words to form sentences.

Modelo: Tomás / de / tengo / sombrero / el
         Tengo el sombrero de Tomás.

1. libro / tengo / Pablo / de / el
2. es / de / bicicleta / la / Pepe
3. casa / la / es / amigo / mi / de
4. es / guitarra / hermano / la / de / su
5. del / doctor / carro / el / es
6. la / Cadillac / es / profesora / de / el
7. reloj / del / es / profesor / el
8. llave / es / la / amiga / mi / de
9. presidente / el / Juan / es / club / del
10. es / de / mi / iglesia / pastor / el / padre / la

■ **Actividad 6**

Write a question for each statement.

Modelo: Es el libro de Juan.
         ¿De quién es el libro?

1. Es el reloj del pastor.
2. Pedro es un estudiante muy diligente.
3. Es el violín de la profesora.
4. Es la bolsa de Julia.
5. La Sra. Méndez es la directora de la escuela.

La preposición *de* para indicar relación y categoría

When the preposition *de* is between two nouns (noun + de + noun), it indicates the relationship between the two nouns.

Pedro es amigo *de* Juan.

Pedro is John's friend. *(friend of John)*

Ella es la madre *de* Carmen.

She is Carmen's mother. *(mother of Carmen)*

Sometimes the construction "noun + de + noun" indicates a category or kind, as in the following examples:

Tengo tu libro *de* música.

I have your *music book.*

Ella es mi profesora *de* español.

She is my *Spanish teacher.*

■ **Actividad 7**

Conteste las preguntas. *Answer in Spanish* *Tengo un libro de __*
1. ¿Qué libros tienes? ¿Tienes un libro de inglés?
2. ¿Tienes una raqueta de tenis? ¿de *badminton*?
3. ¿Qué clases tienes? ¿Tienes una clase de literatura?
4. ¿Quién es tu maestro(a) de español? ¿de inglés?
5. ¿Quién es el pastor de tu iglesia?

■ **Actividad 8**

Conteste las preguntas.
1. ¿Qué clase tienes a las 8:00? (de inglés, de historia, etc.) *Tengo la*
2. ¿Quién es tu profesor(a) de matemáticas? *clase de __*
3. ¿Cuál es la capital de España?
4. ¿Quién es tu profesor(a) de inglés?
5. ¿Qué clase es tu clase favorita?

■ **Actividad 9**

In the following sentences, write the correct choice (el, la, de, de la, del) in place of the blanks.
1. Es __el__ profesor __de la__ clase __de__ inglés.
2. _____ Srta. Santos es _____ profesora _____ español.
3. Tengo _____ libro _____ Sr. Pérez.
4. Alberto tiene _____ sombrero _____ Sr. Gómez.
5. Es _____ clase _____ historia _____ Sra. de Mendoza.
6. Es _____ hermano _____ Rosa.
7. Es _____ tiza _____ profesor.
8. _____ Señor Jesucristo es mi amigo.
9. _____ Sr. Núñez es _____ pastor _____ iglesia.
10. _____ Srta. Vargas tiene _____ carro _____ Sr. Molina.

VERSÍCULO ▲▲

"En la casa de mi Padre muchas moradas hay". Juan 14:2

PRONUNCIACIÓN ▲▲▲▲▲▲▲▲▲▲▲▲▲▲▲▲▲▲▲▲▲▲▲▲▲▲▲▲▲▲

El sonido de la vocal *o*

The sound of the Spanish vowel *o* is similar to the beginning of the sound of the *o* in "hope." Pucker the lips slightly and pronounce the *o* without moving your jaw or closing your lips, in order to avoid forming the diphthong sound *ou* as in English.

Modelo: como

Practique las palabras:

solo	diplomático	tío
loco	Alfonso	Antonio

Practique la frase: El tío Antonio es loco.

NOTA CULTURAL ▲▲▲▲▲▲▲▲▲▲▲▲▲▲▲▲▲▲▲▲▲▲▲▲▲▲▲▲▲▲

El colegio

In Hispanic countries high schools may go by different names: *el colegio, el liceo, la preparatoria (la prepa),* or *la escuela superior o secundaria.* In most countries, however, *colegios* refer to private schools that include both elementary and secondary levels.

Many of the *colegios* are Catholic schools for either boys or girls. In recent years, however, coeducational Christian schools have been started in Latin American countries.

Students in *colegios* usually wear uniforms that have been designed by their school officials. Not only do uniforms tend to be more economical, but also all students are considered to be on the same social level because they are dressed alike.

Cuestionario

1. Give four names by which a high school may be called.
2. Name one way Christian schools are different from Catholic schools.
3. Why do students wear uniforms in most Hispanic schools?

CAPÍTULO TRES

La República Dominicana

The Dominican Republic occupies the eastern two-thirds of the Caribbean island of Hispaniola; Haiti occupies the western side. Christopher Columbus discovered this island in 1492. In 1494, his men made the first permanent settlement in the New World at the site of the present capital city of the Dominican Republic, Santo Domingo. For the next several years, the Spaniards used Santo Domingo as their base of operations while they explored surrounding countries.

Since Columbus thought he had reached the Orient where the riches of the stories of Marco Polo were to be found, he was sure there was much gold in Hispaniola. When the Indians were not able to produce large quantities of gold, the Spaniards did not treat the Indians kindly. They were used as slaves for the construction of cities. Since the Indians were not accustomed to this type of labor, many died. They were also exposed to new diseases that came with the Spaniards, and because of lack of resistance to these diseases, many more died. Today there is practically no trace of the Indian race found in the Dominican people.

Sixty-nine per cent of the population of the Dominican Republic is rural. The basic economy is agricultural, with the production of sugar being the main source of income. Other products are cacao, coffee, tobacco, corn, and rice. Most of the country's exports are sold to the United States.

The Dominican Republic gained its independence from Spain in 1842. After a dictatorship from 1930 to 1961, the country has returned to electing its president every four years.

Area:	18,816,000 sq. mi.
Population:	7,307,000
Government:	Representative democracy
Capital:	Santo Domingo

Lección 4

DIÁLOGO ▲▲▲▲▲▲▲▲▲▲▲▲▲▲▲▲▲▲▲▲▲▲▲▲▲▲▲▲▲▲▲▲▲▲▲▲▲

Benjamín en problemas

Benjamín has been out all day with his friends. He comes home and greets his mother.

Benjamín:	Buenas tardes, mamá. ¿Estás en casa?	
Mamá:	¡No, mi hijo! Estoy en *la luna*.	*the moon*
Benjamín:	¡No es verdad, estás en la sala!	
	¿Cómo está abuelita? ¿Está *mejor*?	*better*
Mamá:	Sí, Benjamín. Está contenta porque tu hermano *llega hoy* de la Fuerza Aérea.	*arrives today*
Benjamín:	¡Sí, es cierto! ¿Dónde está papá? ¿en *el aeropuerto?*	*the airport*
Mamá:	*¡Claro que no!* Está *de mal humor* porque tú tienes la llave de su carro *sin permiso*.	*Of course not! / upset* *without permission*

Conversación

1. ¿Dónde está la mamá de Benjamín, según (*according to*) ella?
2. ¿Dónde está ella, de verdad?
3. ¿Cómo está la abuelita de Benjamín?
4. ¿Cómo está papá?
5. ¿Quién tiene la llave del carro de papá?

nervioso - nervous
tranquila - calm
la luna - the moon

VOCABULARIO ▲▲▲▲▲▲▲▲▲

(entre)
en medio de - in the middle of

el aeropuerto - the airport

afuera - outside
antes de - before
después de - after
contento - happy
triste - sad

¿Dónde está?

in, at, on   *under neither of*   *beside*

Mamá está **en** la sala.
El gato está **debajo de** la silla.
La lámpara está **al lado del** sofá.
La llave está **encima de** la mesa.   *on top of*
Papá está **delante de** la puerta.   *in front of*
Benjamín está **detrás de** mamá.

behind

GRAMÁTICA ▲▲▲▲▲▲▲▲▲▲▲▲▲▲▲▲▲▲▲▲▲▲▲▲▲▲▲▲▲▲▲▲▲▲▲▲

El verbo estar (singular)

Estar is the infinitive form of the verb *to be*. The singular forms of the verb are listed below.

[handwritten: estamos - we, more than one]
[handwritten: están -]

yo	estoy	*[handwritten: I am]*
tú	estás	*[handwritten: You are]*
Ud., él, ella	está	*[handwritten: is (it)]*

▪ Actividad 1

Write the correct form of the verb *estar* in each of the following sentences.

1. La familia _____ en casa.
2. Yo _____ en mi clase de español.
3. Mi hermana _____ en el laboratorio de biología.
4. Tú _____ al lado de Antonio.
5. El cuadro _____ en la pared.
6. Yo _____ detrás de mi amigo.
7. ¿Dónde _____ usted?
8. La oficina del director _____ detrás de la cafetería.
9. ¿Dónde _____ tú?

La frase interrogativa ¿Dónde está?

The verb *estar* is the verb to use with a location phrase. *¿Dónde está?* is an interrogative phrase that asks *where* something or someone is.

¿Dónde está la silla?	*Where is the chair?*
¿Dónde está tu amigo?	*Where is your friend?*

¿Dónde está? questions usually require a prepositional phrase in their answers.

¿Dónde está la silla? —La silla está *al lado de la mesa.*

In the answer above, *al lado de* is the preposition; *al lado de la mesa* is the prepositional phrase.

preposition (al lado de) + noun (la mesa) = prepositional phrase

Note: The contraction of *a + el = al*. Do you remember the other Spanish contraction? (p. 30)

Answer the question *¿Dónde está?*
for each of the following.

Modelo: el carro
            ¿Dónde está el carro? *in front of*
            El carro está delante de la casa.

1. el perro

2. la maestra

3. el niño
4. la pizarra

5. el gato

6. el libro

■ **Actividad 3**

Choose the correct word(s) (a, al, a la) to fill in the blanks.
1. María está _____ lado de Juan.
2. El perro está junto _____ gato.
3. El profesor está junto _____ pizarra.
4. El lápiz está junto _____ libro.
5. Mi pupitre está junto _____ Felipe.

Observation

The preposition *en* has several meanings: (in, on, inside of, at)
- El libro está *en* la mesa.   (The book is *on* the table.)
- Juan está *en* Puerto Rico.   (Juan is *in* Puerto Rico.)
- El bolígrafo está *en* mi bolsillo.   (The pen is *in* my pocket.)
- Mamá está *en casa*.   (Mother is *at* home.)

■ Actividad 4

Benjamín and his friend Pablo look around their classroom. Benjamín asks Pablo where certain people and things are located. Play both roles according to the model.

Modelo: Lupe / al lado de Marta y Sandra
¿Dónde está Lupe?
Está al lado de Marta y Sandra.

1. la maestra / delante de la pizarra
2. tú / al lado de Antonio
3. yo / en la clase de historia
4. el libro / encima del escritorio
5. el reloj / en la pared
6. su bolígrafo / en mi bolsillo
7. Elena / detrás de la maestra
8. tu pupitre / junto a la ventana
9. Ud. / al lado de la puerta
10 la bolsa / debajo de la silla

■ Actividad 5

Write a paragraph of just a few sentences indicating the location of objects and people in your classroom or school. Use the prepositions *en, encima de, debajo de, delante de, detrás de, al lado de*. You may refer to the vocabulary section in lesson 3.

(handwritten annotations: "in", "on top of", "under", "in front of", "behind", "beside", "not es, esta")

VOCABULARIO ▲▲▲▲▲▲▲▲▲▲▲▲▲▲▲▲▲▲▲▲▲▲▲▲▲▲▲▲▲▲▲

¿Cómo está?

contento *happy*

de mal humor *bad mood*

sana *healthy* — enfermo *sick*

triste *sad*

nervioso *nervous*

tranquila — *calm*

(handwritten: "Study")

38   **Capítulo Tres**

Adjetivos con *estar*

Estar is a verb that indicates location and condition.

¿Dónde está? = location
¿Cómo está? = condition

The interrogative word *¿Cómo?* requires a description of a condition in the answer. An **adjective** is a descriptive word that modifies (describes) a noun.

Like nouns, adjectives have gender: masculine or feminine. The masculine form of an adjective is used to modify a masculine noun or pronoun. The feminine form of an adjective is used to modify a feminine noun or pronoun. This is called **noun-adjective agreement.**

Compare the following sentences:

Paco está **enfermo** hoy.   Susana está **enferma** hoy.
El piso está **limpio.**   La ventana está **limpia.**

The feminine form of the adjective depends on the masculine form.
If the masculine form ends in -o, the feminine form ends in -a.
Here are some adjectives that work that way:

Masculine	Feminine	
sano	sana	*healthy*
cansado	cansada	*tired*
sucio	sucia	*dirty*
limpio	limpia	*clean*
cerrado	cerrada	*closed*
abierto	abierta	*open*

If the masculine form of an adjective ends in -e, the feminine form ends in -e also:

Masculine	Feminine	
alegre	alegre	*happy*
presente	presente	*present*
ausente	ausente	*absent*

Most adjectives that end in a consonant in the masculine do not change in the feminine. (Adjectives that end in *-dor, -án, -ón, -ín* are exceptions: *hablador, habladora* [talkative]; *holgazán, holgazana* [lazy].)

■ Actividad 6

Ask your classmates how they feel today. Follow the model.

Modelo: alegre

Estudiante 1: ¿Estás alegre hoy?
Estudiante 2: Sí, estoy alegre. (No, no estoy alegre.)

1. triste
2. enfermo(a)
3. contento(a)
4. nervioso(a)

5. de buen humor
6. de mal humor
7. cansado(a)
8. tranquilo(a)

■ Actividad 7   La influenza

Imagine that there is a flu epidemic in your school and that many students are absent. Explain this situation according to the model.

Modelo: Isabel _, absent   _, sick_
Isabel está ausente hoy. Está enferma.

1. Pedro
2. Yo
3. Carmen
4. Mi hermano

5. Tú
6. Mi hermana
7. Teresa
8. Tomás

■ Actividad 8

Make sentences from the following words using the correct form of the adjective.

Modelo: el mar—tranquilo
El mar está tranquilo.

1. Susana—sano
2. abuelo—enfermo
3. Federico—contento
4. ventana—sucio
5. puerta—cerrado

6. mamá—nervioso
7. libro—abierto
8. hombre—cansado
9. muchacha—sentado
10. coche—sucio

VERSÍCULO ▲▲▲▲▲▲▲▲▲▲▲▲▲▲▲▲▲▲▲▲▲▲▲▲▲▲▲▲▲▲▲▲

"Mas Jehová Dios llamó al hombre, y le dijo: ¿Dónde estás tú?"
Génesis 3:9

PRONUNCIACIÓN ▲▲▲▲▲▲▲▲▲▲▲▲▲▲▲▲▲▲▲▲▲▲▲▲▲▲▲▲▲

El sonido de la vocal *u*

The sound of the Spanish vowel *u* is similar to the sound of the *u* in "flu" or the sound /o͞o/ in "boot." The lips should be rounded into a small oval and puckered more than for the *o*.

Modelo: cuna

entre –in between

Practique las palabras:

tú	**mu**la	Pe**rú**
luna	**mu**ndo	az**ul**

Practique las frases: **Tú** pusiste la **mu**la sobre el ba**úl**.
La **lu**z de la **lu**na **lu**mbra en Per**ú**.

Cognados

As you study Spanish, you will find that many English and Spanish words are similar. These similar words are called cognates; they are words derived from a similar source, mainly Latin and Greek. There are over 4,500 such words; so we have not tried to list them all in this book. However, from time to time we will introduce some of these cognate "families" to you. Notice the similarity between these cognates:

addition—adición	aviation—aviación
adoration—adoración	conversation—conversación
declaration—declaración	devotion—devoción
emotion—emoción	fraction—fracción
inspiration—inspiración	election—elección
salvation—salvación	direction—dirección

Many nouns ending in *-tion* in English end in *-ción* in Spanish.
Can you give the Spanish translation for the following words that end in *-tion?* Follow the pattern above.

nation _____	education _____
relation _____	inflation _____
situation _____	position _____
vacation _____	ambition _____

Are Spanish words that end in -ción masculine or feminine? If you do not remember, look back on page 15.

NOTA CULTURAL ▲▲▲▲▲▲▲▲▲▲▲▲▲▲▲▲▲▲▲▲▲▲▲▲▲▲▲▲▲▲▲▲

Los jóvenes

Hispanic young people are not much different from young people in the United States. They enjoy doing things in groups. When exam time arrives, they study together in one of their homes. Church youth groups organize outings so that they can be together to play sports, hike, sing, and have fellowship.

It is not unusual to find small groups of young people sitting in the park or standing on a street corner talking. At mealtime, they may all turn up at one of their homes. Mothers do not seem to mind, and there always seems to be enough food.

Cuestionario

1. With whom do Spanish-speaking young people usually spend their time?
2. What are some of their activities?
3. How do their activities compare to yours?

Lección 5

LECTURA ▲▲▲

La familia Cáceres

La familia Cáceres es una familia dominicana *que ama a Dios.* El padre se
llama César. Su esposa se llama María. El señor Cáceres es pastor de la
Iglesia Bautista Dominicana en Hato Mayor, República Dominicana. Tiene
una iglesia grande. *that loves God*

Hay seis hijos en la familia. El hijo *mayor,* Amós, es médico. Su esposa *oldest*
es doctora también. La hija mayor, Betania, está casada. *Trabaja* en un *She works*
banco. Ana Bel es arquitecta; está casada también.

El otro hijo, Benoni, es grande, guapo y muy inteligente. Él está en la
Academia de las Fuerzas Aéreas. Belize, una joven simpática, *quiere ser* *wants to become*
misionera. El hijo *menor* se llama Benjamín. Es alto y guapo. Él está en *youngest*
casa con sus padres. Abuelita también *vive* ahora con su hijo César y su *lives*
familia. Es una familia interesante, ¿no es verdad?

Conversación

1. ¿Cómo es la familia Cáceres?
2. ¿Cómo se llama el padre?
3. ¿Cómo se llama la madre?
4. ¿Cuántos hijos hay en la familia Cáceres?
5. ¿Cuál es la profesión del señor Cáceres?
6. Amós es médico. ¿Qué profesión tiene su esposa?
7. ¿Qué profesión tiene Ana Bel? ¿Está casada?
8. ¿Quién quiere ser misionera?
9. ¿Cómo se llama el hijo menor?
10. ¿Cómo es Benjamín? ¿Dónde está?

Lección 5: La familia Cáceres

VOCABULARIO ▲▲▲▲▲▲▲▲▲▲▲▲▲▲▲▲▲▲▲▲▲▲▲▲▲▲▲▲▲▲▲

Características personales

bueno	*good*	inteligente	*intelligent*
malo	*bad*	tonto	*dumb*
interesante	*interesting*	generoso	*generous*
aburrido	*boring*	tacaño	*stingy*
simpático	*nice*		

Características físicas

feo

bonita   guapo

joven   vieja

delgada   gordo

baja

alto

GRAMÁTICA ▲▲▲▲▲▲▲▲▲▲▲▲▲▲▲▲▲▲▲▲▲▲▲▲▲▲▲▲▲▲▲▲▲▲▲

El verbo ser (singular)

In Spanish there are two verbs that mean *to be*. In Lesson 4 you studied the singular forms of the verb *estar*. Remember that *estar* is used to indicate location (where something is) or is combined with an adjective to describe a condition (how something is).

The verb **ser** is the infinitive form of the second verb that means *to be*. You have already used the form *es* in other lessons. The complete singular forms of *ser* are listed below.

yo	soy
tú	eres
Ud., él, ella	es

somos
son

The verb *ser* is used to identify a person or an object. An identification phrase almost always has a noun after the verb:

¿Qué es esto?	Es un cuaderno.
¿Quién es ella?	Es la profesora de inglés.
¿De quién es la Biblia?	Es de mi hermana.

Adjetivos con el verbo ser

The verb *ser* is combined with an adjective to indicate basic characteristics. Compare both columns below:

¿Cómo es Benjamín? (característica)	¿Cómo está Benjamín? (condición)
Es joven.	Está bien.
Es inteligente.	Está sano.
Es guapo.	Está contento.
Es simpático.	Está cansado.
¿Cómo es el dormitorio de Benjamín?	¿Cómo está el dormitorio de Benjamín?
Es pequeño.	Está sucio.
Es bonito.	Está cerrado.

Estar – Location, condition
Ser – To identify a person or an object
↑
nationality
Profession
religion

▪ Actividad 1

Write a question and then answer it using the correct form of the verb *ser* as shown in the model.

Modelo: barco (viejo)
        ¿Cómo es el barco? ¿Es viejo?
        Sí, el barco es viejo.

1. casa (grande)
2. profesora (alta)
3. tu perro (inteligente)
4. tú (joven)
5. el libro (interesante)

▪ Actividad 2

Change the answers you gave in *Actividad 1* to the negative.

Modelo: barco (viejo)
        ¿Cómo es el barco? ¿Es viejo?
        No, el barco no es viejo. Es nuevo.

▪ Actividad 3

Fill in the blanks with the correct form of *ser* or *estar*.

1. Mi Biblia _____ pequeña.
2. La ventana _____ abierta.
3. La casa de mi hermana _____ grande.
4. Yo _____ cansado(a) hoy.
5. ¿Tú _____ enfermo(a)?
6. Mi papá _____ alto y guapo.
7. Mi mamá _____ delgada y bonita.
8. Tú _____ inteligente.
9. Su amigo _____ moreno.
10. Mi hermana _____ en casa.

Adverbios de intensificación

The ending of an adverb does not change like that of an adjective. An adjective modifies a noun or pronoun; whereas, an adverb modifies a verb, adjective, or another adverb. Study the following adverbs:

Un Yugo es **muy** barato. (very)
Un Escort es **bastante** barato. (quite)
Un Civic es **algo** barato. (somewhat)
Un Towncar es **poco** barato. (not very)
Un Rolls Royce **no** es **nada** barato. (not . . . at all)

▪ Actividad 4

Write sentences to describe the nouns listed in column A. The list of adjectives in column B will help you. Remember to make the adjective agree with the noun. Be sure to include an adverb in each sentence also.

Modelo: *La clase de matemáticas es poco interesante.*

(A)	(B)
1. mi profesor de inglés	guapo
2. el carro Volvo	interesante
3. la ciudad de México	grande
4. la princesa Diana	económico
5. el presidente de los Estados Unidos (U.S.A)	famoso
	simpático
6. mi padre	aburrido
7. mi mejor amigo(a)	magnífico
8. la música clásica	limpia
9. la motocicleta	elegante
10. la clase de español	inteligente

▪ Actividad 5

Using the adjectives given above, write a paragraph in which you describe your classes. (fácil, difícil, aburrida, interesante, alegre, etc.)

Posición del adjetivo descriptivo

A descriptive adjective (bonito, rico, grande, etc.) usually goes *after* the noun it describes (la casa bonita, el hombre rico, la Biblia grande).

Tu casa es bonita. Tienes **una casa bonita.**
El tío de María no es rico. María no tiene **un tío rico.**
La Biblia de Papá es grande. Papá tiene **una Biblia grande.**

▪ Actividad 6

Cambie (*Change*) las frases, según el modelo.

Modelo: Tu casa no es moderna.
No tienes una casa moderna.

1. Tu padre es generoso.
2. El carro de Roberto es económico.
3. La mamá de Elena es simpática.
4. La familia de Rosa es interesante.
5. Mi perro no es inteligente.

■ **Actividad 7**

Belize and her mother are talking. Play the role of Belize as she gives her opinion of some of the people she knows.

Modelo: chico—chica
Carmen / divertido
Carmen es una chica divertida.

chico—chica
1. Pedro / aburrido
2. María / bonito
3. Felipe / guapo
4. Tomás / inteligente

amigo—amiga
5. Bárbara / bueno
6. Rafael / malo
7. Rosa / serio
8. Juan / fantástico

maestro—maestra
9. la señorita García / interesante
10. el señor Pacheco / difícil
11. la Sra. Molina / muy estricto
12. el Sr. Cantos / simpático

■ **Actividad 8**

Unscramble the words to form sentences.
Modelo: clase / yo / tener / interesante / una
Yo tengo una clase interesante.
1. ser / casa / enorme / una
2. ser / tú / chica / una / simpática
3. tener / Juan / económico / carro / un
4. el español / ser / clase / una / fácil
5. padre / ser / mi / inteligente / hombre / un

El uso de *ser* para expresar profesión, nacionalidad y religión

Ser is used to identify the subject. It may name a profession, nationality, or religion.

Profession
Mi hermano es médico.
Yo soy estudiante.

Nationality
La Srta. López es mexicana.
El Sr. Martínez es argentino.

Religion
Mi amiga es católica.
Él es bautista.

he

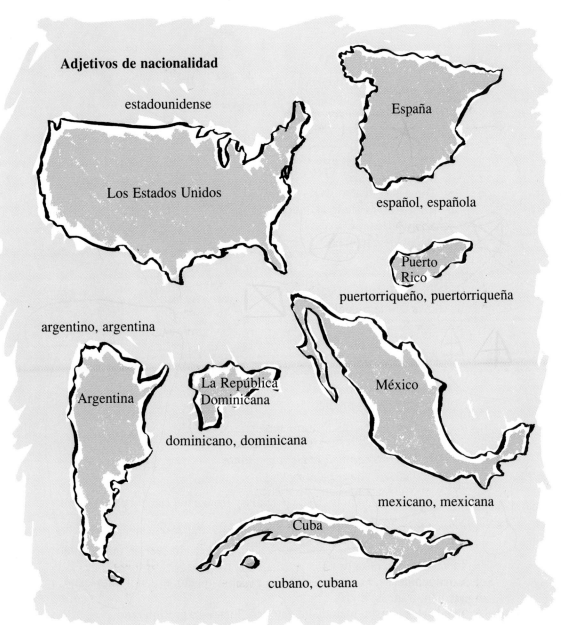

Adjetivos de nacionalidad

estadounidense

España

Los Estados Unidos

español, española

Puerto Rico

puertorriqueño, puertorriqueña

argentino, argentina

La República Dominicana

México

Argentina

dominicano, dominicana

mexicano, mexicana

Cuba

cubano, cubana

Note:
1. Adjectives of nationality are not capitalized in Spanish.
2. Adjectives of nationality that end in a consonant in the masculine end in -*a* in the feminine. Notice the loss of accents in the feminine form.
   - José es español; Juana es española.
   - Pierre es francés; Marie es francesa.
   - Robert es inglés; Betty es inglesa.
   - Kurt es alemán; Katrina es alemana.

Lección 5: La familia Cáceres

■ **Actividad 9**

Give the nationality of each person.
Modelo: Mario—Cuba
   Mario es cubano.
 1. Santos—Argentina
 2. Félix—México
 3. Lidia—Puerto Rico
 4. Mariana—Cuba
 5. Tomás—España
 6. Ruth—Los Estados Unidos
 7. Juan Carlos—Cuba
 8. Débora—España

■ **Actividad 10**

Give the profession of each person
as shown in the model.
Modelo: Sr. Santos—médico
   El señor Santos es médico.
 1. Sra. de Pérez—profesor
 2. Srta. Concha—enfermera
 3. Sr. Sánchez—pastor
 4. Sr. Campos—médico
 5. Srta. Gómez—artista
 6. Sr. Arce—policía ✎ always end with "a"

Práctica

Describe someone you know. Use vocabulary from each category below and
the correct form of *ser* in your description.
 1. alto, bajo, grande, pequeño, gordo, delgado, guapo, feo, joven, viejo
 2. simpático, antipático, generoso, tacaño, divertido, serio, inteligente,
  fantástico, interesante
 3. estadounidense, argentino, cubano, puertorriqueño, español, mexicano,
  alemán, francés, inglés
 4. cristiano, bautista, metodista, católico, luterano, presbiterano

VERSÍCULO ▲▲▲▲▲▲▲▲▲▲▲▲▲▲▲▲▲▲▲▲▲▲▲▲▲▲▲▲▲▲▲▲▲▲▲▲▲

"Jehová es mi luz y mi salvación; ¿de quién temeré?" Salmo 27:1

PRONUNCIACIÓN ▲▲▲▲▲▲▲▲▲▲▲▲▲▲▲▲▲▲▲▲▲▲▲▲▲▲▲▲

La vocal *a* (unión)

Here's a tip. When words ending in *a* are followed by words also beginning with *a,* pronounce only one *a.* Because of this blending of words, spoken Spanish may sound like a string of syllables. (No wonder some people have compared the rhythm of spoken Spanish to that of a machine gun!)

> Practique las palabras: cap*a a*zúl, puert*a a*bierta, avenid*a a*ncha
> Practique la frase: Un*a a*miga de l*a a*buela de María vive en l*a a*venida
>   L*a a*mistad.

NOTA CULTURAL ▲▲▲▲▲▲▲▲▲▲▲▲▲▲▲▲▲▲▲▲▲▲▲▲▲▲▲▲▲

La familia hispana

Hispanic families are very closely knit groups. The father is the head of the household; the mother remains at home to take care of the children, clean the house, and cook for the family. The father makes all the decisions, and his word is the law. However, since there are many households without a father present, many mothers have to assume the role of head of the household. Sometimes one man is head of several households.

As a rule, the middle-class woman does not work outside the home. This tradition, however, is gradually changing, and today many women in the larger cities are working as secretaries, school teachers, and store clerks. Some are studying to become lawyers, doctors, or architects. But in the evening, the Latin American woman is at home, even though the man may be out on the street with his friends.

Hispanic families are not as concerned with privacy as North Americans are; thus, it is not unusual to find two or three generations of a family living in the same house. The elderly are usually cared for by their adult children; while, at the same time, grandmother becomes the baby sitter of the grandchildren. Social Security and welfare programs do not exist in most Hispanic countries.

Cuestionario

1. Who is generally the head of the household?
2. What signs indicate that privacy is not a big factor in Hispanic families?
3. Who is responsible for the care of the grandparents?
4. Why is it so important for families to band together?

Lección 6

Belize pregunta

Belize Cáceres likes to ask questions. She sees a new girl in the school hallway and introduces herself.

Belize: Hola, me llamo Belize. Y tú, ¿cómo te llamas?
Gloria: Me llamo Gloria. Mucho gusto.
Belize: ¿De dónde eres, Gloria?
Gloria: Soy de los Estados Unidos.

city

Belize: ¿De qué *ciudad*?
Gloria: De Miami.
Belize: ¿Tus padres también son de Miami?
Gloria: No. Mi papá es de Santo Domingo, y mi mamá es de Hato Mayor.
Belize: Me gusta tu bolsa. Es de cuero, ¿no?
Gloria: Sí, es de cuero. Es dominicana.
Belize: Oye, Gloria, el reloj que tienes es muy bonito.
Gloria: Gracias, pero no es mi reloj. Es de mi hermana.

See you around!

Belize: (The bell rings.) Bueno, Gloria, tengo clase. *¡Nos vemos!*
Gloria: Adiós, Belize. Hasta mañana.

Conversación

1. ¿Cómo se llama la estudiante nueva?
2. ¿De dónde es?
3. ¿De dónde es su papá? ¿su mamá?
4. ¿Es de plástico la bolsa de Gloria?
5. ¿De quién es el reloj?

Capítulo Tres

VOCABULARIO ▲▲▲▲▲▲▲▲▲▲▲▲▲▲▲▲▲▲▲▲▲▲▲▲▲▲▲▲▲▲▲

Know

Accesorios

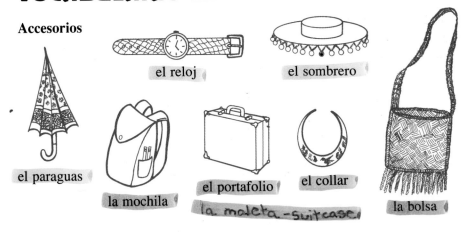

el reloj

el sombrero

el paraguas

la mochila

el portafolio

el collar

la maleta -suitcase

la bolsa

Materiales

el algodón	cotton	el oro	gold
el cuero	leather	la plata	silver
el plástico	plastic	la madera	wood
la lana	wool	el acero	steel

GRAMÁTICA ▲▲▲▲▲▲▲▲▲▲▲▲▲▲▲▲▲▲▲▲▲▲▲▲▲▲▲▲▲▲▲▲▲

El uso de la preposición *de* con *ser*

The verb *ser* together with the preposition *de* is used to indicate substance, origin, or possession.

- **Substance of an object**

  The question *¿De qué es?* requires a form of the verb *ser* + *de* + a *substance* (material) in the answer to indicate of what an object is made.

  ¿De qué es tu reloj? Es de oro.   *of what is it*

  ¿De qué es tu camisa? Es de algodón.

  ¿De qué es tu cartera? Es de cuero.
  purse

- **Origin**

  The question *¿De dónde es?* requires a form of the verb *ser* + *de* + a *place* in the answer to indicate origin (where someone is from).

  ¿De dónde es el Rey Juan Carlos? Es de España.   *of where is it*

  ¿De dónde es Fidel Castro? Es de Cuba.

  ¿De dónde es Octavio Paz? Es de México.

- **Possession**

  You have studied already that the question *¿De quién es?* indicates possession.

  ¿De quién es el reloj? Es de mi hermana.   *of who is it*

■**Actividad 1**

Write a suitable question for each statement below. Use *¿De qué es?,* *¿De dónde es?, ¿De quién es?* – of who's is it

Modelo: El collar es de plata.   *¿De qué es el collar?*
1. La mesa es de madera.
2. Tomás es de Honduras.
3. El reloj es de mi madre.
4. La bicicleta es de mi hermano.
5. La bufanda es de lana.

■**Actividad 2**

Answer the following questions to give information about yourself.
1. ¿De dónde eres?
2. ¿De qué es tu camisa?
3. ¿De quién es la televisión en tu casa?
4. ¿De dónde es tu papá?
5. ¿De qué es tu pupitre?

Resumen de *ser* y *estar*

A. **Estar**
  1. Location
    ¿Dónde está Pedro? Está en clase.
    ¿Dónde está el libro? Está encima de la mesa.
  2. A variable condition or result of a change
    ¿Cómo está Pedro? Está enfermo.
    ¿Cómo está María? Está ocupada.

B. **Ser** nationality, profesion, religion
  1. Used with a noun, identifies the subject
    ¿Qué es tu papá? Es pastor.
    ¿Qué es tu tío? Es un médico famoso.
  2. Used with an adjective, tells an inherent characteristic
    ¿Es delgada tu mamá? No, no es delgada; es gorda.
    ¿Es guapo José Manuel? Sí, es muy guapo.
  3. Used with the preposition *de*, indicates the following:
    a) substance   of what
      ¿De qué es el reloj? Es de oro.
      ¿De qué es la mesa? Es de metal.
    b) origin   of where
      ¿De dónde es tu pastor? Es de Miami.
      ¿De dónde eres? Soy de Nicaragua.
    c) possession   of who
      ¿De quién es el Volvo? Es de mi papá.
      ¿De quién es la cámara? Es de Susana.

■ **Actividad 3**

Write the correct form of *ser* or *estar* in the blanks.

1. El lápiz _está_ encima de la mesa.
2. ¿De quién _es_ el carro?
3. Lidia _está_ detrás de Carmen.
4. ¿Dónde _está_ la hermana de Pepe?
5. Mario _es_ de México.
6. El gato _está_ debajo del sofá.
7. ¿Quién _es_ tu amigo?
8. ¿Dónde _está_ tu amiga?
9. Carmen _está_ en su casa, ¿verdad?
10. El collar _es_ de oro.
11. Dios _____ amor.
12. Dios _____ en todas partes.

■ **Actividad 4**

Write questions for the following sentences.
Modelo: Mi casa está en Greenville.
   ¿Dónde está tu casa?

1. Mi profesora es la Srta. Suárez.
2. El cuaderno es de Juan.
3. Miguel está detrás de María.
4. Mi pluma está en mi bolsillo.
5. El Sr. Matos es pastor de la iglesia.
6. La Biblia es de cuero.
7. El versículo está en Juan 14:2.
8. Su oficina está limpia.
9. La madre de Gloria es de México.
10. Mi mejor amigo es Jesucristo.

Notice how the meaning changes when we use *ser* and *estar* with the same adjectives.

La nieve es fría.
Indica una característica normal.

La sopa está fría.
Indica su condición en este momento.

El aguacate es verde.
Indica su color natural.

El aguacate está verde.
No está maduro (*ripe*).

Juanito es malo.
Juanito no es un "ángel".

Juanito está malo.
Está enfermo.

¡Qué bonita es Rosita!
Indica una característica.

¡Qué bonita está Rosita!
Indica su apariencia hoy.

El pronombre relativo *que*

Examine these sentences:

¿Cómo se llama el joven **que** está con Pablo?

El paraguas **que** está en la sala es de abuela.

La mujer **que** está al lado de mi mamá es la Sra. Pérez.

The relative pronoun *que* (without an accent) comes *after* a noun. It can refer to people or things. The pronouns *that, which,* and *who* are often omitted in English, but *que* must always be used in Spanish.

▪ Actividad 5

Combine each pair of sentences according to the model.

Modelo: El hombre es el pastor.   El hombre está en la iglesia.

El hombre que está en la iglesia es el pastor.

1. El hombre es el maestro. El hombre tiene la Biblia.
2. La niña es mi prima. La niña está al lado de Jorge.
3. La señorita es de España. La señorita está cerca de la puerta.
4. El gato es de mi hermano. El gato está debajo de la silla.
5. El libro es de la profesora. El libro está en la mesa.

VERSÍCULO ▲▲▲▲▲▲▲▲▲▲▲▲▲▲▲▲▲▲▲▲▲▲▲▲▲▲▲▲▲▲▲▲▲▲▲▲▲

"Jesucristo es el mismo ayer, y hoy, y por los siglos". Hebreos 13:8

PRONUNCIACIÓN ▲▲▲▲▲▲▲▲▲▲▲▲▲▲▲▲▲▲▲▲▲▲▲▲▲▲▲▲▲▲▲

El diptongo

The vowels *a, e,* and *o* are strong vowels. The vowels *i* and *u* are weak vowels. Any combination of weak vowels or strong and weak vowels forms a diphthong.

Practique las palabras:

f**ue**n-te	**Dio**s	fa-mi-l**ia**
c**ui**-da-do	c**ie**-lo	Bi-bl**ia**

Practique las frases:

La Bibl**ia** habla del D**io**s de los c**ie**los.

La famil**ia** de L**ui**sa v**ia**ja a S**ui**za.

Any combination of *a, e,* or *o* is pronounced as two separate syllables.

Practique las palabras:

p**a-e**-lla	vi-d**e-o**	Ma-t**e-o**

Practique la frase:

Mat**e**o el f**e**o tiene juegos de vid**e**o.

NOTA CULTURAL ▲▲▲▲▲▲▲▲▲▲▲▲▲▲▲▲▲▲▲▲▲▲▲▲▲▲▲▲

Santo Domingo

In 1494 Columbus made his first permanent settlement in the New World at the site of the present capital city of the Dominican Republic, Santo Domingo. Today you can still visit the ruins of some of the buildings that were built in the 1500s by early Spanish settlers. The first church built in the Western Hemisphere stands on the bank of the Ozama River. This river flows behind the Alcazar, the palace where Diego Columbus, the discoverer's son, lived in the early 1500s. Diego was the first governor of this new Spanish territory. Nearby is the Cathedral, completed in 1542, where Christopher Columbus is buried. The ruins of the first hospital and the first monastery in the New World are also found in Santo Domingo.

Cuestionario

1. When, where, and by whom was the first permanent settlement made in the New World?
2. What are some of the first buildings the Spaniards built in Santo Domingo?
3. Why do you think the Dominican Republic would be a good place for historians to visit?

Statue of Columbus stands in el parque de Colón, *Santo Domingo*

CAPÍTULO CUATRO

Puerto Rico

Puerto Rico, discovered by Columbus in 1493, was first governed by Ponce de León. Because of the island's strategic location, a large fortress called *el Morro* was built at the tip of the island. From there, the Spaniards could view the ocean for any enemy ships that might threaten to invade the Spanish colonies.

As a result of the Spanish-American War, Puerto Rico became a United States protectorate. In 1917, Puerto Ricans became United States citizens; and in 1952, Puerto Rico was proclaimed an associated free state. Puerto Ricans elect their own governor, senators, and representatives but do not vote in the United States presidential elections. Some would like Puerto Rico to become the fifty-first state.

Official Name:	Estado Libre Asociado de Puerto Rico
Area:	3,435 sq. mi. (the size of Connecticut)
Population:	3,286,000
Governor:	Elected every four years
Capital:	San Juan

Lección 7

DIÁLOGO ▲▲▲▲▲▲▲▲▲▲▲▲▲▲▲▲▲▲▲▲▲▲▲▲▲▲▲▲▲▲▲▲▲▲▲▲▲▲▲

En el centro

Pablo y Roberto, dos jóvenes de Ohio, están en San Juan con el misionero, el Sr. Martin.

Sr. Martin:	Buenos días, muchachos. ¿Están bien esta mañana?
Roberto:	Yo estoy bien.
Pablo:	Y yo más o menos.
Sr. Martin:	¿Están *listos para repartir tratados* en el centro?
Roberto:	*No sé.* Estamos un poco nerviosos.
Pablo:	*Nuestro* español es muy malo.
Sr. Martin:	Muchachos, *no se preocupen.* Es bastante fácil. Además, *hay* muchas personas en el parque, en las tiendas, en el hospital y en las calles que no tienen la salvación.
Roberto:	Sí, es verdad. Y en Puerto Rico *se habla* inglés.
Sr. Martin:	*Especialmente* los jóvenes.
Pablo:	Bueno, ¡vamos al centro!

ready to pass out tracts
I don't know.
Our

don't worry
there are

people speak
especially

Within two hours all the tracts are gone. Pablo and Roberto are eager to return the next day with more.

Roberto:	Es bueno repartir tratados. Estamos contentos.
Sr. Martin:	Muchachos, al lado de la estación de autobús hay una heladería fabulosa.
Pablo:	*¡El que llegue de último es feo!*

Spanish equivalent for "last one there's a rotten egg!"

VOCABULARIO ▲▲▲▲▲▲▲▲▲▲▲▲▲▲▲▲▲▲▲▲▲▲▲▲▲▲▲▲▲▲▲▲▲

El centro

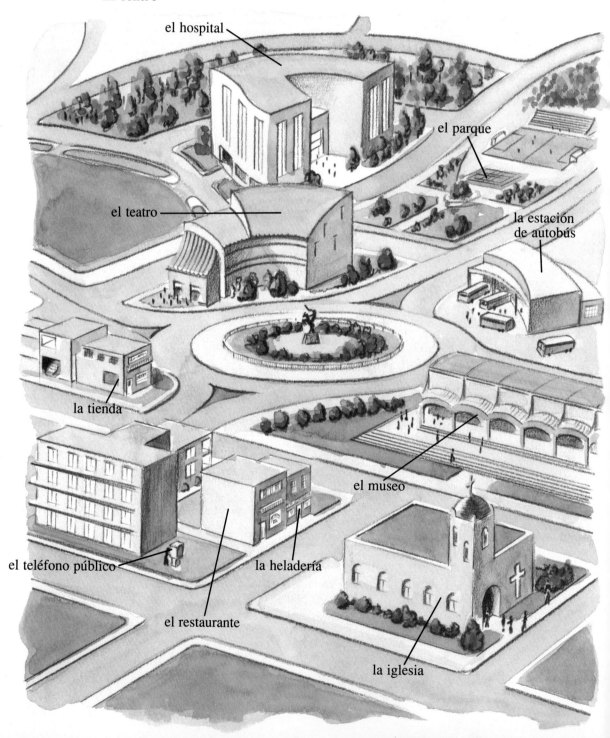

el hospital

el parque

el teatro

la estación de autobús

la tienda

el museo

el teléfono público

la heladería

el restaurante

la iglesia

GRAMÁTICA ▲▲▲▲▲▲▲▲▲▲▲▲▲▲▲▲▲▲▲▲▲▲▲▲▲▲▲▲▲▲▲▲▲▲▲▲▲▲▲

Los pronombres personales

In the chart below, you will find the complete listing of the subject pronouns, both singular and plural forms.

Pronombres personales (subject pronouns)

	Singular	**Plural**
1st Person	yo	nosotros, nosotras
2nd Person	tú (fam.)	vosotros, vosotras*
	usted (formal)	ustedes
3rd Person	él, ella	ellos, ellas

- Although *usted (Ud.)* and *ustedes (Uds.)* are considered second-person pronouns, they use the third-person form of the verb.
- *Nosotros, vosotros,* and *ellos* each refer to an all-masculine group of nouns or a mixed group containing at least one masculine noun.
- *Nosotras, vosotras,* and *ellas* refer to an all-feminine group of nouns.

nosotros   nosotras

*Note: Ustedes (Uds.) is the only pronoun used by most Latin Americans to address two or more people. However, in Spain *vosotros(as)* is the plural equivalent of the familiar pronoun *tú*, and *ustedes* is the plural form of the formal *usted*. The *vosotros* form will appear in the verb charts, but we will not practice it. *Vosotros* appears in the Bible and in certain works of Spanish literature; so you should be able to recognize it when you see it.

Actividad 1

María is at the museum where she has met some of her acquaintances. Play the role of María as she tells us who is there. Use a pronoun to replace the words within parentheses.

Modelo: (Ana, Susana, yo) __*Nosotras*__ estamos en el museo.

1. (La directora, Adela, Silvia) _____ están en el museo.
2. (Pedro, Felipe, yo) _____ estamos en el museo.
3. (Carmen, Carlota, yo) _____ estamos en el museo.
4. (Manuel, el profesor, Mateo) _____ están en el museo.
5. (Rosa, Juan, Teresa) _____ están en el museo.

El verbo estar

Nosotros estamos en la clase de español.
Ustedes están un poco aburridos.
Ellos están muy ocupados.

The verb forms *estamos, están* refer to more than one person. The singular and plural forms of the verb *estar* are listed below:

Estar (to be)

yo estoy	nosotros(as) estamos
tú estás	vosotros(as) estáis
Ud., él, ella está	Uds., ellos(as) están

▪Actividad 2

Tell where the following people are this afternoon. Follow the model.
Modelo: Papá

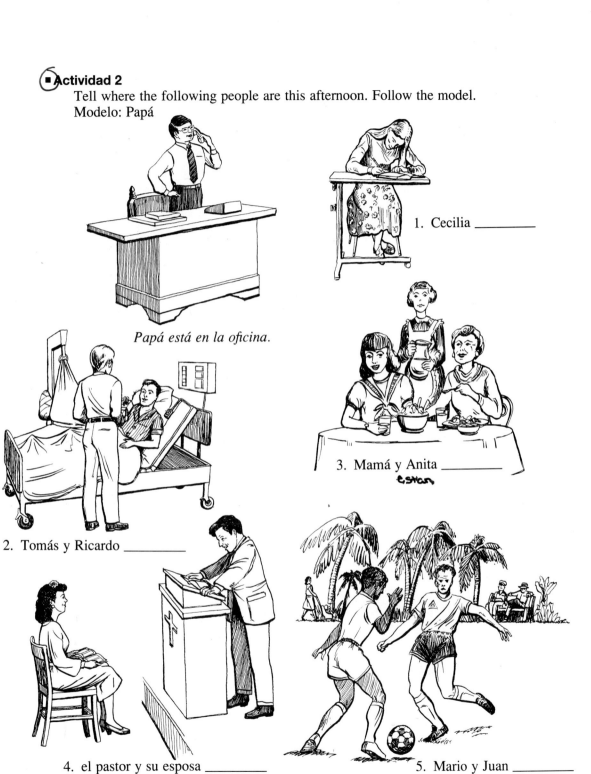

Papá está en la oficina.

1. Cecilia _____

2. Tomás y Ricardo _____

3. Mamá y Anita _____ están

4. el pastor y su esposa _____ están

5. Mario y Juan _____ están

El plural de los adjetivos

Adjectives must agree with the nouns they modify not only in gender but also in *number*. That is, if the noun is singular the adjective must be singular; if the noun is plural the adjective must be plural.

1. An adjective that ends in a vowel forms its plural by adding *-s* (contento, contentos).
2. An adjective that ends in a consonant forms its plural by adding *-es* (fiel, fieles).
3. An adjective that ends in *z* forms its plural by changing the *z* to *c* and adding *-es* (feliz, felices).
4. An adjective that modifies a mixed group uses the masculine plural form (Pablo, Roberto y Rosa están cansados.).

Roberto está **cansado.**	Roberto y Rosa están **cansados.**
Carmen está **contenta.**	Carmen y Ana están **contentas.**
Rosa está **presente.**	Rosa y Marcos están **presentes.**

Note: Adverbs are constant. That is, they agree with a singular or plural verb without changing their form.

¿Cómo estás tú?	Estoy **bien**, gracias.
¿Cómo están ustedes?	Estamos **bien**, gracias.

■ **Actividad 3**

For each of the following sentences fill in the correct form of the verb *estar* and the correct form of the adjective.

Modelo: Pablo y Marcos / ausente

Pablo y Marcos están ausentes.

1. Francisco / contento
2. Carmen y María / triste
3. Paco y Marcos / cansado
4. Isabel y Felipe / enfermo
5. Sandra y Marta / nervioso
6. Manuel y Andrés / contento
7. Su profesora / furioso
8. Susana y Sandra / entusiasmado
9. Nosotros / aburrido
10. Yo / feliz

VERSÍCULO ▲▲▲▲▲▲▲▲▲▲▲▲▲▲▲▲▲▲▲▲▲▲▲▲▲▲▲▲▲▲▲▲▲▲▲▲▲▲

''Los ojos de Jehová están en todo lugar, mirando a los malos y a los buenos''. Proverbios 15:3

PRONUNCIACIÓN ▲▲▲▲▲▲▲▲▲▲▲▲▲▲▲▲▲▲▲▲▲▲▲▲▲▲▲▲▲▲

Unión de las palabras

As a beginning student, you may have difficulty detecting where one word ends and another begins in spoken Spanish. Sentences seem to sound like strings of syllables. The tips below should help you pronounce sentences in Spanish.

- Words ending in a vowel link to the following word if that word begins with a vowel. *su͜ abuelo*
- Words ending in a consonant also link to words beginning with a vowel. *el͜ ejercicio.* (Note: The *h* is a silent letter. *un͜ hombre*)
- Words ending with either a consonant or a vowel link to the following word if that word begins with the same letter. *camión͜ nuevo*

  Practique las frases: ¿Cómo͜ estás?

  Los͜ amigos͜ son fieles los͜ unos͜ a los͜ otros.

  Los͜ ojos de Jehová están͜ en todo lugar.

Lección 8

DIÁLOGO ▲▲▲▲▲▲▲▲▲▲▲▲▲▲▲▲▲▲▲▲▲▲▲▲▲▲▲▲▲▲▲▲▲▲▲▲

Feliz cumpleaños

Débora and Rebeca bring a cake to their grandfather and sing "Happy Birthday" to him.

Débora y Rebeca:	Feliz cumpleaños a ti, Feliz cumpleaños a ti, Feliz cumpleaños, abuelo, Feliz cumpleaños a ti.
Abuelo:	Gracias, niñas. Estoy muy contento. El *pastel* es bonito.
Rebeca:	¿Cuántos años tienes, abuelo?
Abuelo:	Muchos años.
Rebeca:	Pero, ¿cuántos?
Abuelo:	Tengo sesenta años.
Rebeca:	¿Verdad? ¡Sesenta! Eres *viejo,* abuelo.
Débora:	¡Rebeca, más respeto!
Abuelo:	Y tú, ¿cuántos años tienes, *jovencita*?
Rebeca:	Tengo ocho años.
Débora:	Y yo tengo *casi* quince años.
Abuelo:	¡Quince años! Ahora sí *me siento* viejo. Vamos, señoritas, *es hora de comer* el pastel.

Margin glosses:
cake
old
young lady
almost
I feel
It's time to eat

VOCABULARIO ▲▲▲▲▲▲▲▲▲▲▲▲▲▲▲▲▲▲▲▲▲▲▲▲▲▲▲▲▲▲▲

Los números

(handwritten note) ✿ accent mark

11	once	✿ 16	dieciséis
12	doce	17	diecisiete
13	trece	18	dieciocho
14	catorce	19	diecinueve
15	quince	20	veinte

30	treinta	80	ochenta
40	cuarenta	90	noventa
50	cincuenta	100	cien
60	sesenta	1.000	mil
70	setenta	1.000.000	millón

■ **Actividad 1**

Express the following problems in words. Follow the model.
Model: 10   +   5   =   15
         diez **más** cinco **son** quince.

1. 6 + 9 = _____
2. 10 + 7 = _____
3. 8 + 6 = _____
4. 11 + 9 = _____
5. 14 + 5 = _____
6. 12 + 4 = _____
7. 11 + 2 = _____
8. 7 + 5 = _____
9. 8 + 3 = _____
10. 10 + 8 = _____

Los números del 20 al 29

The numbers from 20 to 29 are usually written as one word. (Note the accent on *veintidós, veintitrés,* and *veintiséis*.)

20	veinte		25	veinticinco
21	veintiuno		26	veintiséis
22	veintidós		27	veintisiete
23	veintitrés		28	veintiocho
24	veinticuatro		29	veintinueve

Los números del 30 al 99

The numbers from 30 to 99 are usually written as three words.

30	treinta		70	setenta
31	treinta y uno		71	setenta y uno . . .
32	treinta y dos . . .		80	ochenta
40	cuarenta		81	ochenta y uno . . .
41	cuarenta y uno . . .		90	noventa
50	cincuenta		91	noventa y uno
51	cincuenta y uno . . .		92	noventa y dos
60	sesenta		93	noventa y tres . . .
61	sesenta y uno . . .		99	noventa y nueve

■ **Actividad 2**

1. Count by 2s from *cero* to *cincuenta*.
2. Count by 10s from *cero* to *cien*.
3. Count by 5s from *cero* to *cien*.

Tener para indicar edad

The verb *tener* is used to express the age of a person.

¿Cuántos años **tienes**?	**Tengo** quince años.
¿Cuántos años **tiene** tu papá?	**Tiene** cuarenta y nueve años.
¿Cuántos años **tiene** tu abuela?	**Tiene** setenta y dos años.

How many years does your father have [handwritten]

■ **Actividad 3**

Ask a classmate about the age of the following people.

Modelo: su abuela

¿Cuántos años tiene tu abuela?

1. su mejor amigo(a)
2. su papá
3. su mamá
4. él / ella
5. su hermano(a)

El verbo tener (to have)

yo tengo	nosotros(as) tenemos
tú tienes	~~vosotros(as) tenéis~~
Ud., él, ella tiene	Uds., ellos(as) tienen

The following sentences contain the plural forms of the verb *tener*.

¿**Tienen** Uds. dos clases hoy? —No, no **tenemos** dos clases, **tenemos** seis.
¿**Tenéis** un carro grande? —No, **tenemos** un carro muy pequeño.

■ **Actividad 4**

Fill in the blanks with the correct form of the verb *tener*.

1. Mateo y Marta Sánchez _____ una computadora IBM.
2. Mi hermana y yo __tengo__ una clase de español ahora.
3. Nosotros _____ una clase de biología hoy.
4. Yo _____ una cita en la oficina del director.
5. Mi abuelo _____ muchos años.

■ **Actividad 5**

Ask your classmates if they have the following objects.

Modelo: una guitarra española

    Alumno 1: ¿Tienes una guitarra española?

    Alumno 2: Sí, tengo una guitarra española.

                 (No, no tengo una guitarra española. Tengo una guitarra mexicana.)

1. un diccionario inglés-español
2. un sombrero mexicano
3. una clase de historia
4. un himnario en español
5. un perro alemán
6. un piano Yamaha
7. un gato siamés
8. una hermana mayor

■ **Actividad 6**

Answer the questions using the correct form of *tener*.

1. ¿Cuántas clases tienen Uds.?
2. ¿Tienes un carro o una bicicleta?
3. ¿Tiene un laboratorio tu escuela?
4. ¿Cuántas clases de español tienen Uds. por semana?
5. ¿Tienen la salvación todos tus amigos?

Los artículos definidos (definite articles)

	Singular	**Plural**
Masculine	el	los
Feminine	la	las

■ **Actividad 7**

Change the following sentences to the plural form. Some sentences will require noun-adjective agreement.

Modelo: La chica tiene trece años.

    Las chicas tienen trece años.

1. El abuelo de Miguel tiene un bizcocho.
2. Manuel tiene el papel de Paco.
3. El chico está feliz.
4. La maestra tiene una tarea para nosotros.
5. La vecina está en su casa.

VERSÍCULO ▲▲▲▲▲▲▲▲▲▲▲▲▲▲▲▲▲▲▲▲▲▲▲▲▲▲▲▲▲▲▲▲▲▲▲▲▲▲

"Justificados, pues, por la fe, tenemos paz para con Dios por medio de nuestro Señor Jesucristo".   Romanos 5:1

PRONUNCIACIÓN ▲▲▲▲▲▲▲▲▲▲▲▲▲▲▲▲▲▲▲▲▲▲▲▲▲▲▲▲▲

División en sílabas

It is easy to divide Spanish words into syllables. Review the three rules below.

1. A word will have as many syllables as there are vowels in that word. But remember that diphthongs are considered one vowel sound, thus representing only one syllable. (*puer-ta, es-cue-la, su-cio*)

2. If a consonant comes between two vowels, divide after the first vowel. (The letters *ch, ll,* and *rr* are single consonants.)

Practique las palabras:

ta-co	ga-to
pe-rro	re-pi-ta

Practique la frase: El mu-cha-cho lla-ma a su pe-rro.
Divide these words into syllables:

mañana	debajo
Venezuela	derecha
chimichurri	sílabas
amigo	pollo

3. Always divide between two consonants unless the second one is *l* or *r*.

Practique las palabras:

ten-go	ta-bla
ven-ta-na	Bi-blia
tris-te	sor-pre-sa

Practique las frases: Pa-blo es-tá tris-te. No tie-ne su Bi-blia.
Divide these words into syllables:

sombrero	contento
doctor	habla
soldado	nosotros
respuesta	palma
bicicleta	persona

Expresiones de amistad

When Hispanic people meet, even if they meet several times a day, they greet each other with gestures of affection. Men shake hands with each other. Women kiss each other on the cheek. Men and women shake hands, but if they are very good friends, they too will kiss each other on the cheek. If friends have not seen each other for a long time, there will be "bear hugs" as well as kisses by everyone. Family members always show affection with kisses and hugs.

If you visit a Hispanic country and receive only a handshake, you have not truly won their friendship.

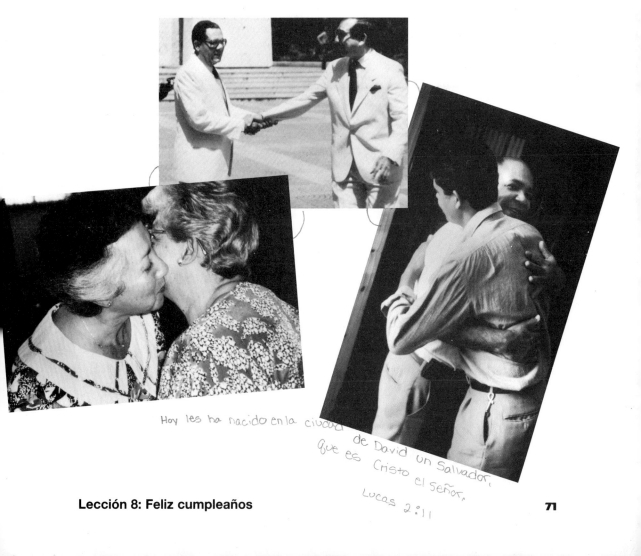

Hoy les ha nacido en la ciudad de David un Salvador, que es Cristo el señor.

Lucas 2:11

Lección 9

LECTURA ▲▲▲▲▲▲▲▲▲

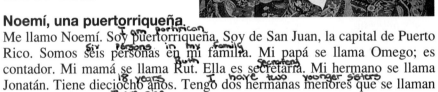

Noemí, una puertorriqueña.

Me llamo Noemí. Soy puertorriqueña. Soy de San Juan, la capital de Puerto Rico. Somos seis personas en mi familia. Mi papá se llama Omego; es contador. Mi mamá se llama Rut. Ella es secretaria. Mi hermano se llama Jonatán. Tiene dieciocho años. Tengo dos hermanas menores que se llaman Débora y Rebeca. Son simpáticas.

lunch
devotional time
goes to bed

Durante el día nosotros los hijos estamos en la escuela y mis padres están en la oficina. Al mediodía toda la familia está en casa para el *almuerzo*. Por la noche, tenemos un *tiempo devocional* a las ocho. Cerca de las once, toda mi familia *se acuesta*.

Conversación

1. ¿De qué país es Noemí?
2. ¿Cuántas personas hay en la familia de Noemí?
3. ¿Cuál es la profesión del padre? ¿de la madre?
4. ¿Cuántos años tiene Jonatán?
5. ¿Dónde está la familia durante el día?
6. ¿A qué hora tienen un tiempo devocional?
7. ¿A qué hora se acuesta la familia?

GRAMÁTICA ▲▲▲▲▲▲▲▲▲▲▲▲▲▲▲▲▲▲▲▲▲▲▲▲▲▲▲▲▲▲▲▲

El verbo *ser*

Tú y yo **somos** buenos estudiantes.

Las hermanas de Noemí **son** simpáticas.

Uds. **son** de San Juan, ¿verdad?

The verb forms *somos* and *son* refer to more than one person. The singular and plural forms of the verb *ser* are listed below.

Ser (to be)

yo soy	nosotros(as) somos
tú eres	vosotros(as) sois
Ud., él, ella es	Uds., ellos(as) son

■ **Actividad 1   ¿Quiénes son?**

Write a complete sentence to tell about each of the following Bible characters. Use the verb *ser*.

Modelo: José / el hijo favorito de Jacob
    José es el hijo favorito de Jacob.
1. Zaqueo / un hombre bajo
2. Caín y Abel / hijos de Adán y Eva
3. María y Marta / amigas de Jesús
4. María / la madre de Jesús
5. Goliat y Sansón / hombres fuertes

■ **Actividad 2   ¿De dónde son?**

Write a sentence to tell from where each of the following people are.

Modelo: Jacques y Pierre / Francia
    Jacques y Pierre son de Francia.
1. Miguel y yo / Honduras
2. Marcos y Marta / Guatemala
3. Nosotros / Panamá
4. Ustedes / Colombia
5. Tú y Felipe / Puerto Rico
6. Carlota y Andrés / Venezuela
7. Usted y yo / Bolivia
8. Sergio y Lidia / México

■ **Actividad 3**

Pedro is very proud of his family. Help him describe his family.

Modelo: Mis hermanos / inteligente
    Mis hermanos son inteligentes.
1. Mis padres / bueno
2. Mis hermanas / simpático
3. Mis abuelos / generoso
4. Nosotros / cristiano
5. Mis tías / divertido

Lección 9: Noemí, una puertorriqueña

VOCABULARIO ▲▲▲▲▲▲▲▲▲▲▲▲▲▲▲▲▲▲▲▲▲▲▲▲▲▲▲▲▲▲▲▲

¿Qué hora es?

Es la una. Son las dos. Son las once. ~~el~~ Es mediodía.
Es medianoche. ~~la~~

To tell time in Spanish, use the verb *ser*. *Es* is used with one o'clock, noon, and midnight. *Son* is used with all other hours. *Estar* is never used to tell time.

La hora y los minutos

¿Qué hora es?

Son las cinco y diez. Son las cinco y cuarto. Son las cinco y media.

Son las seis **menos** cuarto. Son las seis **en punto.**

6 − '14

To distinguish between A.M. and P.M., Spanish speakers use the following expressions:

Son las once **de la mañana.** (11:00 A.M.)
Es la una **de la tarde.** (1:00 P.M.)
Son las siete y veinticinco **de la noche.** (7:25 P.M.)
Son las dos y media **de la madrugada.** (2:30 A.M.)

- **Actividad 4**

    ¿Qué hora es?

_____

_____

_____

_____

_____

_____

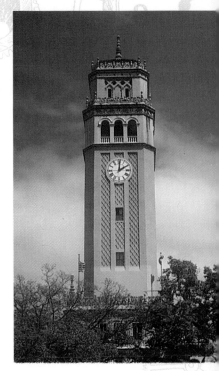

¿A qué hora?

¿A qué hora? asks at what time an event will take place.

¿A qué hora es el concierto? Es a las siete y media de la noche.

¿A qué hora es la escuela dominical? Es a las diez menos cuarto de la mañana.

- **Actividad 5 ¿A qué hora?**

    1. ¿A qué hora es tu clase de español?
    2. ¿A qué hora es tu clase de matemáticas?
    3. ¿A qué hora es el partido de volibol?
    4. ¿A qué hora comienza (*starts*) tu escuela?
    5. ¿A qué hora es el almuerzo? `lunch`

Useful prepositions

Por (la noche) is used when an exact hour is *not* mentioned.

De (la noche) is used when an exact hour is mentioned.

El partido de fútbol es **por la tarde.**

El partido de fútbol es a las tres **de la tarde.**

■ **Actividad 6**

Noemí has trouble remembering when school activities take place. She asks her friend Andrés who always seems to have the answer. Act out both roles with a classmate.

Modelo: Clase de español / 8:10 A.M.

Noemí: ¿A qué hora es la clase de español?
Andrés: Es a las ocho y diez de la mañana.

1. la capilla / 9:00 A.M.
2. la clase de inglés / 11:05 A.M.
3. el drama / 7:30 P.M.
4. el partido de fútbol / 3:45 P.M.
5. el almuerzo (lunch) / 1:10 P.M.

Useful words to use with time expressions

Paco tiene su clase de español a las nueve de la mañana.

*llegar = to arrive

Si Paco llega* a las nueve menos cuarto, él llega **temprano.** – early
Si Paco llega a las nueve en punto, él llega **a tiempo.** – on time
Si Paco llega a las nueve y diez, él llega **tarde.** – late

■ **Actividad 7**

Complete the story.

2. Paco tiene su clase de computadoras a las ocho. Él llega _temprano_

1. Paco tiene una reunión con el director a las cuatro. Él llega _a tiempo_

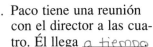

3. Paco tiene una cita con Rosa a las siete de la noche. Él llega _tarde_ .

Curbside Check-In

Vuelo	Procedentes de:		Hora	Pasillo	Observaciones	
	Llegadas (arrivals)					
306	Bogotá	diario	12:45	B	a tiempo	
3734	Miami	lunes, miércoles	1:20	C	tarde	nueva hora: 1:50
300	Santiago	martes, jueves	2:05	A	a tiempo	
502	Buenos Aires	diario	3:15	B	temprano	nueva hora: 3:05
1561	Panamá	diario	3:10	D	tarde	nueva hora: 3:30

■ **Actividad 8**   All

Tell the time of arrival of the plane from each of the following cities.

Model: ¿A qué hora llega el avión de Lima?

Llega a las nueve de la mañana.

1. ¿A qué hora llega el avión de Bogotá? ¿Está a tiempo?
2. ¿A qué hora llega el avión de Miami? ¿Está a tiempo?
3. ¿A qué hora llega el avión de Santiago? ¿Está a tiempo?
4. ¿A qué hora llega el avión de Buenos Aires? ¿Está a tiempo?
5. ¿A qué hora llega el avión de Panamá? ¿Está a tiempo?

El plural de los adjetivos posesivos

very important to know

Adjetivos posesivos (possessive adjectives)

1st person	mi, mis	nuestro, nuestra, nuestros, nuestras
2nd person	tu, tus	vuestro, vuestra, vuestros, vuestras
3rd person	su, sus	su, sus

Possessive adjectives agree in number with the noun that follows them. If the noun is singular, the possessive adjective is singular; if the noun is plural, the possessive adjective is plural. The plural forms of *mi*, *tu*, and *su* are the following:

Mis hermanos son altos.   **Sus** clases son difíciles.

Tus libros son caros.   Señor, **sus** libros están aquí.

Estar
estoy estamos
estas ___
está estan

▪ Actividad 9

John is going on a mission trip. His sister Nancy is making sure he doesn't forget certain items. Play both roles with a partner, according to the model.

Modelo: el pasaporte

> Nancy: ¿Tienes tu pasaporte?
> John: Sí, tengo mi pasaporte.

1. la crema para el sol
2. las películas Kodak
3. la cámara
4. el dinero
5. la Biblia
6. los lentes oscuros
7. los boletos de avión
8. la maleta

Ser
Soy Somos
eres ___
es Son

▪ Actividad 10

Write sentences that express to whom the following items belong.

Modelo: Los libros / David

> Los libros son de David. Son sus libros.

1. El sombrero / Felipe
2. Los zapatos / Pedro
3. La calculadora / la profesora
4. El bolígrafo rojo / Carmen
5. Las fotos / Noemí
6. El libro de español / María y Diana
7. Las medias / Juan
8. Los portafolios / Tomás y Jorge

▪ Actividad 11

Noemí goes to a restaurant and sees many of her friends there. She tells who is with whom. Play the role of Noemí.

Modelo: Juan / la amiga   *Juan está con (with) su amiga.*

1. Marcos / los padres
2. Juan Carlos / la esposa
3. señor Vargas / los niños
4. Srta. Díaz / las hermanas
5. Yo / la mejor amiga
6. nosotros / los amigos de la escuela
7. Carmen y Rafael / los padres y los hermanos
8. Benjamín / las primas

Since adjectives must agree with the noun they modify in gender and number, the first-person plural possessive adjective *nuestro* has four forms.

Nuestro hermano tiene una bicicleta.	**Nuestra** hermana tiene una bicicleta.
Nuestros hermanos están en Puerto Rico.	**Nuestras** hermanas están en España.

The second-person plural form **vuestro** also has four forms: *vuestro, vuestros; vuestra, vuestras.*

■ **Actividad 12**

Supply the correct form of *nuestro* in each space provided.

Gloria y yo estamos en Nuestro clase de español. Nuestro profesor es excelente. Nuestro libro es interesante. Nuestros amigos están en la clase también. Desafortunadamente, Nuestra tareas no están terminadas. Estamos en problemas.

VERSÍCULO ▲▲▲▲▲▲▲▲▲▲▲▲▲▲▲▲▲▲▲▲▲▲▲▲▲▲▲▲▲▲▲▲▲▲▲▲▲▲

"Si confesamos nuestros pecados, él es fiel y justo para perdonar nuestros pecados, y limpiarnos de toda maldad".   I Juan 1:9

PRONUNCIACIÓN ▲▲▲▲▲▲▲▲▲▲▲▲▲▲▲▲▲▲▲▲▲▲▲▲▲▲▲▲▲▲▲▲

La acentuación de las sílabas

In Spanish there are three simple rules that will help you to know which syllables to stress.

1. The stress falls on the **next to the last syllable** if the word ends in a vowel or in *n* or *s*.

Practique las palabras:

ga-to	ca-*mi*-no	co-*ci*-na
va-ca	ven-*ta*-na	me-*se*-ta
ro-sas	a-*mi*-go	res-*pues*-tas

2. The stress falls on the **last syllable** if the word ends in any consonant except *n* or *s*.

Practique las palabras:

a-*mor*	a-*bril*	a-*zul*
can-*tar*	doc-*tor*	sa-*lud*

3. Any word that is an exception to the two rules above contains an accent mark; thus, the stress falls on the syllable containing the accented vowel.

Practique las palabras:

lá-piz	ca-*pí*-tu-lo	*Á*-fri-ca
na-*ción*	bo-*lí*-gra-fo	*sí*-la-ba

NOTA CULTURAL ▲▲▲▲▲▲▲▲▲▲▲▲▲▲▲▲▲▲▲▲▲▲▲▲▲▲▲▲▲▲▲

La hora hispana

As a rule, Hispanics are not as punctual as North Americans. They are in no hurry. If a church service is scheduled to start at seven o'clock, many people do not leave their houses until seven. Sometimes pastors say, "We announce the service for seven in order to start at seven-thirty."

Normally, when someone is invited for a meal or party, it is not unusual for the guest to arrive at least 15 to 20 minutes late. No one thinks anything about it.

But not everyone can arrive late always. Offices, banks, business places, and schools go by a strict time schedule, as do the planes and trains. You had better be on time for your flight, or you will get left behind!

Cuestionario

1. What is the general attitude of Hispanics toward being on time?
2. If your family is invited to dinner at someone's home for 7:00 P.M., what time should you arrive, according to Hispanic custom?
3. If you had a job in an office that opened at 8:30 A.M., at what time should you be there?

CAPÍTULO CINCO

Bolivia

Bolivia is one of the two South American countries without a seaport. Its capital La Paz, at an elevation of 11,900 ft., is the world's highest capital. In fact, eighty per cent of Bolivia's population lives in the Andean region at elevations above 11,000 ft. Lake Titicaca, South America's largest lake, is at an elevation of 13,000 ft. above sea level. Communication is very difficult in Bolivia due to the terrain of the Andes Mountains, but the landscape of Bolivia is among the most breathtaking in the world.

Bolivia is rich in natural resources such as tin, gold, petroleum, and tungsten. The exploitation of these resources, however, has been virtually impossible due to the difficult terrain and the lack of money and technology.

The Indians, which make up more than fifty per cent of the population of Bolivia, live very traditional lives. The people of each community dress in a distinctive manner, making it easy to identify their place of origin. They like to mix flamboyant colors such as red, yellow, and purple with the traditional browns. The white hat that some women wear is adorned with a ribbon. The color of the ribbon varies according to her message: ''I'm married'' or ''I'm available.''

Area:	424,165 sq. mi. (the size of Texas and California combined)
Population:	6,876,000
Capitals:	La Paz (actual), Sucre (legal)
Government:	Republic

Lección 10

DIÁLOGO ▲▲▲▲▲▲▲▲▲▲

Una familia activa

La familia Hernández es una familia boliviana muy activa. Los padres son Pedro Hernández y su esposa Rosa Gómez de Hernández. Tienen cuatro hijos: José Luis de dieciséis años, Mayra de catorce años, Conchita de trece años y Andrés de siete años.

Los hijos están en la escuela durante el día y el padre está en su oficina. La señora de Hernández está en casa.

llegar = to arrive

(Al mediodía *llega* Andrés.)

Andrés:	¡Hola, mamá! ¡Aquí estoy!
Sra. Hernández:	¡Hola, mi hijo! ¿Cómo estás?

glass of milk

Andrés:	Bien. Deseo un *vaso de leche*.
Sra. Hernández:	Está bien.

(A las doce y cuarto llega Conchita.)

I have to study

Conchita:	¡Hola, mamá! *Tengo que estudiar* para la clase de historia.
Sra. Hernández:	Está bien.

(A las doce y media llegan José Luis y Mayra.)

Mayra:	¡Hola! Llegamos de la escuela, mamá.
Sra. Hernández:	¡Hola, hijos!

We have to practice / tonight

José Luis:	Cantamos en el coro de la iglesia el domingo. *Necesitamos practicar* con los muchachos *esta noche*.
Sra. Hernández:	¿Desean algo?
José Luis:	Sí, deseo una Coca-cola, un sandwich, un . . .

meal
Only

Sra. Hernández:	¡Ah, no! La *comida* es a la una.
José Luis:	Está bien. *Sólo* el sandwich entonces.
Mayra:	¿Es para mí esta Coca o es de José Luis?
Sra. Hernández:	Es de él. Aquí tienes una para ti.

música vocal
ensayar = practicar

José Luis:	Oye, Mayra, ¿practicas los *cantos* conmigo?
Mayra:	Sí, *ensayo* contigo hasta el almuerzo.

(A la una llega el Sr. Hernández.)

Sr. Hernández:	¡Hola, familia!
Andrés:	¡Hola, papá!
Sr. Hernández:	¿Dónde están todos?
Andrés:	Mayra y José Luis ensayan unos cantos. Conchita está en su cuarto. Estudia la historia. Y mamá está en la cocina.
Sr. Hernández:	¿Y el almuerzo?
Sra. Hernández:	El almuerzo está casi listo.
Sr. Hernández:	¡Qué bueno! ¡Tengo mucha hambre!

Cuestionario

1. ¿Cómo se llaman los padres de la familia Hernández?
2. ¿Cuántos años tiene Mayra? ¿José Luis? ¿Conchita? ¿Andrés?
3. ¿Dónde está la familia durante el día?
4. ¿A qué hora llega Andrés? ¿Qué desea?
5. ¿A qué hora llega Conchita? ¿Qué estudia en su cuarto?
6. ¿A qué hora llegan José Luis y Mayra?
7. ¿Qué desean?
8. ¿A qué hora llega el Sr. Hernández?
9. ¿Está listo el almuerzo?

VOCABULARIO ▲▲▲▲▲▲▲▲▲▲▲▲▲▲▲▲▲▲▲▲▲▲▲▲▲▲▲▲▲▲

hablar	Las muchachas *hablan* por teléfono todos los días.
entrar	¡Yo no *entro* a mi casa por la ventana!
estudiar	Conchita *estudia* la historia en su cuarto.
ganar	Mi escuela *gana* el partido de fútbol 3 a 2.
cantar	José Luis y Mayra *cantan* en el coro de la iglesia.
comprar	Nosotros *compramos* dos cuadernos por dos dólares.
llegar	El Sr. Hernández *llega* a casa a la una de la tarde.
practicar	Los muchachos *practican* los cantos esta noche.
tomar	Andrés *toma* leche todos los días.
trabajar	El Sr. Hernández *trabaja* en una oficina.
caminar	Él *camina* a la escuela; no tiene carro.
escuchar	Yo *escucho* música en mi radio.
desear	José Luis *desea* tomar una Coca-cola.

GRAMÁTICA ▲▲▲▲▲▲▲▲▲▲▲▲▲▲▲▲▲▲▲▲▲▲▲▲▲▲▲▲▲▲▲▲▲▲▲▲▲▲▲

Los verbos -ar

The basic form of the verb is called the **infinitive**: *hablar = to speak*. The infinitive of every Spanish verb has two parts: the **root** (*habl-*) and the **ending** (*-ar*). Spanish verbs are grouped according to the infinitive ending: *-ar, -er,* and *-ir*.

The subject pronouns (yo, tú, Ud., él, ella, nosotros, nosotras, vosotros, vosotras, ellos, ellas) are often omitted in Spanish, because the verb's ending already identifies its subject. The following endings are used with all -ar verbs in the present tense to identify the subjects. They are attached to the root (habl-) after the infinitive ending (-ar) has been removed.

Subject Pronoun	Regular -ar endings
yo	-o
tú	-as
Ud., él, ella	-a
nosotros, nosotras	-amos
vosotros, vosotras	-áis
Uds., ellos, ellas	-an

cantar (to sing) belongs to the -ar verbs, or what is called the first conjugation. Note the endings of *cantar* below.

cantar → cant-

yo canto	nosotros(as) cantamos
tú cantas	vosotros(as) cantáis
Ud., él, ella canta	Uds., ellos(as) cantan

■ **Actividad 1**

Write the correct ending.

1. Uds. estudi_____ francés.
2. Yo cant_____ en el coro.
3. Nicolás tom_____ Coca-cola.
4. Mi papá trabaj_____ en el garaje.
5. Mayra compr_____ ropa nueva.
6. Ellos escuch_____ la música cristiana.
7. José Luis practic_____ la guitarra.
8. Los "pumas" gan_____ en fútbol.
9. Yo entr_____ por la puerta.
10. Nosotros lleg_____ tarde.

■ Actividad 2

Write simple sentences using the following elements.

Modelo: mi hermano / estudiar

Mi hermano estudia para un examen.

1. yo / comprar
2. mi madre / llegar
3. Marcos / cantar
4. Papá / trabajar
5. Tú / ganar
6. Ud. / entrar

■ Actividad 3

Finish the sentences by putting the verbs in the proper form.

Modelo: *Mayra* __canta__ *en el coro; sus amigos* __cantan__ *en el baño.*
(cantar)

1. Uds. _____ historia; Juan y Pablo _____ ciencia. (estudiar)
2. Yo _____ en McDonalds; mis hermanos _____en Burger King. (trabajar)
3. Los chicos _____ inglés; sus padres _____español. (hablar)
4. Mayra y yo _____ Pepsi; nuestros hermanos pequeños _____ leche. (tomar)

■ Actividad 4

Answer the questions using the correct form of the verb.

1. ¿Dónde estudias, en casa o en la escuela?
2. ¿Qué idioma hablas en casa?
3. ¿Qué practican Uds. en esta clase?
4. ¿Dónde trabajas?
5. ¿Cantan en el coro tus padres?
6. ¿Llegan Uds. a la iglesia tarde o temprano?
7. ¿Quién compra tu ropa (*clothes*)?

■ Actividad 5

Read the following story about the Apostles Peter and John.

Pedro y Juan llegan al templo. A la puerta del templo está un hombre *cojo de nacimiento*. Pedro y Juan hablan con el cojo. Ellos no tienen plata ni oro, pero en el nombre de Jesucristo *sanan* al cojo. El cojo anda, *salta*, y *alaba* a Dios.

lame from birth
sanar=to heal
saltar=to jump /
alabar=to praise

Now, retell the story from the viewpoint of (1) Pedro and Juan (*Llegamos al . . .*) and (2) a friend talking to Pedro (*Llegas al . . .*).

Pronombres con las preposiciones

Notice the prepositions and their pronouns.

El dinero no es **para mí**; es **para ti.**

El chico está **con Ud.,** ¿no?

¿Trabajas para el Sr. López? —Sí, trabajo **para él.**

¿Es **para nosotros** este pastel? —No es **para ustedes,** es **para ellos.**

Except for mí and ti, subject pronouns are used with prepositions. Now notice this special situation with the preposition *con.*

¿Deseas cantar **conmigo?** —¿**Contigo?** No, yo canto **con ella.**

Pablo canta **con ustedes,** no canta **con nosotros.**

con + mí = *conmigo;* con + ti = *contigo* (but *con él, con ella, con Ud., etc.*)

Here are some prepositions you have learned: *para, con, en, a, de, delante de, detrás de, encima de, debajo de, al lado de.* Can you think of others?

■ **Actividad 6**

Manuel is working at a fast-food restaurant. Mayra wants to know if he works with the following people. Do this activity with a partner.

Modelo: Felicia / no

     Mayra: ¿*Trabajas con Felicia?*

     Manuel: *No, no trabajo con ella.*

1. Paula / no
2. Elena y Juliana / sí
3. Silvia y Marcos / no
4. Carlos / sí
5. Nancy / no
6. Miguel / sí

■ **Actividad 7**

Write the correct pronoun in the blank according to the noun(s) or pronoun(s) given within parentheses.

1. Hablan de _____. (Eva y Juana)
2. La casa es de _____. (Luis y Pablo)
3. Cantamos para _____. (Dios)
4. Es bueno trabajar para _____. (Jesucristo)
5. Compro una Biblia para _____. (mi madre)
6. María camina con _____. (yo)
7. ¿Tienes algo para _____? (yo)
8. Tienen una sorpresa para _____. (tú y yo)
9. Tomás no habla de _____. (tú)
10. Canto en el coro con _____. (tú)

VERSÍCULO ▲▲▲▲▲▲▲▲▲▲▲▲▲▲▲▲▲▲▲▲▲▲▲▲▲▲▲▲▲▲▲▲▲▲▲▲

"Os es necesario nacer de nuevo".   Juan 3:7b

PRONUNCIACIÓN ▲▲▲▲▲▲▲▲▲▲▲▲▲▲▲▲▲▲▲▲▲▲▲▲▲▲▲

Los acentos

The accent mark (´) indicates that the stress falls on a syllable that is an exception to the rules you learned on page 79.

árbol   congregación   café

An accent mark is also used over an *i* or *u* in a diphthong to make the *i* or *u* the strongest vowel in the word. The accent eliminates the diphthong and puts the two vowels in separate syllables.

ví-a   re-ír
ba-úl   o-í-do

Sometimes the accent mark is used to differentiate between words that are pronounced alike but do not have the same meanings.

tu (*your*)   tú (*you*)
el (*the*)   él (*he*)
si (*if*)   sí (*yes*)
como (*like, as*)   ¿cómo? (*how?*)

NOTA CULTURAL ▲▲▲▲▲▲▲▲▲▲▲▲▲▲▲▲▲▲▲▲▲▲▲▲▲▲▲▲

La hora de comer

En América Latina, la comida principal se llama "el almuerzo". De costumbre, *se sirve* entre las doce y las dos de la tarde. Un almuerzo típico consiste en *arroz, frijoles (habichuelas), carne, ensalada y pan.* Después de la comida se toma el café. Generalmente, el café es de tipo exprés y se sirve en tazas pequeñas. Entre las seis y las ocho de la noche es la cena. La cena consiste en algo *sencillo.*

    En España, la comida grande es entre las nueve y las once de la noche. Es una comida completa de *sopa,* carne, vegetales, ensalada y *postre.* A veces, hay una *merienda* a las cuatro de la tarde.

it is served

rice, beans, meat, salad, and bread

simple

soup/dessert

snack

Lección 11

DIÁLOGO ▲▲▲

El ensayo

asistir = to attend

Toda la familia Hernández *asiste* a la Iglesia de la Fe. Los jóvenes de la iglesia desean presentar un programa de música. Hablan con el pastor. Él está contento porque ellos desean preparar un programa.

are never able (to)
afterwards

Todos los viernes los jóvenes ensayan. Varios chicos trabajan los viernes por la tarde y *nunca pueden* practicar con los otros jóvenes. El pastor escucha a los jóvenes cantar. José Luis toca unos cantos en la guitarra, y *luego* todos ensayan los cantos. También ensayan algunos de sus himnos favoritos.

José Luis y tres de sus amigos ensayan un cuarteto. José Luis canta el primer tenor, Felipe canta el segundo tenor, Marcos canta el barítono y Pedro el bajo. Cantan el himno "Hay un nombre nuevo en la gloria". Mayra ensaya un solo. Su himno favorito es "Oh, amor de Dios".

Conversación

1. ¿Por qué está contento el pastor de la iglesia?
2. ¿Cuándo ensayan los jóvenes?
3. ¿Por qué no ensayan todos los jóvenes?
4. ¿Quién toca la guitarra?
5. ¿Quiénes cantan en el cuarteto?
6. ¿Quién canta el solo?

VOCABULARIO ▲▲▲▲▲▲▲▲▲▲▲▲▲▲▲▲▲▲▲▲▲▲▲▲▲▲▲▲

El ensayo

un dúo

un cuarteto

Los instrumentos musicales

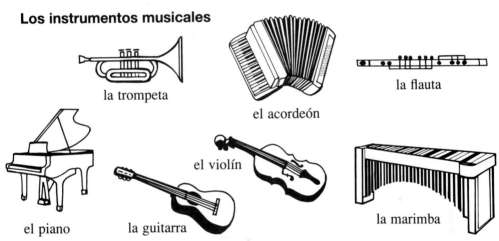

la trompeta

el acordeón

la flauta

el piano

la guitarra

el violín

la marimba

Verbos -ar

predicar	El pastor *predica* un sermón todos los domingos.
ensayar	José Luis y Felipe *ensayan* sus himnos antes del programa.
mirar	*Miramos* el programa en la televisión.
sacar	Los turistas *sacan* muchas fotos de la ciudad.
	Los estudiantes *sacan* libros de la biblioteca para sus investigaciones.
esperar	Yo *espero* el avión en el aeropuerto.
invitar	El pastor *invita* a todos los jóvenes a su casa para una fiesta.
enseñar	La profesora *enseña* la lección a los estudiantes.
	El misionero *enseña* sus fotos a la congregación.
buscar	Conchita *busca* la definición de la palabra en el diccionario.
señalar	El profesor de historia *señala* los países en el mapa.
reservar	¿Aló, Restaurante García? Deseo *reservar* una mesa para dos.
tocar	Para *tocar* bien el piano, tienes que practicar mucho.

GRAMÁTICA ▲▲

Resumen: El presente de los verbos que terminan en -ar

Regular -ar verbs form the present tense like *hablar*.

hablar (to speak)

yo hablo	nosotros(as) hablamos
tú hablas	vosotros(as) habláis
Ud., él, ella habla	Uds., ellos(as) hablan

The present tense tells what is happening *now*. It may be translated several different ways.

Juan trabaja mucho.	John *works* a lot.
Juan trabaja hoy.	John *is working* today.
¿Trabaja Juan en casa?	*Does* John *work* at home?

The context will determine the exact meaning.

▪ Actividad 1

Fill in the spaces with the correct form of the verb.

1. Yo _____ la lección en la escuela dominical. (enseñar)
2. Mamá y yo _____ unas fotos. (sacar)
3. El pastor _____ su sermón después de la música. (predicar)
4. Los jóvenes _____ sus cantos. (practicar)
5. ¿Uds. _____ a sus abuelos al servicio? (invitar)
6. Yo _____ una habitación en el hotel. (reservar)
7. ¿Quiénes _____ en el cuarteto? (cantar)

▪ Actividad 2

Find out more about someone else in your class. Use the items below to ask each other questions. Your teacher will ask you later what you found out about your partner. Follow the model.

Modelo: hablar inglés

> *Pedro:* ¿Hablas inglés, Felipe?
> *Felipe:* Sí, hablo inglés.

1. tocar la guitarra
2. escuchar mucho la radio
3. estudiar mucho para la clase de español
4. cantar en la iglesia
5. trabajar en casa
6. tomar mucha Coca-cola

■ **Actividad 3**

Write simple sentences using the elements provided.

Modelo: (nosotros) cantamos

Nosotros cantamos himnos en la iglesia.

1. (yo) tocar ~ to touch
2. (él) trabajar – to work
3. (Uds.) cantar – to sing
4. (nosotros) hablar – to speak
5. (ellos) orar – to pray
6. (tú) practicar – to practice
7. (ella) estudiar – to study
8. (Ud.) alabar – to worship
9. (ellas) escuchar – to listen
10. (nosotras) comprar – to buy

[handwritten margin notes: O amos / as / a an]

El plural del artículo indefinido

singular

Tengo **un** amigo en La Paz.

Hay **una** revista en la mesa.

plural

Tengo **unos** amigos en La Paz.

Hay **unas** revistas en la mesa.

The plural forms above, *unos* and *unas*, indicate an indefinite quantity: some or a few. *Varios/varias* and *algunos/algunas* may be substituted for *unos* and *unas*.

Tengo **varios** amigos en Nicaragua.

Hay **algunas** revistas en la mesa.

Many times the indefinite article is omitted altogether: *Hay revistas en la mesa.*

Adjetivos de cantidad

Adjectives of quantity precede the noun they modify. *¿Cuánto?*, *otro*, *mucho*, and *todo* must agree with the noun they introduce.

¿cuántos? (*how many?*) ¿**Cuántos** amigos y **cuántas** amigas tienes?

muchos (*many, a lot of*) Tengo **muchos** amigos y **muchas** amigas.

otro (*other, another*) ¿Tienes **otras** amistades?

todo (*all*) No tengo tiempo para **todos** mis amigos.

▪ Actividad 4

Conteste las preguntas.
1. ¿Cuántos chicos hay en tu clase de español?
2. ¿Cuántas chicas hay en tu clase?
3. ¿Tienes muchas cintas de cassette? ¿Cuál es tu favorita?
4. ¿Trabajas todos los sábados? ¿Cuántas horas trabajas?
5. ¿Hay servicios en tu iglesia todas las noches?
6. ¿Son inteligentes todos los estudiantes en tu clase?
7. ¿Estudias con otro estudiante? ¿Con quién estudias?
8. ¿Hablas otros idiomas (*languages*)? ¿Qué idiomas hablas?

a personal

Compare the sentences on the left with those on the right.

Carmen escucha la radio.　　　Carmen escucha **a** un violinista.
Pedro mira los coches.　　　　Pedro mira **a** las chicas en los coches.
Felipe espera un taxi.　　　　Felipe espera **a** su hermana.

When the direct object of the verb is a noun designating a person or persons, that noun is preceded by the personal *a*. Notice the use of *¿a quién?* and *¿a quiénes?*

¿**A quién** esperas?　　　　¿**A quiénes** miras?
Espero a Carmen.　　　　　Miro a las chicas.

The personal *a* is not used with *tener*.
Tenemos muchos amigos en Bolivia.

▪ Actividad 5

A group of students is on a trip to La Paz.
Each student has something different to do.
Report on their activities using the personal *a*
when necessary.

Modelo: Paco, buscar (un amigo)
　　　　Paco busca a un amigo.
1. Felipe, buscar (un guía de turismo)
2. María, buscar (una cafetería)
3. Luisa, esperar (un taxi)
4. José, reservar (un cuarto de hotel)
5. Antonio, comprar (un mapa)
6. Ana, mirar (los chicos)
7. Carmen, sacar (fotos)
8. Eduardo, predicar (la gente)

■ **Actividad 6**

Supply the personal *a* in these sentences when necessary.

1. Mi hermano tiene _____ una amiga en Santa Fe.
2. Mi padre espera _____ mi madre en el carro.
3. La profesora enseña _____ veinte alumnos.
4. Carmencita busca _____ su perro.
5. Tomás invita _____ Susana a la fiesta.
6. Miguel compra _____ una Biblia para su hermana.
7. Su hermana saca _____ una foto de Miguel.

In English these verbs are used with prepositions: to look for, to wait for, to point out, to look at, to listen to. In Spanish the corresponding verbs consist of only one word: *buscar, esperar, señalar, mirar, escuchar.*

VERSÍCULO ▲▲▲▲▲▲▲▲▲▲▲▲▲▲▲▲▲▲▲▲▲▲▲▲▲▲▲▲▲▲▲▲▲▲▲

"Porque la paga del pecado es muerte, mas la dádiva de Dios es vida eterna en Cristo Jesús Señor nuestro".   Romanos 6:23

PRONUNCIACIÓN ▲▲▲▲▲▲▲▲▲▲▲▲▲▲▲▲▲▲▲▲▲▲▲▲▲▲

La entonación

1. Intonation refers to the rise and fall of the voice in speaking. For statements, exclamations, commands, and information questions (questions that begin with interrogative words such as *¿dónde?, ¿quién?,* or *¿cómo?*), a falling intonation pattern is used.

    Statement: Me llamo Pedro.
    Exclamation: ¡Qué bonita eres!
    Command: ¡Abra la puerta!
    Information questions: ¿Dónde está el libro?
        ¿Cómo está tu hermana?

2. For yes/no questions (questions that can be answered with *sí* or *no*), a rising intonation pattern is normally used.

    yes/no questions: ¿Eres de Puerto Rico? ¿Estudias español?

Read aloud the following sentences, using the correct intonation.

1. Me llamo Pedro.
2. ¿Eres de Santa Ana?
3. ¡Abran los libros!
4. ¿Quién está en la oficina?
5. Tengo mi cuaderno en la bolsa.
6. ¡Qué inteligente eres!
7. ¿De dónde es tu profesor de español?

Cognados

The names of musical instruments are very similar in English and Spanish.

accordion—el acordeón
clarinet—el clarinete
cornet—la corneta de llaves
flute—la flauta
guitar—la guitarra
harp—el arpa
organ—el órgano

piano—el piano
saxophone—el saxofón
trumpet—la trompeta
trombone—el trombón
violin—el violín
violoncello (cello)—el
   violoncelo

NOTA CULTURAL ▲▲▲▲▲▲▲▲▲▲▲▲▲▲▲▲▲▲▲▲▲▲▲▲▲▲▲▲

La música en las iglesias

are not afraid

composed

saber leer = to know how to read

Una característica de las iglesias en la América Latina es su alegre canto. En las iglesias latinas los cristianos *no tienen miedo* de cantar. Muchos himnos en inglés son traducidos al español, pero hay muchos himnos y coritos *compuestos* por latinoamericanos.

Pocas iglesias tienen órgano o piano. Por eso, es más común el uso de la guitarra para acompañar los himnos y cantos. Pocos himnarios tienen música; solamente tienen palabras, porque pocas personas *saben leer* música. Una cosa es cierta, a los hispanos les gusta cantar. Muchas veces hay tres o cuatro números especiales en un culto: solos, dúos, o cuartetos.

Cuestionario

1. ¿Cómo canta la gente en las iglesias de la América Latina?
2. ¿Qué instrumento se usa mucho en las iglesias?
3. ¿Cómo cantan los cristianos?
4. ¿Cómo se llama el libro de cantos que usan en las iglesias?
5. ¿Son los himnarios de ellos como tu himnario?

Lección 12

DIÁLOGO ▲▲▲

El programa

La noche que los jóvenes presentan el programa, la iglesia *está llena*. Muchos amigos de los jóvenes y algunos de sus padres están en la iglesia. Son casi las siete.

is full

Felipe:	José Luis, siempre estoy nervioso cuando canto delante de la congregación. ¡Y hay mucha gente esta noche!
José Luis:	Sí, todos estamos nerviosos, pero es importante no olvidar nunca que cantamos para el Señor y no para nosotros.
Felipe:	Claro, tienes razón.
Mayra:	Felipe, ¡Hay alguien especial aquí esta noche! Es Anita.
Felipe:	¿Sí? Pues . . . pues . . .
José Luis:	Felipe, ¿qué tienes? Siempre *te pones raro* cuando alguien menciona a Anita.
Pedro:	Es que cuando Felipe mira a Anita, él tiene problemas no sólo en cantar pero también en hablar.
Felipe:	No es na-na-na-nada, muchachos. Estoy per-per-per-perfectamente bien.
Pedro:	(laughing)¡Ah, sí! ¡Por eso estás *tan pálido*!
José Luis:	Muchachos, en serio. Felipe y yo tenemos que practicar un poco más antes del programa.

you start acting strange

so pale

José Luis y Felipe practican su himno y luego es hora de comenzar el servicio. Después del programa de música que los jóvenes presentan, todos escuchan el mensaje del pastor de la iglesia. Cuando termina el servicio, todos felicitan a los jóvenes por su buen trabajo. Los jóvenes están contentos porque tienen parte en predicar el evangelio.

Cuestionario

1. ¿Cómo está la iglesia la noche del programa?
2. ¿Quiénes están en la iglesia?
3. ¿Están nerviosos los jóvenes?
4. ¿Para quién cantan?
5. ¿Por qué está nervioso Felipe?
6. ¿Cuándo predica el pastor?
7. Después del servicio, ¿cuál es la reacción de todos los presentes?
8. ¿Cuál es la reacción de los jóvenes?
9. ¿Tienen especiales los jóvenes de tu iglesia?

VOCABULARIO ▲▲▲▲▲▲▲▲▲▲▲▲▲▲▲▲▲▲▲▲▲▲▲▲▲▲▲▲▲

Verbos -ar

preparar El pastor *prepara* su sermón en su oficina.

orar Cuando *oramos*, hablamos con Dios.

alabar El salmista *alaba* a Dios con sus cantos.

necesitar Todos *necesitamos* predicar el evangelio.

terminar El pastor *termina* su mensaje con una invitación.

presentar El director *presenta* los diplomas a los graduados.

olvidar El elefante tiene buena memoria. Nunca *olvida* nada.

mencionar El millonario siempre *menciona* a sus amigos importantes.

felicitar Todos *felicitan* a los jóvenes por su buen trabajo.

■ Actividad 1

Ask a classmate five questions to find out more about him. Then change roles. These verbs may give you some ideas.

Modelo: *¿Tomas Coca-cola o Pepsi?, ¿Cantas en el coro?*

1. tomar	6. trabajar
2. cantar	7. escuchar
3. hablar	8. practicar
4. ganar	9. comprar
5. preparar	10. estudiar

■ Actividad 2

Fill in the spaces with the proper form of the verb.

1. Mayra _____ un solo, pero los chicos _____ un cuarteto. (cantar)
2. Los budistas _____ al Buda, pero yo _____ a Dios. (orar)
3. El pastor _____ los domingos, pero los misioneros _____ durante las conferencias bíblicas. (predicar)
4. ¿Ud. no _____ hoy? Todos nosotros _____ esta noche. (ensayar)
5. Tú _____ despúes de la escuela, pero Juana y Daniel _____ en el verano. (trabajar)

▪ Actividad 3

Answer the questions.
1. ¿Dónde hablan español? ¿en Francia?
2. ¿Quiénes hablan inglés? ¿los cubanos?
3. ¿Cuándo canta el coro de tu iglesia?
4. ¿Con quién hablas cuando oras?
5. ¿Quién enseña tu clase de español?
6. ¿Escuchas la música cuando estudias?
   ¿Estudias en silencio?
7. ¿Buscan Uds. una casa nueva?
8. ¿Practicas tu español todos los días?
9. ¿Quiénes sacan buenas notas,
   los chicos o las chicas?

GRAMÁTICA ▲▲

Usos del infinitivo

The infinitive is used after *es* + an adjective to create what is called an impersonal expression. The construction is called an impersonal expression because the subject of the verb *es* is not a person but rather the impersonal pronoun *it*.

> **Es bueno** practicar el español.
> **Es importante** cantar y alabar a Dios.
> No **es posible** esperar el avión en la estación del tren.

▪ Actividad 4

Combine these elements in original ways using *es*. Make some of your statements negative. Use the sentences above as models.

bueno	hablar	al Señor todos los días
malo	estudiar	a todos a la fiesta
interesante	tocar	otros idiomas
importante	escuchar	la lección en dos días
fácil	invitar	la flauta en la piscina
difícil	sacar	la banda cuando toca
necesario	llegar	buenas notas
práctico	comprar	un carro usado
imposible	ensayar	tarde a la clase
ridículo	orar	antes de un programa

The infinitive is used in combination with certain other verbs, such as *necesitar*, *desear*, *tener que*, and *gustar*.

Necesito estudiar historia. I need to study history.

Deseo tomar una Coca-cola. I desire to drink coca-cola.

Tengo que cantar con el coro el domingo.

Me gusta estudiar idiomas, pero no me gusta estudiar química.

Note: *Tener* used alone means "to have" in the sense of "to possess," but *tener que* + infinitive means "to have to do something." In other words, adding *que* changes the meaning of *tener* from possession to obligation.

■ **Actividad 5**

Using the following suggestions, write sentences that express necessity, desire, or obligation. Use each expression a total of three times. Include some questions and some negative statements.

Modelo: mi hermano / estudiar

Mi hermano tiene que estudiar por la mañana. (or)

Mi hermano necesita estudiar para un examen. (or)

Mi hermano desea sacar una nota buena.

1. Yo / comprar
2. Marcos / cantar
3. Papá / trabajar
4. Mis amigos / hablar

5. Carlos / tomar
6. Pedro y yo / estar
7. Tú / ganar
8. Usted / entrar

There is no Spanish verb that corresponds to the English verb "to like." Spanish speakers use the following expressions:

me gusta + infinitive   Me gusta cantar. (*I like to sing.*)

te gusta + infinitive   ¿Te gusta cantar? (*Do you like to sing?*)

The negative forms are as follows:

¿No te gusta estudiar idiomas? (*Don't you like to study languages?*)

No me gusta hablar francés. (*I don't like to speak French.*)

■ **Actividad 6**

Ask a classmate if he likes to do the following activities. Follow the model.

Modelo: cantar

Estudiante 1:   ¿Te gusta cantar?

Estudiante 2:   Sí, me gusta cantar.

1. trabajar
2. practicar el piano
3. estudiar

4. escuchar música clásica
5. hablar español en la clase
6. tomar Pepsi-cola

Palabras afirmativas y negativas
Affirmative

siempre — *always*
alguno(a) — *some (any)*
alguien — *someone (anyone)*
algo — *something (anything)*

Negative

nunca — *never*
ninguno(a) — *none (not any)*
nadie — *no one (not anyone)*
nada — *nothing (not anything)*

Do you always work Friday?   *No I never work Friday's.*
¿**Siempre** trabajas los viernes?   No, **no** trabajo **nunca** los viernes.
There is someone in your house?
¿Hay **alguien** en tu casa?   No, **no** hay **nadie**.
¿Tienes **algo** en tu bolsa?   No, **no** tengo **nada**.
¿Hay **algunos** muchachos intere-   No, **no** hay **ninguno**.
santes en tu iglesia?

Note: *Alguno* and *ninguno* agree with the noun they describe. Before a masculine singular noun, they become *algún* and *ningún*.

No tengo **ningún** amigo en México.
Ella necesita **algún** consejo (*advice*).

■ Actividad 7

Conchita woke up on the wrong side of the bed. Her little brother's endless questions are getting on her nerves. She answers *no* to each of Andrés's questions. Act out both roles with a partner.

Modelo: hablar con alguien
    Andrés: ¿Hablas con alguien, Conchita?
    Conchita: No, no hablo con nadie.

1. trabajar <u>siempre</u> los sábados   nunca
2. necesitar <u>algo</u>   nada
3. comprar <u>algo</u> para tu novio   nada
4. estar con <u>alguien</u>   nadie
5. desear cantar <u>algún</u> canto   ningún
6. hablar <u>siempre</u> por teléfono de noche   nunca
7. tener <u>algunas</u> profesoras españolas   ningunas
8. tener <u>algún</u> disco de Navidad   ningún
9. practicar tu guitarra <u>siempre</u> por la noche   nunca
10. estar <u>siempre</u> de mal humor   nunca

Inset of the official symbol of Bolivia

VERSÍCULO ▲▲▲▲▲▲▲▲▲▲▲▲▲▲▲▲▲▲▲▲▲▲▲▲▲▲▲▲▲▲▲▲▲▲▲

". . . Al que a mí viene, no le echo fuera".   Juan 6:37b

PRONUNCIACIÓN ▲▲▲▲▲▲▲▲▲▲▲▲▲▲▲▲▲▲▲▲▲▲▲▲▲▲▲▲

Las consonantes s, c, z

The Spanish *s* is just like the English *s*. The *z* in Spanish also represents the *s* sound (never the *z* sound as in "zebra"). When the *c* comes before *e* or *i* (ce, ci), it is soft and thus sounds like the *s*. (In some parts of Spain, the *z* and the *c* before *e* or *i* are pronounced like the *th* of "with.")

Practique las palabras:

serio	zapato	trece	doce
casa	marzo	cinta	mesa

Practique la frase:

La clase de la civilización de España está en el aula doscientos cinco del segundo piso.

CAPÍTULO SEIS

Colombia

Colombia is located in the northern part of the continent of South America and is the only country on the continent that has access to both the Atlantic and Pacific oceans. Most Latin American countries have only one important city, the capital, but Colombia has several major cities: Bogotá, Cartagena, Cali, Popayán, and Medellín. Over 64 per cent of the population of Colombia lives in the urban areas.

Colombia has known more violence than any other South American country. In the War of 1000 Days (1899-1902), over 180,000 men died. From 1932-38 and from 1946-58 there were extended periods of violence that at times were on a national scale. The period from 1946-60 was called *la Violencia,* because it was a period of violence between the liberal and conservative political parties. About 200,000 people were killed because of their opposing political views. In recent years there has been less violence, but Colombia has several guerrilla groups that occasionally cause trouble.

Colombia is the world's largest exporter of platinum and emeralds. It is also a major exporter of coffee, flowers, and cocaine. The cocaine problem is serious and very difficult for Colombia to stop due to the great power of the cocaine cartel. The cartel has ties to the government and controls many officials by intimidation.

Colombians are very culture minded. Evidence of their respect for culture and education lies in the number of writers, professors, and physicians who hold high public office. Colombians seek to maintain and preserve the purity of the Spanish language. This concern is taught from the very early grades in school. Improving one's language skills and pronunciation is considered a means of bettering one's self and achieving a higher status in life.

Area:	439,735 sq. mi. (the size of Texas and New Mexico combined)
Population:	31,821,000
Government:	Republic
Capital:	Bogotá

Lección 13

DIÁLOGO ▲▲▲▲▲▲▲▲▲▲▲▲▲▲   ▲▲▲▲▲▲▲▲▲▲▲▲▲▲▲

El regalo

Andrés: Raúl, tengo que comprar un regalo para Susana. El domingo es su cumpleaños.

Raúl: Papá va al centro en el carro ahora mismo. Hay una venta especial hoy. Vamos con él.

Llegan al centro. Raúl y Andrés van al almacén "El Palacio". Van al departamento de *joyería*.

jewelry

Raúl: Los collares son bonitos.

Andrés: (Pregunta a una dependiente.) Señorita, ¿cuánto cuesta el collar de oro?

dependiente: Cuesta 50,000 pesos.

Andrés: *¡Qué caro!* No, gracias.

how expensive!

Van al departamento de perfumería.

Raúl: ¿Qué hay de perfume? A todas las mujeres les encanta el perfume.

Andrés: Vamos a ver. ¿Señorita, qué marca de perfume recomienda para una muchacha de 17 años?

dependiente: Tengo perfumes franceses muy sofisticados. ¿Le gusta este perfume?

Andrés: ¡Achís! Es demasiado fuerte. No, gracias.

Los muchachos caminan a otra parte del almacén. Están cerca de la cafetería.

Andrés: Necesito un refresco, ¿y tú?

Raúl: Yo también.

to find

Andrés: Es difícil *encontrar* el regalo apropiado para Susana.

card

that is it

Raúl: Es cierto. Para el cumpleaños de mi hermana, le doy una *tarjeta* bonita con una invitación a cenar en un restaurante, *y eso es todo*.

right now

Andrés: ¡Qué idea más magnífica! ¿Dónde está el departamento de tarjetas? Voy a comprar una tarjeta para Susana *ahora mismo*. ¡Vamos!

Raúl: ¡Tranquilo, hombre! ¿Y mi refresco?

Conversación

1. ¿Por qué tiene que comprar un regalo Andrés?
2. ¿Cómo llegan Andrés y Raúl al centro?
3. ¿A qué almacén van Andrés y Raúl?
4. ¿En qué departamento están los collares?
5. ¿Cuánto cuesta el collar de oro?
6. ¿En qué departamento están los perfumes?
7. ¿Qué regalo le va a dar Andrés a Susana?

VOCABULARIO ▲▲▲▲▲▲▲▲▲▲▲▲▲▲▲▲▲▲▲▲▲▲▲▲▲▲▲▲▲▲

De compras *Know*

Voy vamos
vas
va van

el (la) dependiente
the clerk, employer

el mostrador
display case

el (la) cliente
the client

de compras-
go shopping

¿Cuánto cuesta? *How much does it cost?*

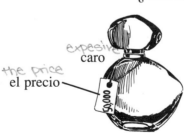

caro *expesive*

el precio *the price*

barato *cheap*

el centro comercial *the shopping center*

the gift

Lección 13: El regalo

103

Los modos de transporte

Andrés va al centro . . .

 know

 *by car*
en carro

 *by motorcycle*
en motocicleta

en autobús *by bus*

en taxi *by taxi*

a pie
on foot

en el metro *by subway*

GRAMÁTICA ▲▲▲▲▲▲▲▲▲▲▲▲▲▲▲▲▲▲▲▲▲▲▲▲▲▲▲▲▲▲▲▲▲

The verb (to go)

El verbo ir

Ir (to go) is an irregular verb. Note the present-tense forms of this verb in the following sentences.

yo	voy	*Voy a Buenos Aires en avión.* *airplane*
tú	vas	*Vas a las tiendas a pie.*
Ud., él, ella	va	*Va al centro en carro.*
nosotros(as)	vamos	*Vamos al museo en el metro.*
~~vosotros(as)~~	~~vais~~	*Vais al almacén en moto.* *motorcycle*
Uds., ellos(as)	van	*Van al mercado en autobús.*

Did you notice that *a* follows the verb in each of these sentences? Later we will learn other verbs that always are followed by *a*.

■ Actividad 1

All of your classmates are going away this weekend.
Tell where each one is going.

Modelo: Sandra / el zoológico.
   Sandra va al zoológico.

1. Pepe / Nueva York
2. Marcos y Pedro / el museo
3. Rebeca / el campo
4. Nosotros / la playa
5. Lisa y Olga / una convención
6. Yo / la casa de un amigo
7. Uds. / una fiesta
8. tú / un programa de Navidad

El verbo dar

The verb **dar** (to give) is conjugated like *ir* and *estar*. Compare the present-tense forms of the following verbs.

	dar *(to give)*	ir *(to go)*	estar
yo	doy	voy	estoy
tú	das	vas	estás
Ud., él, ella	da	va	está
nosotros(as)	damos	vamos	estamos
vosotros(as)	dais	vais	estáis
Uds., ellos(as)	dan	van	están

Did you notice that these verbs are conjugated like the regular -ar verbs except for the first-person singular form?

■ Actividad 2

Write your own sentences using the given words as clues.

Modelo: yo / dar / dinero
   Doy dinero a los pobres.

1. profesor / dar / examen
2. los estudiantes / ir / el laboratorio
3. ¿dónde? / estar / Madrid
4. la orquesta / dar / concierto
5. maestros / ir / la fiesta
6. tú / estar / clase

Estar + participio

In lesson 12 you learned that the simple present tense has three possible meanings:

Habla mucho.

He *talks* a lot.
He *is talking* a lot.
He *does talk* a lot.

To emphasize that an action is going on *right now,* you may use the **present progressive** tense: Él *está hablando* mucho. This construction means that the action is in progress right now, but not that it happens as a general rule. The present progressive is formed as follows: present tense of *estar* + present participle.

The **present participle** of -ar verbs is formed by replacing the -ar ending with *-ando*.

Infinitive:	Present Participle:
visitar	visitando
hablar	hablando
escuchar	escuchando
enseñar	enseñando
mirar	mirando
tomar	tomando

■ **Actividad 3**

Give the present participle for the following verbs: llevar, andar, orar, cantar, dar, enseñar, estudiar, trabajar.

■ **Actividad 4**

The following people are not at home. Tell what each of them is doing.

Modelo: Pepe / comprar

Pepe no está en casa. Está comprando una flor para su novia.

1. María / sacar fotos
2. Pedro y Juan / visitar el museo
3. Carmen / cantar en el coro
4. Samuel / trabajar
5. Mis hermanos / visitar a mis abuelos
6. Sr. Gómez / enseñar español
7. Yo / comprar en el centro
8. Tú / estudiar con un amigo
9. María y Rosita / tocar la guitarra en la iglesia

VERSÍCULO ▲▲▲▲▲▲▲▲▲▲▲▲▲▲▲▲▲▲▲▲▲▲▲▲▲▲▲▲▲▲▲▲▲▲▲

I am the good pastor   his life he gives for his sheep

"Yo soy el buen pastor; el buen pastor su vida da por las ovejas".
Juan 10:11   *memorize*

PRONUNCIACIÓN ▲▲▲▲▲▲▲▲▲▲▲▲▲▲▲▲▲▲▲▲▲▲▲▲▲▲

El sonido de la *rr*

The sound of the *rr* (*erre*) is the trilled *r* in Spanish. The sound is also represented by *r* at the beginning of a word. To produce this sound, the tongue rapidly taps against the gum ridge behind the teeth, much the same way some children do to make an engine sound for their toy cars.

Practique las palabras:

carro	guitarra	reír
perro	regalo	cerro
torre	ratón	Rut

Practique las frases:

Rut regala flores rosadas.
El ratón corre al perro.

Cognados

Some nouns ending in *-ty* in English end in *-dad* or *-tad* in Spanish.

activity—actividad	liberty—libertad
capacity—capacidad	necessity—necesidad
eternity—eternidad	personality—personalidad
faculty—facultad	reality—realidad
humanity—humanidad	spirituality—espiritualidad
impossibility—imposibilidad	variety—variedad

Can you think of more words that might be in this family of cognates?

NOTA CULTURAL ▲▲▲▲▲▲▲▲▲▲▲▲▲▲▲▲▲▲▲▲▲▲▲▲▲▲▲▲▲

Monedas nacionales

currency

Cada país tiene su propio sistema de *moneda*. ¿Conoce Ud. estas monedas?

el peso	México, Colombia, Uruguay
el inti	Perú
el boliviano	Bolivia
el colón	Costa Rica, El Salvador
el sucre	Ecuador
el quetzal	Guatemala
la lempira	Honduras
el córdoba	Nicaragua
el balboa	Panamá
el guaraní	Paraguay
el bolívar	Venezuela
la peseta	España
el dólar	Estados Unidos

DIÁLOGO ▲▲

La siesta de papá

Papá está tomando una siesta con el periódico *sobre la cara*.   *over his face*

Mamá:	Raúl, Julio, silencio, por favor. Papá está tomando una siesta.
Papá:	No tomo una siesta. Leo el periódico.
Raúl:	No comprendo cómo puedes leer el periódico *tan de cerca*.

so closely

Papá:	Hace muchos años que leo el periódico *así*. Veo mejor las páginas.

like this

Raúl:	Vamos a ver. ¿Qué sabes del artículo que está en la página nueve?
Papá:	El artículo es acerca de *la polución*.

pollution

Raúl:	No puedo creerlo. ¿Y qué sabes del artículo en la página once acerca de las noticias internacionales?
Papá:	Bueno, el artículo es acerca de la *guerra* en el Golfo.

war

Raúl:	Papá, eres excepcional, aprendes todo *de una vez*.

all at once

Papá:	No es nada. (Pone el periódico sobre la cara otra vez y empieza a *roncar*.)

to snore

Julio:	¡A comer!
Raúl:	*¡No estorbes* a papá! Está leyendo el periódico.

Don't disturb!

Conversación

1. ¿Qué hace papá con el periódico sobre la cara?
2. ¿Qué no comprende Raúl?
3. Según papá, ¿por qué lee con el periódico sobre la cara?
4. ¿Hace cuánto tiempo que papá lee así?
5. ¿Cree Ud. que papá está leyendo el periódico?
6. ¿Lee Ud. el periódico? ¿Hace cuánto tiempo?

VOCABULARIO ▲▲▲▲

Para leer

News paper
el periódico

A mystery
una novela de misterio

the love book
una novela de amor

magazine
una revista

GRAMÁTICA ▲▲▲▲▲▲▲▲▲▲▲▲▲▲▲▲▲▲▲▲▲ ▲▲▲▲

Verbos que terminan en -er
Most of the verbs that you have been using have infinitives that end in -ar.
Another group of verbs have infinitives that end in -er. They are called
regular -er verbs or the second conjugation verbs. Many (but not all) -er
verbs are conjugated like **comer** (to eat).

comer

yo como *o*	nosotros(as) comemos *emos*
tú comes *es*	~~vosotros(as) coméis~~
Ud., él, ella come *e*	Uds., ellos(as) comen *en*

* irregular * ve - to see.

Learn other -er verbs:

aprender	*to learn*	vender	*to sell*
comprender	*to understand*	beber	*to drink*
creer	*to believe*	leer	*to read*

for ing = -iendo

The present participle of most -er verbs is formed by replacing the -er ending
with **-iendo**: comer → comiendo.
  Estoy comiendo una banana.
Exception: Verbs that end in -eer, however, form the present participle by
adding **-yendo**: leer → leyendo, creer → creyendo.

■ **Actividad 1**

Many young people in Raúl's school have a habit of eating in the same place or with the same people all the time. Express their habits according to the model.

Modelo: (Felipe) en la cafetería

Felipe siempre come en la cafetería.

1. (Pedro) en el restaurante
2. (tú) en casa
3. (nosotros) en la cafetería
4. (Sara) en la casa de Berta
5. (el Sr. Gómez) en la oficina
6. (Uds.) en McDonalds
7. (yo) con mis amigos
8. (Diana y Daniel) conmigo

■ **Actividad 2**

Ask your classmates if they do the following activities.

Modelo: aprender italiano.

Estudiante 1: ¿Aprendes italiano?

Estudiante 2: ¡Claro! Aprendo italiano.

(¡Claro que no! No aprendo italiano.)

1. beber café
2. leer las novelas de misterio
3. aprender francés
4. comprender las matemáticas
5. comer en la cafetería
6. leer el periódico en español
7. vender la casa

■ **Actividad 3**

Conteste las preguntas.

1. ¿Te gusta leer? ¿Lees novelas cristianas? ¿Qué novela lees en estos días?
2. ¿Lees el periódico? ¿Qué sección te gusta? ¿los deportes? ¿los muñequitos?
3. ¿Lees la Biblia todos los días? ¿Cuándo lees la Biblia?
4. ¿Qué revista lee tu papá? ¿tu mamá?
5. ¿Dónde te gusta comer?
6. ¿Bebes mucho café? ¿Beben chocolate caliente tus amigos?
7. ¿Dónde comes el almuerzo? ¿Con quién comes el almuerzo?
8. ¿Comen Uds. a veces en un restaurante mexicano?

▪ Actividad 4

Tell what each of the following people is doing. Follow the model.

Modelo: Pedro / beber / limonada
          Pedro está bebiendo limonada.

1. María / comer / en el restaurante
2. Juan y Pablo / leer / el periódico
3. Nosotros / beber / Coca-cola
4. Yo / vender / una cámara
5. Nosotros / aprender / español
6. Tú / leer / la Biblia
7. El profesor / comer / en la cafetería
8. Yo / comprender / los verbos
9. Papá / tomar / una siesta
10. Tú / mirar / la televisión

El verbo ver

yo	veo	*Veo la iglesia.*
tú	ves	*Ves el banco.*
Ud., él, ella	ve	*Ve el parque.*
nosotros(as)	vemos	*Vemos el museo.*
vosotros(as)	veis	*Veis la montaña.*
Uds., ellos(as)	ven	*Ven la escuela.*

Colombian flag waving over the city of Med

The present tense of **ver** is conjugated like the regular -er verbs, except for the first-person singular form *veo*.

The English expression "let's see!" may be expressed in Spanish by the following phrases: *¡A ver!* or *¡Vamos a ver!*

lets see

▪ Actividad 5

Un grupo de turistas visitan el centro de Bogotá. ¿Qué ven?   what do they see?

Modelo: (Jacinta) el museo de oro
          Jacinta ve el museo de oro.

1. (yo) el museo nacional
2. (nosotros) la casa del florero
3. (Federico) la catedral
4. (Ud.) San Ignacio
5. (Ana y Pedro) el cerro de Monserrate
6. (tú) la quinta de Bolívar

■ **Actividad 6**

Escriba la forma correcta del verbo entre paréntesis.

1. Nosotros (aprender) acerca del explorador Cristobal Colón.
2. En 1492 muchas personas (creer) que el mundo es plano.
3. Colón (ir) a la reina Isabel para buscar ayuda.
4. Ella (dar) dinero y barcos para el viaje de Colón.
5. Por fin, el 12 de octubre de 1492, un hombre (ver) tierra.
6. Las personas en la nueva tierra (ser) diferentes, pero Colón no (comprender) que es un continente nuevo.
7. El (creer) que es la India.
8. Los españoles (dar) regalos, y los indios (dar) oro.
9. Nosotros (leer) la historia de Colón en nuestros libros y (comprender) que es un hombre extraordinario.

Hace + tiempo + que

Many times we speak about some action that began in the past and is still going on. In Spanish we express this idea by using the idiom **hace** (*now it makes . . .*) + **a period of time** + **que.** The verb that follows is in the present tense because the action is still going on.

> **Hace** dos años **que** Victor Hugo está en Nueva York.
> *Now it makes two years that Victor Hugo has been in New York.*
> *(Victor Hugo has been in New York for two years.)*

> **Hace** seis semanas **que** estudio español.
> *Now it makes six weeks that I have been studying Spanish. (I have been studying Spanish for six weeks now.)*

The first part of the sentence above, *Hace seis semanas*, tells for how long a situation has been going on. The last part, *que estudio español*, tells what the action is. Notice the interrogative expression:

> ¿**Cuánto tiempo hace que** tocas el piano?
> Hace tres años que toco el piano.

▪Actividad 7

Tell what each of the following students is doing and for how long he has been doing it.

Modelo: (Arturo) dos años / estudiar francés
          Hace dos años que Arturo estudia francés.

1. (Bárbara) un año / leer la Biblia
2. (Carmen) dos meses / tocar la guitarra
3. (Rafael) seis meses / trabajar para un mecánico
4. (yo) tres años / estudiar italiano
5. (Uds.) cuatro meses /cantar en el coro
6. (nosotros) dos semanas / comer en la cafetería
7. (tú) diez semanas / practicar el violín
8. (Felipe y Tomás) cinco meses / vender periódicos

▪Actividad 8

For each of the statements in Actividad 7, form a question to ask how long they have been doing that activity.

Modelo: (Arturo) dos años / estudiar francés
          ¿Cuánto tiempo hace que Arturo estudia francés?

▪Actividad 9

Ask one of your classmates whether he does the following activities. If he answers in the affirmative, ask him for how long he has been doing it.

Modelo: cantar en el coro
          Estudiante 1:   *¿Cantas en el coro?*
          Estudiante 2:   *Sí, canto en el coro.* (No, no canto en el coro.)
          Estudiante 1:   *¿Cuánto tiempo hace que cantas en el coro?*
          Estudiante 2:   *Hace (dos meses) que canto en el coro.*

1. estudiar historia
2. tocar un instrumento
3. tener una bicicleta
4. hablar español
5. estar cansado(a)
6. beber café
7. tener el bolígrafo
8. comprender las actividades

VERSÍCULO ▲▲▲▲▲▲▲▲▲▲▲▲▲▲▲▲▲▲▲▲▲▲▲▲▲▲▲▲▲▲▲▲▲▲▲▲▲▲▲

"Cree en el Señor Jesucristo, y serás salvo, tú y tu casa". Hechos 16:31

PRONUNCIACIÓN ▲▲▲▲▲▲▲▲▲▲▲▲▲▲ ▲ ▲▲▲▲▲

El sonido de la *r* medial

When the letter *r* occurs between two vowels, its sound resembles that of the double *t* in "batter" or the double *d* in "ladder."

Practique las palabras:

Gloria	cara
feria	claro
hora	toro

Practique las frases:

Gloria irá a la feria en enero.
Ahora quiero que el toro me tire.

Cognados

These cognates are fun! Many nouns ending in *-y* in English end in *-ía* in Spanish.

biology—biología	melody—melodía
autobiography—autobiografía	mythology—mitología
courtesy—cortesía	pedagogy—pedagogía
fantasy—fantasía	philosophy—filosofía
geometry—geometría	technology—tecnología

What would the Spanish be for *geography, dynasty, prophecy, theory?*

The following words are in the same family of cognates, but they do not have a written accent because the accent falls on the next to the last syllable (a-ca-*de*-mia).

academy—academia	glory—gloria
agency—agencia	industry—industria
democracy—democracia	memory—memoria
family—familia	victory—victoria

NOTA CULTURAL ▲▲▲▲▲▲▲▲▲▲▲▲▲▲▲▲▲▲▲▲▲▲▲▲▲▲▲▲▲

La siesta

custom

return

En los países latinoamericanos existe *la costumbre* de tomar la siesta después de la comida del mediodía. Las oficinas y tiendas cierran sus puertas desde las doce hasta las dos o tres de la tarde, y los empleados *regresan* a sus casas para comer y descansar. En los países tropicales, es la hora de más calor.

Cuestionario

1. ¿Qué significa tomar la siesta?
   a. descansar
   b. una bebida
   c. celebrar
2. ¿Cuándo se toma la siesta?
   a. por la noche
   b. al mediodía
   c. después de la comida del mediodía
3. ¿Cómo se llama la persona que trabaja en las tiendas?
   a. empleado
   b. descansador
   c. hispanohablante
4. ¿Por qué es bueno tomar la siesta en los países tropicales?
   a. para no trabajar
   b. es la hora de más calor
   c. para comer temprano

Lección 15

DIÁLOGO ▲▲

La Navidad

Ofelia Torres vive en Sudamérica. Deseamos escuchar cómo celebra la *Nochebuena*. Ofelia habla: *Christmas Eve*

    Muchas personas asisten al programa de Navidad en mi iglesia. El coro de niños y de adultos canta himnos de Navidad. Después hay un drama. Un bebé real está en el pesebre. Siempre es un bebé *varón*. Algunos de los niños de la iglesia *hacen el papel* de los pastores, y los adultos hacen el papel de los ángeles. Los ángeles anuncian que *ha nacido* el Señor Jesucristo. Los reyes magos vienen al pesebre con su incienso, oro y mirra. *boy / play the part / has been born*

    Después del servicio toda la congregación come *pavo* y *pan dulce* y toma chocolate *caliente*. A las 10:30 *volvemos* a casa para esperar la medianoche. *turkey / sweet bread / hot / we return*

    A la medianoche las *campanas* de las iglesias *suenan* y todos salen a las *calles* para *saludar* y repartir *dulces* a los vecinos. Finalmente, abrimos los regalos que están debajo del árbol de Navidad. *bells / ring / streets / to greet / sweets*

Conversación

1. ¿Dónde vive Ofelia?
2. ¿Quiénes cantan en el coro de la iglesia?
3. ¿Quién está en el pesebre?
4. ¿Quiénes hacen el papel de los pastores?
5. ¿Qué pasa después del servicio?
6. ¿Qué reparten todos en las calles a la medianoche?
7. ¿A qué hora abren los regalos?

VOCABULARIO ▲▲▲▲▲▲▲▲▲▲▲▲▲▲▲▲▲▲▲▲▲▲▲▲▲▲▲▲▲▲

¡Feliz Navidad!

la estrella

los ángeles

el árbol de Navidad

los regalos

el pesebre

las tarjetas

los reyes magos

los pastores

GRAMÁTICA ▲▲▲▲▲▲▲▲▲▲▲▲▲▲▲▲▲▲▲▲▲▲▲▲▲▲▲▲▲▲▲

Los verbos -ir

Regular verbs that have the infinitive ending -ir form the present tense like **vivir** (to live).

yo	vivo	*Vivo en Quito.*
tú	vives	*Vives en Caracas.*
Ud., él, ella	vive	*Vive en Lima.*
nosotros(as)	vivimos	*Vivimos en La Paz.*
vosotros(as)	vivís	*Vivís en Buenos Aires.*
Uds., ellos(as)	viven	*Viven en Bogotá.*

Note that the endings above are the same as the endings for the verbs that end in -er, except for the *nosotros* and the *vosotros* forms.

Regular -ir verbs also form the present participle like -er verbs: by replacing the -er or -ir ending with **-iendo.**

vivir ¿Estás **viviendo** con tus padres?

escribir ¿A quién estás **escribiendo** ahora, María?

ing = -iendo

Other -ir verbs

asistir a	to attend, to go to
abrir	to open
escribir	to write
permitir	to permit, to allow
ocurrir	to occur, happen
subir	to go up, to board

■ **Actividad 1**

Fill in the blank by using any of the verbs above.

1. (Yo) _____ a la Iglesia Bautista de Bogotá.
2. El niño _____ la puerta.
3. Nosotros _____ la tarea en el cuaderno.
4. ¡Mis padres no _____ eso!
5. Juan _____ al avión ahora.
6. Tú _____ en Miami.

■ **Actividad 2**

The following people write many letters at Christmas time. Express this fact by rewriting the model sentence according to the new subject given.

Modelo: María

María escribe muchas cartas para Navidad.

1. Amparo
2. Uds.
3. mis amigos
4. nosotros
5. tú
6. ellas
7. mi mamá
8. yo

■ **Actividad 3**

Give the correct form of the verb shown within parentheses.

1. Mis abuelos (vivir) en México.
2. Yo (escribir) una carta a mi amiga en México.
3. Los domingos mi familia (asistir) a la iglesia.
4. Juan y Carlos (escribir) un poema.
5. Marta y yo (asistir) a la escuela dominical con nuestras amigas.
6. Tú (vivir) en la casa grande, ¿no?
7. Nosotros (vivir) al lado de la escuela.
8. La profesora no (permitir) chicle en la clase.
9. Muchos accidentes (ocurrir) en el invierno.
10. Yo (subir) las escaleras a mi clase de español todos los días.

■ **Actividad 4**

Change the verb within parentheses to the present progressive.
Modelo: Ramón (vivir) con su abuela.
  Ramón está viviendo con su abuela.
  1. Nuestros padres (asistir) a la clase bíblica esta noche.
  2. El niño (abrir) todas las ventanas.
  3. El pastor (subir) al autobús ahora.
  4. Carmen y Alicia (vivir) en Los Angeles.
  5. El profesor (escribir) un libro.

El verbo venir

Venir (to come) is an irregular verb. Note the present-tense forms of this verb in the sentences below.

Venir

yo	vengo	*Vengo en carro.*
tú	vienes	*Vienes conmigo,¿no?*
Ud., él, ella	viene	*María viene a la iglesia.*
nosotros(as)	venimos	*Venimos en tren.*
vosotros(as)	venís	*Venís a la fiesta tarde.*
Uds., ellos(as)	vienen	*Vienen a las cuatro.*

The present tense of *venir* is like that of *tener* except in the *nosotros* and *vosotros* forms.

■ **Actividad 5**

Many of the students cannot come to the youth group party because they have to study for an exam. Express the situation by following the model.
Modelo: Marcos
      Marcos no viene a la fiesta. Tiene que estudiar.
  1. Sara
  2. Pedro y Ricardo
  3. nosotros
  4. Cristina y Eva
  5. tú
  6. yo

The interrogative expression **¿De dónde + a form of venir?** asks "to come from where?"

  ¿De dónde viene Juan? —*Viene de* la cafetería.
  ¿De dónde vienes? —*Vengo de* España.

■ **Actividad 6**

Un grupo de estudiantes llega tarde a la clase. La maestra les pregunta de dónde vienen.

Modelo: Juan / su casa
　　　　Maestra: Juan, ¿de dónde vienes?
　　　　Juan: Vengo de mi casa.
1. Pablo y Manuel / el trabajo
2. Marta / la clase de historia
3. Rosalina y Margarita / el ensayo del coro
4. Andrés / el hospital
5. Pedro, Felipe y las chicas / sus casas

Los pronombres *lo, la, los, las*

Examine the form and the position of the nouns and pronouns in boldface print.

¿Lee Miguel **el libro**?	Sí, **lo** lee.
¿Tienes tú **mi pluma**?	No, no **la** tengo.
¿Cuándo llamas a **los niños**?	**Los** llamo por la mañana.
¿Vas a invitar a **las chicas**?	Sí, **las** voy a invitar.

The words in the first column that are in boldfaced print are direct objects. The **direct object** receives the action of the verb. It is easy to find the direct object because it always answers the question whom or what (*quién o qué*) after the verb. Note that if the direct object is a person, it must be preceded by the personal *a*.

Pablo tiene dos libros.	¿Pablo tiene *qué*? —Tiene **dos libros.**
Yo invito a María.	¿Yo invito a *quién*? —Invito a **María.**

Direct object pronouns may take the place of the direct object nouns. The pronouns *lo, la, los, las* may refer to *people* or *things*. Generally, direct object pronouns are placed immediately before the verb.

¿Buscas **la iglesia**?	Sí, **la** busco.
¿Buscas a **Manuel**?	Sí, **lo** busco.

Note: In Spain *le* and *les* are used frequently as direct objects referring to male persons. They are not used as direct objects when referring to things.

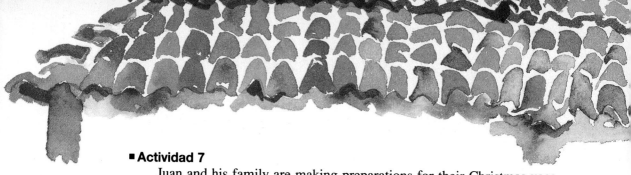

▪ Actividad 7

Juan and his family are making preparations for their Christmas vacation. Juan's mother asks him whether he has certain articles in his suitcase.

Modelo: la camisa amarilla

Madre: ¿Tienes la camisa amarilla?
Juan: Sí, la tengo.

1. el protector de sol
2. la Biblia
3. los cuadernos
4. la raqueta de tenis
5. la cámara
6. las películas
7. los libros
8. el reloj

▪ Actividad 8

Answer the questions below by using the subjects provided.

Modelo: ¿Quién tiene mi lápiz? ¿tú?

Sí, yo lo tengo.

1. ¿Quién toca la guitarra? ¿la profesora?
2. ¿Quiénes escriben el poema? ¿Ustedes?
3. ¿Quiénes tienen los libros? ¿los estudiantes?
4. ¿Quiénes llaman a los niños? ¿las maestras?
5. ¿Quién prepara las comidas? ¿tu hermana?
6. ¿Quién lee el periódico en tu casa? ¿tu perro?
7. ¿Quiénes escuchan las cintas de la lección? ¿los estudiantes?
8. ¿Quién mira la televisión? ¿tú?

▪ Actividad 9

Anita has gone to the store with her little sister, Susana, who constantly asks her questions. Along with a classmate, act out the roles of Anita and Susana.

Modelo: un chocolate

Susana: ¿Compras un chocolate?
Anita: Sí, lo compro. (No, no lo compro.)

1. el periódico
2. el libro de cuentos
3. la cámara
4. el televisor
5. la guitarra
6. los libros
7. las pizzas
8. los hotdogs

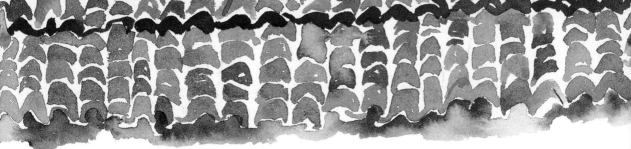

Los pronombres con el infinitivo

When the main verb of the sentence is followed by an infinitive, the object pronoun may either be attached to the end of the infinitive or be placed before the main verb.

¿Cuándo vas a leer la revista?

Voy a leer**la** mañana.
La voy a leer mañana.

¿Quién tiene que comprar el libro?

Yo tengo que comprar**lo.**
Lo tengo que comprar yo.

The present progressive follows the same pattern:

¿Estás mirando la televisión?

Sí, estoy mirándo**la.**
Sí, **la** estoy mirando.

■ **Actividad 10**

Repeat Actividad 9, but this time use the following model.
Modelo: chocolate

Susana: ¿Tienes que comprar el chocolate?
Anita: Sí, tengo que comprarlo.
(No, no tengo que comprarlo.)

■ **Actividad 11   Preguntas personales**

Answer each question using the correct object pronoun in your response.

1. ¿Te gusta hablar español? ¿estudiar idiomas?
2. ¿Te gusta visitar los museos? ¿las tiendas?
3. ¿Te gusta escuchar la radio? ¿los discos?
4. ¿Te gusta visitar a tus amigos? ¿a tus amigas?
5. ¿Te gusta escribir las actividades? ¿cartas?
6. ¿Te gusta tomar Coca-cola? ¿chocolate caliente?

VERSÍCULO ▲▲▲▲▲▲▲▲▲▲▲▲▲▲▲▲▲▲▲▲▲▲▲▲▲▲▲▲▲▲▲▲▲▲▲

"¡Gloria a Dios en las alturas, y en la tierra paz, buena voluntad para con los hombres!" Lucas 2:14

PRONUNCIACIÓN ▲▲▲▲▲▲▲▲▲▲▲▲▲▲▲▲▲▲▲▲▲▲▲▲▲▲▲

El sonido de la consonante d

The letter d (de) is pronounced in two ways in Spanish. Let's review.

1. When it occurs at the beginning of a word or after l and n, the d is pronounced like the English d in "dough." (Make sure that your tongue touches the back of your upper front teeth.)
   Practique las palabras:

día	molde
dientes	caldo
débiles	banda

   Practique las frases:
   El día es lindo.
   Dora tiene dos dientes débiles.

2. When it occurs between vowels or after any other consonants, the letter d is pronounced like the th in the English word "though." (Make sure your tongue touches rapidly and very lightly against the lower edge of your front teeth without completely blocking the stream of air.)
   Practique las palabras:

Estados Unidos	vida
Madrid	verdad

   Practique las frases:
   Soy de Madrid. Pero es verdad que vivo en los Estados Unidos.

Cognados

A small family of nouns ending in -ist form their Spanish cognate by adding a to the English word. Pay attention to any other changes in spelling. (The masculine and feminine forms of these words are the same.)

artist—artista	Methodist—metodista
Baptist—bautista	organist—organista
communist—comunista	pianist—pianista
dentist—dentista	soloist—solista
evangelist—evangelista	violinist—violinista

NOTA CULTURAL ▲▲▲▲▲▲▲▲▲▲▲▲▲▲▲▲▲▲▲▲▲▲▲▲▲▲▲

Costumbres navideñas

¡Feliz Navidad! En los países hispanos, las fiestas de Navidad *empiezan* antes del 25 de diciembre. En Puerto Rico, por ejemplo, los cristianos tienen *matutinos* del 15 de diciembre hasta el 6 de enero. Las gentes van *de casa en casa* para cantar y comer.

Los niños no reciben sus regalos hasta el 6 de enero, el día de los Reyes Magos. Esa noche los niños ponen *hierba* en los zapatos para los reyes. *La creencia* es que cuando los reyes llegan durante la noche, llevan la hierba para sus *camellos* y *dejan* los regalos para los niños.

Todo país tiene sus tradiciones especiales. En México, la gente lleva las figuras de José y María con el niño Jesús por las calles. Al llamar a las puertas de las casas preguntan si hay *lugar* para dormir, pero el *dueño* les dice que no hay lugar.

En Colombia, los cristianos van a la iglesia. Tienen un servicio a las ocho o nueve de la noche. Después, van a sus casas y tienen una comida especial. A la medianoche todos *se abrazan*. Después de orar, reparten los regalos a los niños.

En la República Dominicana, para la Nochebuena, toda la familia está en casa y cenan *lechón asado, pasteles* y *arroz dulce*. Tiran *cohetes* hasta tarde en la noche. El 25 de diciembre es generalmente un día quieto. Todo el mundo está en su casa.

begin

groups that go caroling between 11 P.M. and 4 A.M. / from house to house

grass / the belief

camels / leave

place / the owner

hug each other

roast pig, meat-filled pastries, sweet rice / firecrackers

CAPÍTULO SIETE

España

Spain is a country that is not uniform in culture but is made up of several groups of people, each with its own distinct ethnic background. Yet all consider themselves Spaniards.

The southern part of Spain includes the region of Andalucía. The climate in this region is warm and sunny, and life is relaxed. Not only the dark-haired and dark-skinned people, but the buildings and everything about the region reflect the blending of Arabic and Spanish cultures. It is the land of the Gypsies and flamenco music.

People in the central plateau are somewhat fair-skinned, for the Arabic influence is not as prevalent in the north. Life in the interior of the country has traditionally been more austere and difficult due to the geography and climate, and this austerity is reflected in the manner of the people.

Those in the northwest, in the regions of Galicia and Asturias, share the same ancestry as the Irish and the Welsh. They are fair-skinned and blue-eyed. A traditional musical instrument of this region is the bagpipe.

In the mountains of north-central Spain live the Basques. Although the Basques also speak Spanish, their native tongue is called *vascuence,* a language which seems to share no relationship to any other language spoken in Europe.

The people of the northeastern corner of Spain, the Catalonians, also speak a second language called *catalán.* They are more related to the Gauls, the early French, than to the Spanish. Their language is similar to the French dialect Provençal. This region is the most highly industrialized and prosperous of Spain. The people are industrious and diligent workers.

Area:	194,896 sq. mi. (the size of Arizona and Utah combined)
Population:	39,748,000
Government:	Constitutional monarchy with a parliamentary government
Capital:	Madrid

Lección 16

DIÁLOGO ▲▲

Un cambio de planes

Es viernes. Blanca, Rocío y Manuela hacen planes para este fin de semana.

Manuela:	¿Adónde van, muchachas?
Rocío:	Vamos a invitar a los muchachos de la sociedad de jóvenes a un partido de volibol. Blanca va a *usar* su nueva *pelota*.
Manuela:	¿Puedo ir con ustedes?
Blanca:	¡Uy, no, *miren*! Está lloviendo.
Manuela:	. . . Y hace viento.
Rocío:	. . . Y no tenemos ni paraguas.
Manuela:	Bueno, el periódico dice que mañana va a hacer buen tiempo. ¿Quieren jugar mañana?
Blanca:	Está bien. Vamos a invitar a los muchachos para las cuatro de la tarde.
Rocío y Manuela:	De acuerdo.

usar = to use

ball

look!

Conversación

1. ¿Qué día es?
2. ¿Adónde van las muchachas?
3. ¿Qué tiempo hace hoy?
4. ¿Qué tiempo va a hacer mañana?
5. ¿Qué día y a qué hora deciden ir a jugar al volibol?

VOCABULARIO ▲▲▲▲▲▲▲▲▲▲▲▲▲▲▲▲▲▲

Los meses del año

enero	julio
febrero	agosto
marzo	septiembre
abril	octubre
mayo	noviembre
junio	diciembre

Las estaciones

el invierno	el verano
la primavera	el otoño

GRAMÁTICA ▲▲▲

El verbo hacer - to do, to make

yo hago	nosotros(as) hacemos
tú haces	vosotros(as) hacéis
Ud., él, ella hace	Uds., ellos(as) hacen

The verb *hacer* means "to make" or "to do." Note the present-tense forms in the following sentences.

iendo = ing

Yo **hago** mis areas siempre.
homework
my plural

No **haces** nada.

Ella **hace** las maletas.
she packs the suitcase

Nosotros **hacemos** planes para
to go
ir de visitación.

Vosotros **hacéis** errores.

Ellos **hacen** muchos viajes.
trips

Did you notice that *hacer* has regular -*er* endings except in the *yo* form, *hago?* The present participle is also regular: haciendo.

The verb *hacer* is used in many idiomatic expressions.

hacer las tareas	*to do homework*
hacer la cama	*to make the bed*
hacer la maleta	*to pack a suitcase*
hacer un viaje	*to go on a trip*

■ **Actividad 1**

The following students are planning to travel. Can you tell what countries they are going to visit?

Modelo: Tomás: Paris
             Tomás hace un viaje a Francia.

1. (Nosotros) Madrid
2. (Ud.) San Juan
3. (Yo) Cancún
4. (Eduardo) Santo Domingo

5. (Rita y Raf) Ontario
6. (Ana María) Roma
7. (Tú) Acapulco
8. (Ellas) la Florida

■ **Actividad 2**

Use the verb *hacer* to form sentences in the first-person singular form.

Modelo: en casa / la tarea

En casa hago la tarea. (Hago la tarea en casa.)

1. en la escuela / mucho trabajo
2. en la clase de español / muchos errores
3. en el verano / un viaje
4. antes del viaje / la maleta
5. en la noche / tareas
6. en las vacaciones / muchos planes

■ **Actividad 3**

Using Actividad 2, change the verb in each sentence according to the new subject given.

Modelo: Nosotros

Nosotros hacemos la tarea en casa.
(En casa, hacemos la tarea.)

1. tú
2. los estudiantes
3. mi hermano
4. nosotros
5. yo
6. ella

El tiempo y las estaciones

¿Qué tiempo hace?	**What's the weather like?**
Hace frío.	*It's cold.*
Hace calor.	*It's hot.*
Hace fresco.	*It's mild.*
Hace viento.	*It's windy.*
Hace sol.	*It's sunny. (The sun is shining.)*
Hace buen tiempo.	*It's a nice day.*
Está lloviendo.	*It's raining.*
Está nevando.	*It's snowing.*

En el invierno hace frío.

En la primavera hace sol.

En el verano hace mucho calor.

En el otoño hace fresco.

■ **Actividad 4**

Conteste las preguntas.

1. ¿Qué tiempo hace hoy? *What is weather like today*
2. ¿Hace frío hoy? *today*
3. ¿Hace calor hoy?
4. ¿Te gusta más el calor o el frío? *like more hot or cold*
5. ¿Hace calor en la primavera?
6. ¿Hace mucho frío en el otoño?
7. ¿En qué mes hace más calor? ¿más frío? *what month most hot*
8. ¿En qué mes hace más viento? *windy*
9. ¿Qué tiempo hace en diciembre? *what is the weather in december.*
10. ¿Qué tiempo hace en julio?
11. ¿Qué tiempo hace en Bolivia en enero? *Hot*
12. ¿Qué tiempo hace en Buenos Aires en agosto? *cold*

Expresiones con *tener* - *to have*

All

Many Spanish idioms are formed with the verb *tener*. You already know that *tener que* means "to have to" and that *tener 15 años* is "to be 15 years old." Other expressions in Spanish use the verb *tener* to express how one feels physically.

tener ganas de + infinitivo	*to feel like + infinitive*
tener hambre	*to be hungry*
tener sed	*to be thirsty*
tener calor	*to feel hot*
tener frío	*to feel cold*
tener sueño	*to be sleepy*

■ **Actividad 5**

Complete las frases usando expresiones con tener.

1. Es sábado. (yo) No _____ ir a la escuela. *tengo que*
2. Está nevando. ¡(yo) _____!
3. Hace calor y _____. Deseo beber una Pepsi.
4. Es tarde y _____. Voy a la cama.
5. Hoy es mi cumpleaños. _____ trece años.
6. Voy a comer pizza porque _____.

■ **Actividad 6**

Write your own sentences using at least five of the idiomatic expressions formed with *tener*.

El verbo ir + a + infinitivo

In the following sentences note carefully the words in boldface print.

Voy a visitar a mis amigos.	*I am going to visit my friends.*
¿**Vas a contestar** las preguntas en tu cuaderno?	*Are you going to answer the questions in your notebook?*
Marianela **va a comprar** un libro.	*Marianela is going to buy a book.*
Vamos a ir a España pronto.	*We are going to go to Spain soon.*

The verb *ir* followed by the preposition *a* + *an infinitive* denotes a future event. Note that only the verb *ir* is conjugated.

■ **Actividad 7**

Change the verbs in each sentence from the present to the near future.
1. Roberto *canta* en el coro.
2. Mis padres *venden* libros en la Librería Vida.
3. Nosotros *estudiamos* en la biblioteca.
4. Yo *como* en un restaurante elegante.
5. Carmen y Luisa *hacen* pasteles para la clase.

El verbo decir

The verb **decir** (to say, to tell) is one of the most commonly used verbs in Spanish. It is an irregular verb. Note carefully the present-tense forms of this verb in the following sentences.

yo	digo	*Digo la verdad.*
tú	dices	*Dices que no te gusta.*
Ud., él, ella	dice	*Dice que quiere dos boletos.*
nosotros(as)	decimos	*Decimos que ella no va.*
vosotros(as)	decís	*Decís que no es verdad.*
Uds., ellos(as)	dicen	*Dicen que estudian mucho.*

The present participle of *decir* is irregular: diciendo.

Decir is often followed by the construction *que* + *clause*.
La profesora *dice que* Ud. habla español muy bien.
Tito *dice que* estás loco.

The construction *Dices que sí (no)* means ''You say yes (no).''

■ **Actividad 8**

Are your actions consistent with your words? Write sentences expressing that the following people say and do the same things.

Modelo: Pepe / cosas interesantes
          Pepe dice cosas interesantes. También hace cosas interesantes.

1. Mis hermanos / cosas tontas (*foolish*)
2. Mi profesora / cosas divertidas (*amusing*)
3. Mis padres / cosas sabias (*wise*)
4. Dios / cosas maravillosas
5. Nosotros / cosas importantes
6. Yo / cosas extraordinarias
7. Tú / cosas cómicas
8. Mi primo / cosas buenas

■ **Actividad 9**

Report what the following people say about the weather.

Modelo: el señor García / hace sol
          El señor García dice que hace sol.

1. Roberto y Susana Hernández / hace frío
2. Srta. Ortiz / hace calor
3. Nosotros / hace viento
4. Tú / está nevando
5. Yo / hace buen tiempo

■ **Actividad 10**

Conteste las preguntas.

1. ¿Dices siempre la verdad?
2. ¿Dicen las chicas que eres simpático(a)?
3. ¿Dice el (la) profesor(a) que eres buen estudiante?
4. ¿Dicen tus padres que eres buen(a) hijo(a)?
5. ¿Son inteligentes las muchachas en tu clase? ¿Qué dices tú?

VERSÍCULO ▲▲▲▲▲▲▲▲▲▲▲▲▲▲▲▲▲▲▲▲▲▲▲▲▲▲▲▲▲▲▲▲▲▲▲▲▲▲

''Padre, perdónalos, porque no saben lo que hacen''. Lucas 23:34

PRONUNCIACIÓN ▲▲▲▲▲▲▲▲▲▲▲▲▲▲▲▲▲▲▲▲▲▲▲▲▲▲▲▲▲

El sonido de la consonante ñ

The sound of the Spanish consonant *ñ* (*eñe*) resembles that of the *ni* in "communion."

Practique las palabras: español, señor, ñandú, mañana
Practique la frase: El señor español cazará el ñandú mañana.

NOTA CULTURAL ▲▲▲▲▲▲▲▲▲▲▲▲▲▲▲▲▲▲▲▲▲▲▲▲▲▲▲▲▲

¡El invierno en julio y el verano en diciembre! Qué *raro*, ¿verdad? Pero así es en los países al sur del *ecuador*: Bolivia, Perú, Chile, Argentina, Uruguay, Paraguay y Brasil. En diciembre hace calor y en julio hace frío.

rare or unusual
equator

¿Quieres estudiar en la Argentina? Las escuelas están de vacaciones en diciembre, enero y febrero. Las clases comienzan en marzo. ¡Qué diferente es vivir al sur del ecuador!

Cuestionario

1. ¿En qué meses es verano al sur del ecuador?
2. ¿En qué meses es invierno?

DIÁLOGO ▲▲

Un viaje a Madrid

Después de la cena, la familia Fernández conversa antes de leer la Biblia y orar.

Sr. Fernández:	Tengo noticias muy buenas. Su mamá y yo estamos haciendo planes para visitar a nuestros amigos misioneros en Madrid.
Rocío:	¡Qué bueno! ¡Un viaje a España! ¿Y nosotros?
Sra. Fernández:	Abuela viene para estar con ustedes. Ella les va a preparar la comida y los va a cuidar.
Pepe:	¿Cuándo viene abuela, mamá?
Sra. Fernández:	Viene el próximo domingo. ¿Vas a *portarte bien*?
Pepe:	Sí, mamá. ¿Me vas a *traer* regalos de España?
Sra. Fernández:	*Vamos a ver.*
Jorge:	¿Van a visitar el Prado, la Puerta del Sol y el Escorial?
Sr. Fernández:	Espero que sí. Voy a usar tu cámara para sacar fotos de España.
Pepe:	¿Es grande Madrid?
Rocío:	Sí, es grande. Mi maestra dice que es del *tamaño* de Chicago.
Sr. Fernández:	Ya es hora de leer la Biblia y orar. Después, ustedes tienen que hacer las tareas. Mañana voy a comprar los pasajes.

behave well

traer = to bring

We'll see about that.

size

Al día siguiente . . .

El señor Fernández va al mostrador de la línea aérea Iberia para comprar los pasajes.

Sr. Fernández:	Señor agente, ¿cuánto vale el pasaje de ida y vuelta a Madrid, España?
Agente:	¿Quiere viajar primera clase o clase económica?
Sr. Fernández:	La económica, por favor.
Agente:	Si viaja antes del día cuatro de febrero, cuesta ochocientos cuarenta dólares.
Sr. Fernández:	*Quisiera* dos pasajes por favor; uno para mí y uno para mi esposa.
Agente:	¿Cómo los va a pagar?
Sr. Fernández:	Con mi tarjeta de crédito.
Agente:	Aquí los tiene, Sr. Fernández. El número de vuelo es el 420 y el avión sale a las ocho y media de la mañana. Es necesario estar en el aeropuerto a las seis y media. Su puerta de salida es la diecinueve. Sus

I would like

asientos están en la sección de no fumar. ¡Buen
viaje!

Sr. Fernández: Muchas gracias, señor.

Conversación

1. ¿Para qué van a Madrid los señores Fernández?
2. ¿Quién viene para estar con los hijos?
3. ¿Qué van a ver los señores Fernández en Madrid?
4. ¿Qué tienen que hacer los hijos después del devocional?
5. ¿Ora y lee la Biblia tu familia después de la cena?
6. ¿Cuántos pasajes de ida y vuelta compra el Señor Fernández?
7. ¿Cómo paga por los pasajes?
8. ¿En qué sección están sus asientos?

VOCABULARIO ▲▲▲▲▲▲▲▲▲▲▲▲▲▲▲▲▲▲▲▲▲▲▲▲▲▲▲▲▲▲▲

El aeropuerto

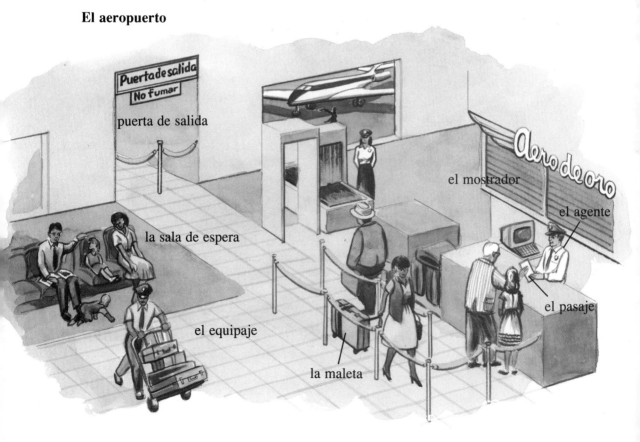

Lección 17: Un viaje a Madrid

GRAMÁTICA ▲▲▲▲▲▲▲▲▲▲▲▲▲▲▲▲▲▲▲▲▲▲▲▲▲▲▲▲▲▲▲▲▲▲▲▲▲

Repaso de los pronombres del objeto directo en la tercera persona

	Singular	Plural
Masculino	lo -it	los- them
Femenino	la	las

Notice the location of the direct object pronoun in each sentence below. Can you explain its location in each sentence? See Lección 15 for a reminder.

¿Deseas leer el libro? Sí, deseo leer**lo**.   Sí, **lo** deseo leer.

yes. I desire to read it.   Yes, ir I desire to read).

Verbos que usan objetos directos

ayudar	*to help*
esperar	*to wait for*
recibir	*to receive*
buscar	*to look for*
llamar (por teléfono)	*to call (on the phone)*

¿Ayudas a tu mamá?	Sí, la ayudo.
¿Esperas a las chicas?	Sí, las espero.
¿Recibes el periódico?	Sí, lo recibo.
¿Buscas a Juan?	Sí, lo busco.
¿Llamas a tus padres?	Sí, los llamo.

■ Actividad 1

Ana María and Raquel are trying to decide whom to invite to a birthday party they are planning. As Ana María says the names, Raquel gives her approval. Act out the dialogue with a classmate.

Modelo: Carlos
> *Ana María: ¿Invitamos a Carlos?*
> *Raquel: Sí, lo invitamos. (No, no lo invitamos.)*

1. Felipe
2. Inez
3. Santos y Rosa
4. Margarita y Carmen
5. Roberto y Ramón
6. Sara
7. Tomás
8. las profesoras

■ Actividad 2

Margarita is very busy today. Her boyfriend, Rafael, wants to know what she has to do. Work with a partner.

Modelo: hacer las tareas
> *Rafael: ¿Tienes que hacer las tareas?*
> *Margarita: Sí, tengo que hacerlas.*
> *(Sí, las tengo que hacer.)*

1. leer el libro
2. ayudar a sus padres
3. hacer la maleta
4. escribir cartas
5. escuchar las cintas de español
6. llamar por teléfono a sus primos
7. comprar el boleto de ida y vuelta

Los pronombres *le, les*

The indirect object is the person that receives the direct object. It tells "for whom" or "to whom" (*¿A quién?*) the action is done.

Le doy el libro a Juan. ¿Le doy el libro a quién? —A Juan.
(Juan is the indirect object.)

Note the form and position of the indirect object pronouns in the following sentences.

Tengo una hermana. **Le** presto dinero.	*I lend **her** money.*
Pedro es mi amigo. **Le** doy consejos.	*I give **him** advice.*
Tengo dos primas. No **les** doy nada.	*I don't give **them** anything.*

Three things to remember about the indirect object pronouns:

1. The pronouns *le* and *les* may be masculine or feminine. (her/him, them)
2. Indirect object pronouns come before a conjugated verb, but may be attached to the end of an infinitive.

   Le presto mi radio a Miguel.

   Tengo que escribir*les* a mis amigos en Madrid.

3. The pronouns *le* and *les* are usually used even when the indirect object is mentioned by name. Notice the examples above.

Verbos que usan objetos indirectos

comprar (*to buy*)	Le compro un regalo a Mamá.
decir (*to tell*)	Les dice la verdad a sus padres.
escribir (*to write*)	Les escribo cartas a mis amigos.
enviar (*to send*)	Le envío una carta a mi abuela.
prestar (*to lend*)	Le presto mi cámara a Pedro.

■ **Actividad 3**

When you are on vacation, to whom do you write letters? Do this activity along with a classmate.

Modelo: tu hermana

        Estudiante 1: *¿Le escribes a tu hermana?*
        Estudiante 2: *Sí, le escribo. (No, no le escribo.)*

1. tu padre
2. tus abuelos
3. tu mejor amiga
4. tu mejor amigo
5. tus hermanas
6. tus profesores de español

■ **Actividad 4**

Miguel is traveling in Spain. He is wondering what he will buy the following girls at home. Play the role of Miguel.

Modelo: Ana: un libro

        ¿Qué le compro a Ana? Voy a comprarle un libro.

1. Pepita: un reloj
2. mamá: una bolsa
3. Miriam: un suéter
4. Marcela: un álbum para fotos
5. su hermana: un sombrero
6. su novia: un perfume

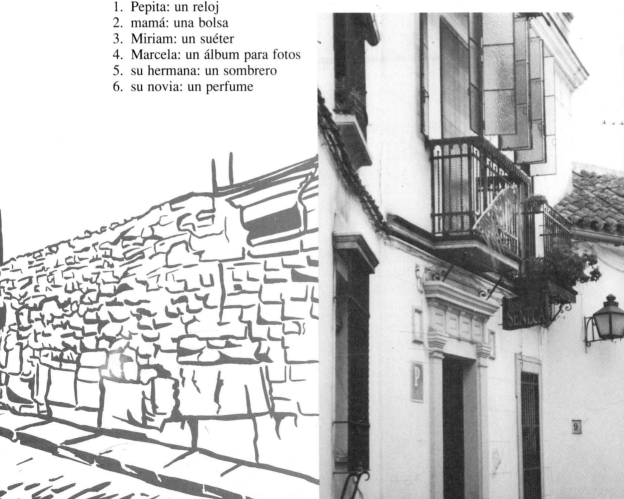

■ **Actividad 5**

Imagine that you are moving to another city and you want to give away many of your things to your friends before you leave. Tell to whom you are giving each of the following items.

Modelo: la foto: Ramón
       Le doy la foto a Ramón.

To whom
For whom

1. el radio: Margarita
2. los sombreros: Pedro y Felipe
3. la pelota de béisbol: Tomás
4. el bate de béisbol: Santos
5. los discos: sus primas
6. los libros: Isabel, María y Anita

Los pronombres *me,* *te,* *nos*

The pronouns   me, you, us

Note the use of the object pronouns in the following sentences.

¿**Me** llamas esta noche?   *Are you calling **me** tonight?*
¿**Te** compra chocolates Pedro?   *Does Pedro buy **you** chocolates?*
¿Vas a prestar**nos** tu carro?   *Are you going to lend **us** your car?*

Me *(me),* **te** *(you),* and **nos** *(us)* may refer to nouns that are used as either direct or indirect objects.

The position of *me, te,* and *nos* is the same as that of the other object pronouns:

- The pronoun usually comes *directly* before the conjugated verb.
- When used with an infinitive, the pronoun may also be attached to the end of the infinitive.

Note: The object pronoun for the *vosotros* form is **os** *(you, plural).*

■ **Actividad 6**

Ask a classmate whether he is going to do the following things for you. Use *me* in the questions and *te* in the answers.

Modelo: llamar por teléfono mañana
       Estudiante 1:   ¿Vas a llamarme por teléfono mañana?
       Estudiante 2:   Sí, voy a llamarte por teléfono mañana.

1. comprar un regalo
2. invitar a la fiesta
3. ayudar con la tarea
4. hablar de tus planes
5. prestar tu cámara
6. visitar esta noche

■**Actividad 7**

Carlos has been telling his friends about the church social. His friends ask whether Carlos will invite them. He says yes. Act out the dialogue with a classmate.

Modelo: Juan y Pedro

Juan y Pedro: ¿Nos invitas al social?
Carlos: Sí, los invito.

1. Carmen
2. Marcos
3. Julio y Miguel
4. Lisa y Julia
5. Roberto y Margarita

VERSÍCULO ▲▲▲▲▲▲▲▲▲▲▲▲▲▲▲▲▲▲▲▲▲▲▲▲▲▲▲

"Mira que te mando que te esfuerces y seas valiente; no temas ni desmayes, porque Jehová tu Dios estará contigo en dondequiera que vayas". Josué 1:9

PRONUNCIACIÓN ▲▲▲▲▲▲▲▲▲▲▲▲▲▲▲▲▲▲▲▲▲▲▲▲▲▲

El sonido de las sílabas *ga, go, gu*

The sound of the *g* (ge) in the syllables *ga, go, gu* is hard as in the English word "goat."

Practique las palabras:

ganar	gusto
amigo	algo
golpe	mango

Practique las frases: Gustavo se gasta mucho en su buen gusto.
Este domingo, el grupo de la gorra blanca va a ganar.
Digo que voy al lago contigo.
A García le gustan las gangas en Galicia.

NOTA CULTURAL ▲▲▲▲▲▲▲▲▲▲▲▲▲▲▲▲▲▲▲▲▲▲▲▲▲▲▲▲▲▲▲▲

Sitios turísticos de Madrid

Madrid, la capital de España, es una ciudad grande, moderna y elegante. Muchos turistas visitan Madrid para conocer su arte, sus plazas, sus monu-

people / one of the best

mentos y su *gente*. El Prado es *uno de los mejores* museos de arte en el mundo. La Gran Vía es una calle famosa donde hay tiendas muy elegantes.

picturesque and lively place

Puerta del Sol es el nombre de la plaza en el centro de la ciudad. Es un *sitio pintoresco y animado*.

No muy lejos de Madrid, en Toledo, está la casa de El Greco, un famoso

on the outskirts of

pintor realista español. También *en las afueras de* Madrid está El Escorial, un monasterio famoso que contiene 1,110 ventanas. La arquitectura en Es-

renaissance

paña es de mezcla medieval, árabe, *renacentista* y barroca.

Cuestionario

1. ¿Por qué van muchos turistas a Madrid?
2. ¿En qué calle están las tiendas elegantes?
3. ¿Qué es el Prado?
4. ¿Cuál es el nombre de la plaza en el centro de Madrid?
5. ¿Quién es El Greco?
6. ¿Qué pueden ver las personas que visitan el Escorial?

Lección 18

Los deportes

Aunque el fútbol es el deporte más popular en casi toda Latinoamérica, cada país tiene su deporte favorito. Algunos jóvenes hablan de los deportes de sus países.

Soy Francisco de la República Dominicana. Toda mi familia es *aficionada* del béisbol. Muchos de los jugadores de las *grandes ligas* del béisbol en los Estados Unidos son dominicanos: Rafael Santana, Pedro Guerrero y Jorge Bell son de San Pedro de Macoris, República Dominicana.

a fan of

major league

Me llamo Samuel. Soy de Chile, donde el deporte favorito de invierno es el esquí. Las *montañas* de los Andes son fantásticas para este deporte. En el verano juego en un equipo de volibol en mi pueblo.

mountains

Soy Margarita y vivo en San Juan, Puerto Rico. Me gusta jugar al tenis. Mi amiga Andrea juega en *competencias* internacionales. Mi hermana no es deportista pero le gusta jugar conmigo *de vez en cuando*.

competitions

every now and then

Mi nombre es Pedro y vivo en México. Mi deporte favorito es la natación. Participo en las competencias de mi país. *A veces* gano y otras veces no gano.

sometimes

Me llamo Carlos. Soy de España, donde casi *todo el mundo* es aficionado del fútbol. Hay buenos atletas en mi escuela, y tenemos el mejor equipo de fútbol en nuestra región. Un día quiero jugar con el equipo nacional de España y participar en la *Copa Mundial*.

everybody

World Cup

Soy Susana de Filadelfia, Pennsylvania. Mi deporte favorito es el fútbol americano. Yo voy a todos los partidos de nuestra escuela. Toco el clarinete en la banda.

Conversación

1. ¿Eres buen atleta?
2. ¿Cuáles deportes te gustan?
3. ¿Cuál es el deporte favorito de la República Dominicana?
4. ¿Tiene tu escuela un equipo de fútbol? ¿de fútbol americano? ¿de baloncesto?
5. ¿Te gusta jugar al baloncesto? ¿Cuántos jugadores hay en un equipo de baloncesto?
6. ¿Cuántos partidos juega tu equipo de baloncesto en un año?
7. ¿Te gustan los deportes individuales o los de equipo?

VOCABULARIO ▲▲▲▲▲▲▲▲▲▲▲▲▲▲▲▲▲▲▲▲▲▲▲▲▲▲▲

Los deportes

el esquí

el tenis

la natación
(nadar = to swim)

la gimnasia

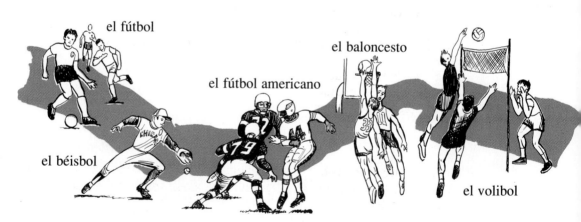

el fútbol

el fútbol americano

el baloncesto

el béisbol

el volibol

Vocabulario adicional

un(a) aficionado(a)	*a fan*
un equipo	*a team*
un partido	*a match, game*
un(a) jugador(a)	*a player*
un(a) atleta, deportista	*an athlete*
deportivo(a)	*concerning sports*

GRAMÁTICA ▲▲▲

El verbo gustar

The verb *gustar* means "to please." It does not mean "to like." In the statements *Me gusta el fútbol* and *Me gusta nadar*, to the left of *gustar* is an indirect object (*Me*) and to the right is either a noun (*el fútbol*) or an infinitive (*nadar*).

> Me gusta el baloncesto. = Basketball is pleasing to me.
> (But in English we would say, "I like basketball.")
> Le gusta comer pizza. = Eating pizza is pleasing to him.
> (But in English we would say, "I like eating pizza.")

The noun or infinitive to the right of *gustar* is its subject. The subject tells who or what is pleasing (*basketball, eating pizza*).

The indirect object pronoun identifies the one to whom the subject is pleasing.

> ¿**Te** gusta el tenis?   *Do you like tennis?*
> —Sí, **me** gusta el tenis.   *—Yes, I like tennis.*

When the subject of the verb (what you like) is singular, use the form *gusta*. When the subject is plural, use *gustan*.

> Nos **gusta** el profesor, pero no   *We like the teacher, but we*
> nos **gustan** sus exámenes.   *don't like his exams.*

Other verbs that use the same construction as *gustar* are *encantar, fascinar,* and *molestar.*

> **Me fascinan** los autos Ferrari.
> **Nos encanta** el helado.
> **Le molestan** los mosquitos.

▪ Actividad 1

Pablo and María are becoming acquainted. Pablo is asking María whether she likes various things. Play both roles along with a classmate.

Modelo: los deportes
> *Pablo: ¿Te gustan los deportes?*
> *María: Sí, me gustan los deportes.*
> *(No, no me gustan los deportes.)*

1. la música clásica
2. los perros
3. los gatos
4. mirar la televisión
5. el frío
6. el calor
7. los carros deportivos
8. estudiar el español

Lección 18: Los deportes   **145**

▪ Actividad 2

Make a list of five things that you like a lot and five things that bother you.

Modelo: *Me gusta cantar en el coro. Me fascinan las corridas de toros. Me molesta el olor* (smell) *de los cigarillos.*

Otro uso del artículo definido

In Spanish the definite article is used more frequently than it is used in English. Notice the use of the definite article (*el, la, los, las*) in the following sentences.

El pan vale más que **el** oro.	*Bread is worth more than gold.*
Me gusta **la** música clásica.	*I like classical music.*
Los niños siempre lloran.	*Children always cry.*
Así son **las** mujeres.	*That's the way women are.*

The definite article is used when something is referred to as a whole or in general. If you can insert the idea of "some" or "any," the article disappears.

Hoy no como pan.   *Today I am not eating (any) bread.*

▪ Actividad 3

Escriba el artículo definido si es necesario.

1. Me gusta _____ leche.
2. _____ vegetales son buenos.
3. Esta semana no compro _____ dulces.
4. Cuando estoy a dieta, no como _____ pan.
5. Asisto a la iglesia _____ domingos.
6. A los chicos les gustan _____ chicas.
7. Los esposos Santana no tienen _____ hijos.
8. Mañana voy a comprarme _____ zapatos nuevos.
9. No me gustan _____ gatos.
10. _____ historia es interesante.
11. Quiero tomar _____ leche, no _____ Coca-Cola.
12. Me dicen que _____ maestros son así.

El verbo jugar

As you learn the conjugation of the verb **jugar** (to play), pay special attention to the stem vowels.

yo juego	nosotros(as) jugamos
tú juegas	vosotros(as) jugáis
Ud., él, ella juega	Uds., ellos(as) juegan

Present Participle: jugando

Jugar is the only u→ue stem-change verb in the Spanish language. The **u** of the stem *(jug-)* becomes **ue** in the *yo, tú, él,* and *ellos* forms of the present tense. The endings of *jugar,* however, are regular.

With the name of a sport, *jugar* is followed by the preposition *a.*

Yo juego **al** tenis.
Usted juega **al** baloncesto.
Nosotros jugamos **al** béisbol.

■ **Actividad 4**

Ask your classmates whether they like to play various sports.
Modelo: béisbol
    Estudiante 1:   ¿Te gusta jugar al béisbol?
    Estudiante 2:   Sí, me gusta jugar al béisbol.
    (No, no me gusta jugar al béisbol.)

1. el baloncesto
2. el volibol
3. el fútbol

4. el fútbol americano
5. el tenis

■**Actividad 5**

¿Cuál es su deporte favorito? Escriba un párrafo acerca del deporte que le gusta. ¿Es un deporte individual o de equipo? ¿Es un aficionado o juega el deporte? ¿Juega bien o mal? ¿Quien más juega el deporte?

El verbo tocar

yo toco	nosotros(as) tocamos
tú tocas	vosotros(as) tocáis
Ud., él, ella toca	Uds., ellos(as) tocan

Present Participle: tocando

The verb *tocar* (to touch) also means *to play* when it refers to playing a musical instrument. *Tocar* is a regular -ar verb in the present tense.

■**Actividad 6**

Escriba el verbo correcto (tocar, jugar) en el espacio.
1. Mi hermano _toca_ la guitarra muy bien.
2. Yo _toco_ el piano para el coro de mi iglesia.
3. El equipo de fútbol _juega_ mañana.
4. Maritza _toca_ la flauta en la banda.
5. Pablo y Carlos van a _juegan_ al baloncesto esta noche.
6. Mi profesora _toca_ el órgano en la iglesia.
7. Me gusta _juega_ al tenis cuando hace sol.
8. Nosotros _jugamos_ con el equipo de volibol de nuestra iglesia.
9. ¿Quién _toca_ la trompeta en la orquesta?
10. ¿Cuándo _juegas_ (tú) al tenis con Rosita?

El verbo saber

The verb **saber** (to know) is regular except in the first-person singular form. Study the verb forms below.

yo sé	nosotros(as) sabemos
tú sabes	vosotros(as) sabéis
Ud., él, ella sabe	Uds., ellos(as) saben

Present Participle: sabiendo

Saber means to have knowledge of something or to know how to do something. *Saber jugar* means to know how to play.

■ Actividad 7

Pregunte a sus compañeros si saben hacer lo siguiente.

Modelo: jugar a la pelota
   Estudiante 1:   ¿Sabes jugar a la pelota?
   Estudiante 2:   Sí, sé jugar a la pelota.
   (No, no sé jugar a la pelota.)

1. jugar al tenis
2. tocar el piano
3. jugar al baloncesto
4. jugar al volibol
5. tocar la <u>guitarra</u>
6. tocar la flauta
7. jugar al fútbol americano
8. tocar el violín

■ Actividad 8

Finish each sentence below.

1. Sé tocar . . .   *to know*
2. El señor Gómez no sabe . . .
3. La señorita Pérez sabe que . . .   *that*
4. No sabemos jugar . . .
5. Las chicas saben que . . .
6. El equipo sabe . . .
7. El cantante sabe . . .
8. No sé jugar . . .
9. Nuestro equipo de baloncesto sabe . . .
10. Mi maestro de música sabe . . .

VERSÍCULO ▲▲▲▲▲▲▲▲▲▲▲▲▲▲▲▲▲▲▲▲▲▲▲▲▲▲▲▲▲▲▲

know

''Y sabemos que a los que aman a Dios, todas las cosas les ayudan a bien''. Romanos 8:28

PRONUNCIACIÓN ▲▲▲▲▲▲▲▲▲▲▲▲▲▲▲▲▲▲▲▲▲▲▲▲▲▲▲

El sonido de la consonante *ll*

The sound of the *ll* (*elle*) is similar to the sound of the *y* in the English word ''yes.'' (Not all Spanish-speaking countries pronounce this sound alike.)

Practique las palabras:

sello   villa
paella   llamar

Practique la frase: La lluvia en Sevilla es una maravilla.

NOTA CULTURAL ▲▲▲▲▲▲▲▲▲▲▲▲▲▲▲▲▲▲▲▲▲▲▲▲▲▲▲▲▲▲

Los deportes en el mundo hispano

El fútbol es el deporte favorito de Hispanoamérica y España. Muchas ciudades tienen sus equipos de fútbol y participan en competencias nacionales. Los mejores jugadores de estos equipos *pasan a* las competencias internacionales, tales como la Copa de Europa o la Copa Mundial. Los ganadores de muchas de estas competencias *han sido* equipos hispanos.

go on to

have been

El béisbol es muy popular en México, Cuba, Puerto Rico, la República Dominicana, Nicaragua, Venezuela y Panamá. Algunos jugadores famosos de las grandes ligas norteamericanas son Fernando Valenzuela de México; José Canseco de Cuba; Roberto Clemente de Puerto Rico; Juan Marichal, César Cedeño, Manuel Mota de la República Dominicana; y David Concepción de Venezuela.

Las mujeres hispanas tanto como los hombres participan en los deportes internacionales. Algunos de los tenistas de competición internacional son Andrés Gómez de Ecuador, Arantxa Sánchez de España, Guillermo Vilas y Gabriela Sabatini de la Argentina.

Cuestionario

1. ¿Cuál es el deporte favorito de los hispanoamericanos?
2. ¿Cuáles son algunas competencias internacionales?
3. ¿Quiénes forman los equipos para las competencias internacionales?
4. ¿Dónde es muy popular el béisbol?
5. ¿De dónde es Valenzuela?
6. ¿Conoce a otro deportista hispano famoso?

Capítulo Siete

CAPÍTULO OCHO

México

Before the Spanish conquest, hundreds of Indian tribes were spread over the vast territory of Mexico. Many of these tribes, though separated by language, had two things in common: they shared very similar religious beliefs, and they were under the political and military dominance of the Aztec Empire.

In 1519 Cortés and his men marched into the Aztec capital Tenochtitlán. They found a large and beautiful city, full of massive stone buildings, lined with canals, and adorned with many large trees and parks. It was the capital of an empire at the height of its power and influence; yet in just sixty-five days the Spanish soldiers had utterly laid it waste. The Spaniards had brought an entire civilization under their control.

During the colonial period, the 1600s through early 1800s, the heroes of Mexican society were the Spanish conquistadors, explorers, and rulers. Their exploits were praised and their lives idealized. This focus changed toward the middle of the nineteenth century when Mexico gained independence from Spain. Hernán Cortés and Francisco Pizarro were no longer portrayed as heroes but as exploiters of the Indian; the Indian and *mestizo* became the heroes. This change is personified by the emergence of Benito Juárez, a full-blooded Indian, who became Mexico's president in 1859 and later became known as the "Father of Mexico." Mexicans today, however, are very proud of both their Indian and European ancestry.

A man of mixed European and American Indian ancestry.

Official name:	Estados Unidos Mexicanos
Area:	761,600 sq. mi.
Population:	88,087,000
Government:	Federal republic
Capital:	Mexico City, Federal District

Lección 19

DIÁLOGO ▲▲▲

Paseo por el parque

meet — Rosa y su primo Tomás *se encuentran* con Cristina en la calle.

Cristina: ¡Hola, Rosa! ¿Qué tal?

Rosa: ¡Bien, gracias! Te presento a mi primo Tomás. Es de Veracruz.

Cristina: Mucho gusto, Tomás. Cristina Silva.

Tomás: El gusto es mío.

Rosa: Tomás y yo vamos a dar un paseo por el parque. El no conoce la ciudad y sale el *próximo* lunes para Veracruz. ¿Quieres acompañarnos?

next

Cristina: Sí, gracias por la invitación. Tomás, *me alegro que estés aquí.* Los jóvenes de nuestra iglesia tienen varias actividades *planeadas* para el fin de semana.

I'm glad you're here.

planned

Tomás: ¿Tú eres cristiana como Rosa? Yo también conozco a Cristo como mi Salvador. En Veracruz asisto a una iglesia cristiana. Hay muchos jóvenes en nuestra iglesia.

youth group — Rosa: Tomás es el presidente de *la sociedad de jóvenes.*

Cristina: ¿Verdad? ¿Qué clase de actividades tienen los jóvenes en tu iglesia?

Tomás: Bueno, a veces salimos en grupos pequeños y repartimos tratados. También tenemos programas especiales o salimos a pasear por el puerto. ¿Qué van a hacer los jóvenes de tu iglesia este fin de semana?

Cristina: Vamos a ir a Teotihuacán a subir las pirámides.

Rosa: Yo voy a estudiar todo el fin de semana. Tomás, ¿quieres ir con Cristina a visitar las pirámides?

It will be a pleasure! — Tomás: *¡Será un placer!*

Cristina: Oigo a los niños. Estamos llegando al parque.

Tomás: Tienen un parque muy bonito. Me gustan los árboles y las fuentes. Y me encanta pasear aquí con dos muchachas lindas.

Conversación

1. ¿Quién es Tomás? ¿De dónde es?
2. ¿Por qué van a dar un paseo Rosa y Tomás?
3. ¿Adónde van a pasear?
4. ¿Qué posición tiene Tomás en la iglesia?
5. ¿Qué hacen los jóvenes en la iglesia de Tomás?
6. ¿Qué va a hacer Rosa este fin de semana?
7. ¿Qué van a hacer Cristina y Tomás?

VOCABULARIO ▲▲▲▲▲▲▲▲▲▲▲▲▲▲▲▲▲▲▲▲▲▲▲▲▲▲

What are you going to do this weekend?

¿Qué vas a hacer este fin de semana?

S-E

Voy a salir con mi novia.
I am going to go out with my girlfriend.

Voy a repartir tratados. *E-S*
I am going to give out tracts.

S-E

Voy a dar un paseo por el parque.
Take a stroll by park
I am going to

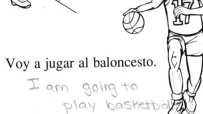

Voy a salir con mis amigas. *E-S*
I am going to go out with my girlfriends

Voy a jugar al baloncesto. *E-S*
I am going to play basketball

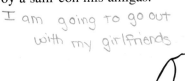

Voy a estudiar. *E-S*
I am going to study.

S-E

Voy a ir a la iglesia el domingo.
I am going to the church on Sunday.

Voy a ir al concierto. *S-E*
I am going to the concert.

Lección 19: Paseo por el parque

153

GRAMÁTICA ▲▲▲▲▲▲▲▲▲▲▲▲▲▲▲▲▲▲▲▲▲▲▲▲▲▲▲▲▲▲▲▲▲▲▲▲▲▲▲

Los verbos salir, poner

	salir	**poner**
yo	salgo	pongo
tú	sales	pones
Ud., él, ella	sale	pone
nosotros(as)	salimos	ponemos
vosotros(as)	salís	ponéis
Uds., ellos(as)	salen	ponen
Present Participle:	saliendo	poniendo

The verbs **salir** (to leave, to go out) and **poner** (to put, to place) follow the same pattern as some verbs you have already studied. The endings of these verbs are regular except for the *yo* form which ends in **-go**.

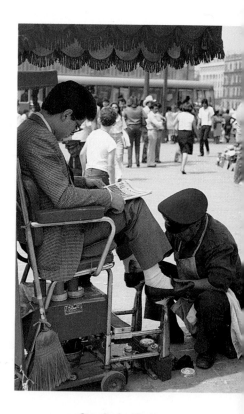

■ **Actividad 1**

Pregunte a sus compañeros si hacen lo siguiente.

Modelo: salir a la plaza
¿Sales a la plaza?
Sí, salgo a la plaza.

1. salir con tus compañeros de clase
2. salir sin permiso
3. salir los fines de semana
4. salir con tu amigo
5. salir con tus padres
6. poner tus libros en su lugar
7. poner tu dinero en la ofrenda
8. poner tu Nuevo Testamento en el bolsillo
9. poner la mesa
10. poner chocolate en la leche

▪ Actividad 2

¿Qué están haciendo las siguientes personas en este momento? Conteste usando el presente progresivo.

Modelo: María / salir del carro

María está saliendo del carro.

1. Pedro / poner el libro en la mesa
2. Tomás y Ricardo / salir de la casa
3. Nosotros / salir de la clase
4. Tú / poner las revistas en el estante *(shelf)*
5. Yo / salir con mi amigo

Los verbos traer, oír

The *yo* form of the verbs **traer** (to bring) and **oír** (to hear) ends in **-igo**. What other irregular pattern do you see?

	traer	**oír**
yo	traigo	oigo
tú	traes	oyes
Ud., él, ella	trae	oye
nosotros(as)	traemos	oímos
vosotros(as)	traéis	oís
ellos(as), Uds.	traen	oyen
Present Participle:	trayendo	oyendo

The stem of *oír* ends in **-y** in the *tú, él,* and *ellos* forms. The stems of *traer* and *oír* end in **-y** in the present participle. The addition of the *y* helps maintain correct pronunciation.

Complete las siguientes oraciones con la forma correcta del verbo.

Modelo: (traer)

Carmen ___trae___ muchos libros a la clase.

traer

1. Yo _traigo_ mi Biblia a la clase.
2. Rosa María _trae_ revistas a la escuela.
3. Uds. _traen_ visitas a la iglesia.
4. ¿Tú _traes_ regalos para tus compañeros?
5. Nosotros _traemos_ una pelota al juego.

oír

6. Ud. _oye_ música clásica.
7. Yo _oigo_ sermones buenos en la iglesia.
8. Ellos _oyen_ discos buenos en su casa.
9. La profesora _oye_ nuestros errores.
10. Tú _oyes_ muchas cosas interesantes en la clase.

Los verbos conocer, obedecer

Compare the forms of the verbs **conocer** (to know) and **obedecer** (to obey) paying special attention to the *yo* form:

	conocer	obedecer
yo	conozco	obedezco
tú	conoces	obedeces
Ud., él, ella	conoce	obedece
nosotros(as)	conocemos	obedecemos
vosotros(as)	conocéis	obedecéis
Uds., ellos(as)	conocen	obedecen
Present Participle:	conociendo	obedeciendo

Many verbs ending in -*cer* and in -*cir* end in **-zco** in the *yo* form of the present tense. The other endings are regular in the present tense.

Conocer means *to know* in the sense of being acquainted with people and places.

¿Conoces a Raquel? No, no la conozco pero conozco a su hermano.

¿Conoces Chapultepec? No, no lo conozco, pero mi papá lo conoce.

■ **Actividad 4**

Construct complete sentences using the verbs *conocer* or *obedecer*. Your sentences may be either negative or positive. Don't forget to use the personal *a* when the direct object is a person.

1. Nosotros / la Ciudad de México
2. Juan y Pablo / una muchacha dominicana
3. Yo / Jesucristo
4. Los niños / sus padres
5. El perro / su amo *(master)*
6. Ud. / el presidente de los Estados Unidos
7. María / su vecino
8. Uds. / Miami y Los Angeles
9. Tú / los padres de tus amigos
10. Nosotros / las reglas *(rules)* de la escuela

Verbos con cambios (c→zc)

conocer *(to know)*	conozco
obedecer *(to obey)*	obedezco
ofrecer *(to offer)*	ofrezco
conducir *(to drive)*	conduzco
traducir *(to translate)*	traduzco

■ **Actividad 5**   Do

Write the correct form of the verb that best fits the sentence.

1. Yo (salir, ofrecer) de mi clase a las 3:OO de la tarde.
2. Yo (llegar, salir) a mi casa y (oír, poner) mis libros sobre la mesa.
3. Mientras como un sandwich, yo (conducir, oír) el teléfono. Es mi amiga Rosa.
4. Ella me llama para saber si yo (salir, conocer) al nuevo estudiante en la escuela.
5. Se llama Eduardo y (conducir, obedecer) un Mazda.
6. Al día siguiente, nos (traducir, ofrecer) llevar de paseo en su carro.
7. Él no (conocer, conducir) la ciudad y Rosa y yo le (oír, decir) adonde ir.
8. Él (conducir, ofrecer) muy bien y (traducir, obedecer) todas las leyes de tráfico.
9. Yo también sé conducir y siempre (ofrecer, obedecer) las leyes.
10. Al llegar a casa, yo les (conducir, ofrecer) un vaso grande de limonada.

■ **Actividad 6**

Conteste las preguntas personales con frases completas.
1. ¿Conoces al profesor de álgebra? ¿de francés? ¿de inglés?
2. ¿Le ofreces dinero a tu mejor amigo cuando no tiene nada?
3. Cuando lees en español, ¿traduces muchas palabras?
4. Cuando tus amigos llegan a tu casa, ¿les ofreces una Coca-cola?
5. ¿Traduces cartas al español para tus amigos?
6. ¿Conduce un carro pequeño tu papá? ¿tu hermana? ¿tú?
7. ¿Obedeces siempre a tus padres? ¿a tus profesores? ¿a Dios?
8. ¿Conoces México? ¿Colombia? ¿Puerto Rico?

VERSÍCULO ▲▲▲▲▲▲▲▲▲▲▲▲▲▲▲▲▲▲▲▲▲▲▲▲▲▲▲▲▲▲▲▲▲▲▲▲

"Ciertamente el obedecer es mejor que los sacrificios, y el prestar atención que la grosura de los carneros".   I Samuel 15:22b

PRONUNCIACIÓN ▲▲▲▲▲▲▲▲▲▲▲▲▲▲▲▲▲▲▲▲▲▲▲▲▲▲▲▲

El sonido de las consonantes *h* y *j*

In Spanish, the letter *h (hache)* is silent.
Practique las palabras: hace, hablar, hay, hola
Practique las frases: ¡Hola, Hector! ¿Hablas holandés?

The sound of the Spanish *j (jota)*, however, is similar to the English *h*.
Practique las palabras: jamás, tejer, ají, ajo, jugo
Practique las frases: Juan toma jugo de naranja y toronja.
Jimena juega ajedrez los jueves.

Cognados

A group of cognates have the same spelling in English and in Spanish. We just have to be careful to pronounce the words correctly in Spanish by putting the stress on the last syllable.

circular—circular	motor—motor
color—color	pastor—pastor
director—director	sector—sector
exterior—exterior	superior—superior
honor—honor	tenor—tenor
horror—horror	tractor—tractor
instructor—instructor	vapor—vapor

Lección 20

DIÁLOGO ▲▲▲▲▲▲▲▲▲▲▲▲▲▲▲▲▲▲▲▲▲▲▲▲▲▲▲▲▲▲▲▲▲▲▲▲

De Compras

Rosa, su hermana Mirna y su mamá van de compras. Están en la tienda de ropa.

Mamá:	Rosa, mira esta blusa azul. ¿Te gusta?
Rosa:	Bueno, mamá. Me gusta y no me gusta. Pienso que esa blanca es más bonita.
Mamá:	Es bonita, pero mira el precio. ¡Es cara! *No puedo pagarla.*
Rosa:	Vamos a mirar las blusas donde dice ''Venta especial''.
Mamá:	Está bien. ¡Pero a veces las ventas especiales no son muy especiales!
Rosa:	Vamos a ver. La blusa roja es bonita, pero no es de mi talla. Esta verde es elegante, pero es cara también. ¿Qué voy a hacer?
Mirna:	Oh, Mamá. Este vestido *me queda* perfectamente.
Mamá:	¿Te queda perfectamente? Pienso que es muy grande.
Mirna:	Así me gusta—ancho y largo.
Mamá:	¿Te gusta el color?
Mirna:	Sí, Mamá. Todas las chicas tienen vestidos de este color.
Rosa:	Todavía no encuentro nada.
Mirna:	Aquí hay unas faldas a la *última moda.*
Rosa:	No me gusta esa moda. Quiero una falda roja y una blusa blanca.
Mamá:	*Te ves bien* en rojo y blanco. Vamos a buscar más.

I can't pay for it.

fits me

latest fashion

You look good

(Una dependiente se acerca.)

Dependiente:	¿Las puedo ayudar?
Rosa:	Busco una falda roja y una blusa blanca, señorita.

arrived	Dependiente: Hoy mismo *llegaron* unas faldas nuevas. ¿Cuál es su número de talla?

Dependiente: Hoy mismo *llegaron* unas faldas nuevas. ¿Cuál es su número de talla?

Rosa: Talla ocho.

Dependiente: ¿Le gusta esta falda?

Rosa: ¿Cuánto cuesta, señorita?

Dependiente: 45,000 pesos.

Rosa: Me llevo la falda. ¿Está bien, mamá?

Mamá: Sí, mi hija, si te gusta la falda.

Dependiente: Tengo unas blusas blancas aquí.

exactly what I want   Rosa: La de manga corta es *exactamente lo que quiero*. ¡Y es de mi talla!

Mamá: Es de buen precio también.

Rosa: Gracias, mami, por comprarme ropa nueva.

Mirna: Gracias, mami, por el vestido nuevo. Y ahora, vamos a buscar un vestido para ti.

Conversación

1. ¿Qué quiere comprar Rosa?
2. ¿Cuál blusa le gusta más a Rosa, la azul o la blanca?
3. ¿De qué otros colores son las blusas que Rosa mira?
4. ¿Qué vestidos le gustan a Mirna? ¿Le gustan a su mamá?
5. ¿Le gustan a Rosa las faldas de última moda?
6. ¿Quién ayuda a Rosa a encontrar la falda del color que quiere?
7. ¿Qué número de talla es Rosa?
8. ¿Cuánto cuesta la falda?
9. ¿Cómo es la blusa que compra Rosa?
10. En su opinión, ¿quién es más conservadora, Mirna o Rosa?

VOCABULARIO ▲▲▲▲▲▲▲▲▲▲▲▲▲▲▲▲▲▲▲▲▲▲▲▲▲▲

Poster

Ropa de mujer
Womans Clothing

la blusa

el vestido

el abrigo

Stockings

las medias

la falda

los zapatos

el suéter

Ropa de hombre
Men's Clothing

el sombrero

la corbata

la camisa

el traje

los pantalones

Los colores
Whatever you want for colors.

rojo

verde

negro

marrón
café -brown

naranja
anaranjado

amarillo

blanco

azul

Lección 20: De compras

161

■ **Actividad 1**

Conteste las preguntas.

(Para muchachas)

1. ¿De qué color es tu blusa?
2. ¿De qué color es tu falda?
3. ¿De qué color son los zapatos de tu maestro(a)?
4. ¿De qué color es tu vestido favorito?

(Para muchachos)

5. ¿De qué color es tu camisa?
6. ¿De qué color son tus pantalones?
7. ¿Tienes un traje? ¿De qué color es?

Repaso de verbos irregulares en la primera persona

Many irregular verbs are irregular only in the first-person singular form of the present tense. Their other endings are just like the regular -ar, -er, or -ir verbs. Review the following verbs.

dar:	*to give*
	doy, das, da, damos, dais, dan
ver:	*to see*
	veo, ves, ve, vemos, veis, ven
hacer:	*to make, to do*
	hago, haces, hace, hacemos, hacéis, hacen
poner:	*to put, to place*
	pongo, pones, pone, ponemos, ponéis, ponen
salir:	*to go out, to leave*
	salgo, sales, sale, salimos, salís, salen
traer:	*to bring*
	traigo, traes, trae, traemos, traéis, traen
conocer:	*to know, to be familiar with*
	conozco, conoces, conoce, conocemos, conocéis, conocen
obedecer:	*to obey*
	obedezco, obedeces, obedece, obedecemos, obedecéis, obedecen
conducir:	*to conduct, to lead, to drive (a car)*
	conduzco, conduces, conduce, conducimos, conducís, conducen

■ **Actividad 2**

Replace the words in italics with the pronoun *yo*. Make any necessary changes in the sentences.

Modelo: *Los niños* obedecen a sus padres.
          Yo obedezco a mis padres.

1. *Juan* conduce el carro de su casa.
2. *Los estudiantes* traen sus libros a la clase.
3. *Mi mamá* pone las revistas en la mesa.
4. *La profesora* conoce a todos los estudiantes de la escuela.
5. *Carmen y Mercedes* salen de su casa a las ocho de la mañana.
6. *Nosotros* vemos a nuestros amigos en la iglesia.
7. *Pedro* no siempre obedece las leyes.
8. *Mis amigos* le dan un regalo a su profesora.
9. *Roberto* no hace nada.

■ **Actividad 3**

Write five statements or questions using one element from each column below for each sentence. Your sentences may be singular or plural.

A	B	C
ver	el carro	a la escuela
conocer	un pastel	de mis abuelos
conducir	música	de mi cumpleaños
dar	las fotos	a la fiesta
traer	un libro	en mi estéreo
oír	los vecinos	a un amigo

Verbos con cambios e→ie

The verbs **pensar** (to think), **perder** (to lose), and **sentir** (to feel) are stem-changing verbs. They follow a very specific pattern of change in the present tense. Note the forms below.

	pensar	**perder**	**sentir**
yo	pienso	pierdo	siento
tú	piensas	pierdes	sientes
Ud., él, ella	piensa	pierde	siente
nosotros(as)	pensamos	perdemos	sentimos
vosotros(as)	pensáis	perdéis	sentís
Uds., ellos(as)	piensan	pierden	sienten
Present Participle:	pensando	perdiendo	sintiendo

When the stress falls on the last syllable of the stem, the **e** becomes **ie**, as in the *yo, tú, él,* and *ellos* forms. Note also that the *e* in the stem changes to *i* in the present participle of *sentir*.

Verbos con cambios e→ie

pensar *(to think)*	pienso
empezar *(to begin)*	empiezo
entender *(to understand)*	entiendo
perder *(to lose)*	pierdo
querer *(to want; to like or love someone)*	quiero
preferir *(to prefer)*	prefiero
sentir *(to feel; to regret, to feel sorry)*	siento

▪ Actividad 4

You work at the lost and found room in your school. Tell what the following people are always losing.

Modelo: Juan y Marcos: libros
Juan y Marcos siempre pierden sus libros.

1. Yo: cuaderno
2. Uds.: revistas
3. Tomás y su hermano: dinero
4. Nosotros: tareas
5. Mi hermano: tarjetas de béisbol
6. Rosita: cartera
7. Tú: lápiz
8. Carmen y Maritza: llaves

▪ Actividad 5

Rosita thinks she knows her friends well. She gives her opinion freely as to some of their characteristics. Express her opinions.

Modelo: preferir
   Roberto: las muchachas morenas
   Roberto prefiere las muchachas morenas.

preferir
1. Sara: los perros
2. Tomás y Felipe: la música clásica
3. Ud.: las novelas de amor
4. nosotros: el chocolate

perder
5. Carlos: mucho tiempo
6. Uds.: los juegos de fútbol
7. yo: medias favoritas
8. tú: los boletos

entender
9. Lola: el español
10. Pierre y Monique: el francés
11. nosotros: el inglés
12. tú: el italiano

querer (a)
13. Ana: Papo
14. José y Rafael: jugar al tenis
15. tú: ir al partido de fútbol
16. los muchachos: las muchachas

■ Actividad 6   *Do*

The following people are planning to travel in order to improve their Spanish. Tell where they plan to go and what cities they want to visit.

Modelo: Mr. Green: Perú, Lima y Cuzco
El señor Green piensa ir al Perú.
Quiere visitar Lima y Cuzco.

1. mis padres: España, Valencia
2. Dr. Roberts: México, Cancún
3. Ralph: Puerto Rico, Ponce y San Juan
4. yo: Costa Rica, San José
5. Miss Jones: Nicaragua, Managua y Granada
6. Paul y Joe: Chile, Santiago
7. nosotros: Venezuela, Caracas y Maracaibo
8. tú: la República Dominicana, Santo Domingo y Santiago
9. Philip y yo: Colombia, Bogotá
10. Ud.: Bolivia, La Paz

■ Actividad 7   *Do*

Change the verb in each sentence to the present progressive tense.

Modelo: Susana piensa viajar.
Ahora mismo Susana está pensando viajar.

1. Ana María pierde dinero.
2. Roberto siente dolor en la espalda (*back*).
3. Santos Camacho piensa jugar al fútbol.
4. Mis amigos pierden tiempo.
5. Los estudiantes sienten lástima por los pobres.

Verbos con cambios o→ue

Note the forms of the stem-changing verbs **encontrar** (to find, to meet), **poder** (can, to be able to), and **dormir** (to sleep).

	encontrar	poder	dormir
yo	encuentro	puedo	duermo
tú	encuentras	puedes	duermes
Ud., él, ella	encuentra	puede	duerme
nosotros(as)	encontramos	podemos	dormimos
vosotros(as)	encontráis	podéis	dormís
Uds., ellos(as)	encuentran	pueden	duermen
Present Participle:	encontrando	pudiendo	durmiendo

All the verb forms have regular endings. The *o* of the stem becomes *ue* in the *yo, tú, él,* and *ellos* forms of the present tense.

Verbos con cambios o→ue

encontrar *(to find)*	encuentro
poder *(to be able to)*	puedo
volver *(to return, to go back)*	vuelvo
dormir *(to sleep)*	duermo
morir *(to die)*	muero

■ **Actividad 8**

Homework should come before pleasure, right? The following students have not finished their homework yet. Say that they cannot do what they want to do.

Modelo: Marta: jugar al tenis
Marta quiere jugar al tenis, pero no puede. Tiene que hacer la tarea.

1. Roberto y Manuel: nadar
2. Marina: mirar la televisión
3. nosotros: invitar a unos amigos
4. yo: dormir temprano
5. tú: visitar a un amigo
6. Uds.: jugar al fútbol

■ **Actividad 9**

If the following people do not find what they are looking for, they will not be able to do certain things. Write sentences according to the model.

Modelo: Susana: la cámara / tomar fotos

   Si Susana no encuentra la cámara, no puede tomar fotos.

1. Roberto: la pelota / jugar al béisbol
2. Francisco y Manuel: los libros / hacer la tarea
3. Nosotros: el dinero / comprar el regalo
4. Mercedes: su amiga / invitarla a la fiesta
5. yo: traje de baño *(swimsuit)* / nadar
6. Uds.: las raquetas / jugar al tenis
7. Carmen y Josefa: la tienda / comprar el disco
8. tú: Felipe / llevarlo a la iglesia

■ **Actividad 10**

Change the verb in each sentence to the present progressive tense.

Modelo: Los estudiantes duermen.

   Los estudiantes están durmiendo.

1. Rosario cuenta el dinero.
2. Mis padres vuelven a casa de un viaje.
3. Las chicas recuerdan la fiesta de anoche.
4. El equipo pierde el juego.
5. La profesora empieza una lección nueva.
6. Raquel piensa en su novio.
7. Yo entiendo la clase.
8. Abuela pierde sus espejuelos *(reading glasses)*.

VERSÍCULO ▲▲▲▲▲▲▲▲▲▲▲▲▲▲▲▲▲▲▲▲▲▲▲▲▲▲▲▲▲▲▲▲▲▲▲▲▲▲▲

"Si pedimos alguna cosa conforme a su voluntad, él nos oye".
I Juan 5:14

PRONUNCIACIÓN ▲▲▲▲▲▲▲▲▲▲▲▲▲▲▲▲▲▲▲▲▲▲▲▲▲▲▲▲▲▲▲

El sonido de la consonante *b*

At the beginning of a word, after a pause, or after the consonants *n* or *m*, the letter *b* (*be*) is pronounced similarly to the *b* in "box."

Practique las palabras: boda, beso, barco, umbral

Practique la frase: Bárbara está bonita en su blusa blanca.

Between two vowels, the sound of the *b* is softer. The sound is produced by attempting to pronounce the *b* without putting the lips together.

Practique las palabras: abuela, beber, trabajar

Practique las frases: Mi abuelo no bebe café.

Roberto besa a Isabel en la boda.

Cognados

Some English nouns that end in *-ium* or *-eum* end in *-io* or *-eo* in Spanish. Expand your Spanish vocabulary with these words:

auditorium—auditorio	podium—podio
calcium—calcio	sodium—sodio
gymnasium—gimnasio	stadium—estadio
medium—medio	cranium—cráneo
planetarium—planetario	museum—museo

NOTA CULTURAL ▲▲▲▲▲▲▲▲▲▲▲▲▲▲▲▲▲▲▲▲▲▲▲▲▲▲▲▲▲

El traje típico

¿Qué clase de ropa *te viene a la mente* cuando piensas en los mejicanos? ¿sombreros grandes? ¿ponchos largos de muchos colores? ¿faldas anchas con blusas *bordadas*? *comes to your mind*
embroidered

Así es el traje típico de los mejicanos, pero no es la descripción correcta de sus ropas *diarias*. En general, los mejicanos usan la misma clase de ropa que tú usas. *daily*

Es posible que los hombres en las calles lleven un sombrero grande de *paja,* pero hay que asistir a una producción de teatro para ver el traje típico en todo su esplendor. *straw*

Cuestionario

1. Describe el traje típico mejicano.
2. ¿Cómo es la ropa diaria que usa el mejicano?
3. Usa la enciclopedia para aprender del traje típico de otros países.

Lección 21

En el restaurante

Pepe:	¡Por fin llegas! Ya son las siete y media.
Cristina:	¿Y vienes sola? ¿Dónde está Tomás?
Rosa:	Ya viene. Está *estacionando* el carro. Miren. Ahí está.

estacionar = to park

Tomás:	¿Qué tal, muchachos? ¿Listos para comer?
Mesero:	Buenas noches, jóvenes. ¿Una mesa para cuatro?
Pepe:	Sí, señor, como no. En la sección de no fumar, por favor.
Mesero:	*Síganme, Uds.*

Follow me

(En la mesa)

Mesero:	Aquí tienen el menú. ¿Qué desean pedir? ¿Señorita?
Cristina:	Bueno, no tengo mucha hambre. Solamente quiero una ensalada.
Mesero:	¿Y Ud., señorita? ¿Qué le sirvo?
Rosa:	Me trae pollo frito y puré de papas.
Pepe:	Yo quiero algo bien mexicano—con chile.
Mesero:	Pues, le recomiendo las enchiladas. Están sabrosas, y son la especialidad del cocinero.
Pepe:	Enchiladas. Bien, y con frijoles y arroz.
Tomás:	Para mí también las enchiladas.
Mesero:	¿Y qué piden de tomar?
Pepe:	Para todos Coca-cola.
Mesero:	*A sus órdenes.*

At your service

(Una hora después.)

Tomás:	¡Qué comida tan sabrosa! Estoy lleno.
Rosa y Cristina:	Nosotras también. Pero, ¿qué hay de postre?
Pepe:	¿Postre? Francamente, ya no tengo lugar para el postre.
Tomás:	Sinceramente, yo tampoco.
Cristina:	Bueno, *como Uds. quieran.*
Tomás:	Mesero, la cuenta, por favor.
Mesero:	Aquí la tiene Ud.
Tomás:	Yo pago por Rosa y por mí.
Pepe:	Y yo pago por Cristina. Y te ayudo con la propina.

as you wish

Conversación

1. ¿Quiénes llegan tarde?
2. ¿Dónde está Tomás?
3. ¿En qué sección del restaurante comen?
4. ¿Qué pide Cristina?
5. ¿Qué le trae el mesero a Rosa?
6. ¿Por qué recomienda el mesero las enchiladas?
7. ¿Por qué no piden postre?
8. ¿Quiénes pagan la cuenta?

forks
vase
brownies
Coke bottle

VOCABULARIO ▲▲▲▲▲▲▲▲▲▲▲▲▲▲▲▲▲▲▲▲▲▲▲▲▲▲

El restaurante

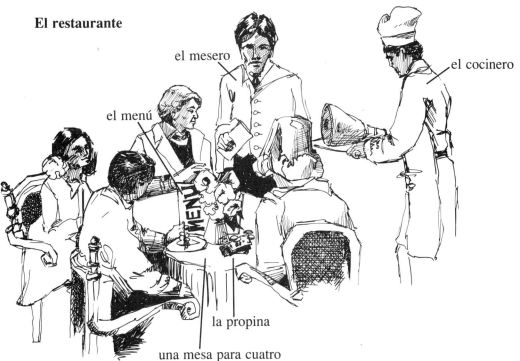

el mesero

el cocinero

el menú

la propina

una mesa para cuatro

Las carnes

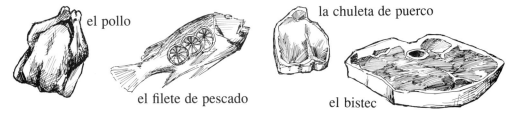

el pollo

la chuleta de puerco

el filete de pescado

el bistec

Lección 21: En el restaurante

Los vegetales

la zanahoria

la lechuga

el maíz

los frijoles

el tomate

la papa

Las frutas

la pera

la manzana

la piña

la naranja

la banana

el mango

el limón

Los postres

el arroz con leche

el flan

el helado

la torta de chocolate

Capítulo Ocho

Las bebidas

el agua mineral

el té

la limonada

el café

la leche

el refresco

Verbos con cambios e→i

Another group of stem-changing verbs belongs to the family of the -ir verbs. Note where the stem changes occur.

	pedir (to ask for)	**servir** (to serve)
yo	pido	sirvo
tú	pides	sirves
Ud., él, ella	pide	sirve
nosotros(as)	pedimos	servimos
vosotros(as)	pedís	servís
Uds., ellos(as)	piden	sirven
Present participle:	pidiendo	sirviendo

The **e** in the stem (*ped*) changes to **i** in the *yo, tú, él,* and *ellos* forms (*pid*). The endings of these verbs are regular -ir endings. Another verb like *pedir* and *servir* is **repetir** (to repeat).

■ Actividad 1

Escriba la forma correcta del verbo que está entre paréntesis.

1. Los hijos les (pedir) _____ permiso a sus padres antes de salir.
2. En el restaurante García, me (servir) _____ mucha comida.
3. En el centro hay muchachos que me (pedir) _____ dinero.
4. En nuestra clase de español nosotros (repetir) _____ los verbos todos los días.
5. Cuando aprendo un versículo de la Biblia, lo (repetir) _____ por la mañana y por la noche.
6. Cuando oramos, terminamos con las palabras, ''lo (pedir) _____ en el nombre del Señor Jesucristo, Amén''.
7. Cuando voy a McDonalds, siempre (pedir) _____ un ''Big Mac''.
8. Si Mamá no está en casa, yo (servir) _____ la comida.
9. Si te dicen un chisme (*gossip*), ¿lo (repetir) _____ tú?
10. En el juego de volibol, nosotros (servir) _____ detrás de la línea.

Saber vs. conocer

You have studied two verbs that mean "to know." **Saber** means to know a fact, to have information, or to know something completely and thoroughly. When *saber* is followed by an infinitive, it means to know how to do something.

Conocer means to know a person or a place or to be acquainted with someone or something. It is often used with nouns (or pronouns) designating people or places. It may sometimes be used with nouns designating particular objects or facts.

Notice the differences between the two verbs *saber* and *conocer* as they are used in the following sentences.

¿**Sabes** cuándo viene el doctor?	*Do you know when the doctor is coming?* (information)
La clase **sabe** el Salmo 23.	*The class knows Psalm 23.* (to know by heart)
Yo **sé** jugar al ténis.	*I know how to play tennis.* (to know how)
Conozco a la madre de Miguel.	*I know Miguel's mother.* (to know a person)
Mi padre **conoce** Madrid bien.	*My father knows Madrid well.* (to know a place)
¿**Conoce** Ud. el libro *Don Quijote?*	*Are you acquainted with the book* Don Quijote? (being acquainted with something)

Saber and *conocer* have irregular *yo* forms. All other present-tense forms have regular -er endings. Remember that the personal pronoun *a* always follows *conocer* if the object is a person.

▪ Actividad 2

Su iglesia tiene una conferencia misionera. Uno de los misioneros es Jaime Jiménez de México. Diga quién en la iglesia lo conoce o no lo conoce.

Modelo: Ana María: no
  No, Ana María no conoce al misionero.
  No sabe que es de México.

1. el maestro: sí	5. la esposa del pastor: no
2. Ramón: no	6. Ud.: sí
3. nosotros: sí	7. mis padres: sí
4. tú: no	8. yo: sí

View of Taxco, silver capital of the world

■ **Actividad 3**

Pregunte a un compañero si conoce a las siguientes personas o lugares.

Modelo: la ciudad de Taxco

> *Estudiante 1: ¿Conoces la ciudad de Taxco?*
> *Estudiante 2: Sí, la conozco.*
> *(No, no la conozco.)*

1. el presidente de los Estados Unidos
2. la esposa del presidente
3. tus senadores
4. la maestra de tu hermano
5. el superintendente de la escuela dominical
6. la ciudad de Nueva York
7. la ciudad de Los Ángeles
8. la ciudad de Miami

■ **Actividad 4**

Luis is a Mexican who lives in Chicago. He has just met María, who has recently come from Mexico. He is eager to find out about his country and whether she knows people and places he knows. Act out this dialogue with a classmate. Use *saber* and *conocer* correctly.

Modelo: ¿el D. F. (Distrito Federal)?

> *¿Conoces el D.F.?*

1. ¿quién es el presidente?
2. ¿Cuernavaca?
3. ¿cómo se llama el aeropuerto?
4. ¿el pastor de la iglesia en Civac? ¿dónde vive?
5. ¿el instituto bíblico? ¿el director?
6. ¿Cancún? ¿si mucha gente va a las pirámides?
7. ¿la ciudad de Guadalajara?

Lección 21: En el restaurante

Adverbios que terminan en -mente
Most adverbs are formed by adding the suffix **-mente** to the feminine singular form of an adjective.

Adjective	Fem. form	Adverb	
rápido	rápida	rápidamente	*rapidly*
lento	lenta	lentamente	*slowly*
sincero	sincera	sinceramente	*sincerely*

If the adjective has no special feminine form, just add **-mente** to the normal singular ending. The adverbs will keep any accent marks that the adjectives already had.

Adjective	Adverb	
fácil	fácilmente	*easily*
triste	tristemente	*sadly*
igual	igualmente	*equally*

■ **Actividad 5**

State that the following people act according to their personalities. Change the adjectives in italics to adverbs.

Modelo: Ramón es un chico rápido. *Toca la guitarra rápidamente.*

1. Rosa es *inteligente*. Piensa _____.
2. Tomás es *sincero*. Habla _____.
3. Manuela es *franca*. Contesta _____.
4. Teresa es *tonta* (foolish). Habla _____.
5. Luis es *loco*. Está _____ enamorado de (in love with) Ana.
6. Mis hermanos son *serios*. Trabajan _____.

■ **Actividad 6**

A. Change the following adjectives to adverbs.
   1. económico, geográfico, político, romántico, curioso, furioso
   2. triste, feliz, fácil, alegre, pobre, igual, fuerte, difícil, solemne
B. Write five sentences using any of the adverbs you formed above.

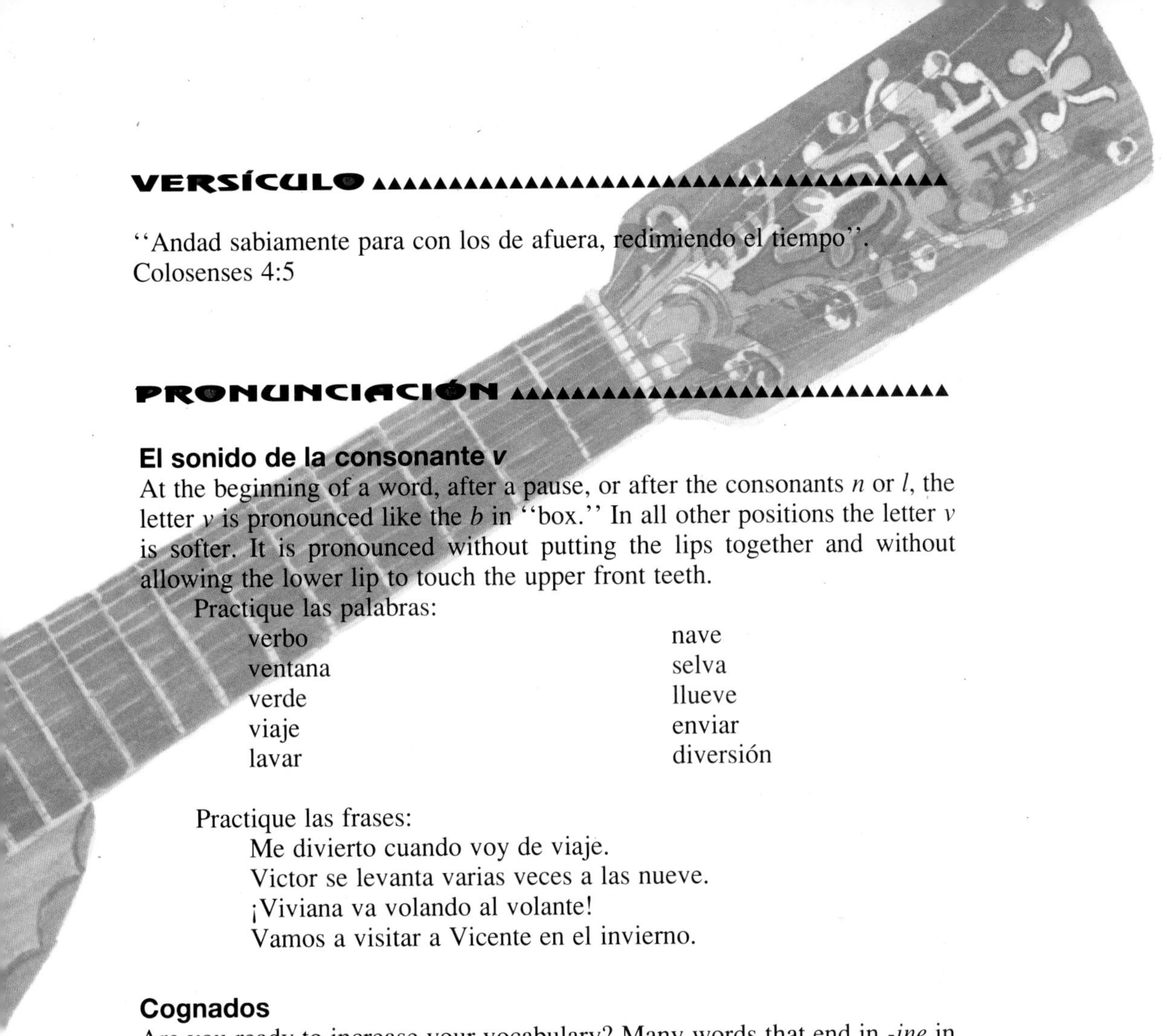

"Andad sabiamente para con los de afuera, redimiendo el tiempo".
Colosenses 4:5

PRONUNCIACIÓN ▲▲▲▲▲▲▲▲▲▲▲▲▲▲▲▲▲▲▲▲▲▲▲▲▲▲▲▲▲▲

El sonido de la consonante *v*

At the beginning of a word, after a pause, or after the consonants *n* or *l*, the letter *v* is pronounced like the *b* in "box." In all other positions the letter *v* is softer. It is pronounced without putting the lips together and without allowing the lower lip to touch the upper front teeth.

Practique las palabras:

verbo	nave
ventana	selva
verde	llueve
viaje	enviar
lavar	diversión

Practique las frases:

Me divierto cuando voy de viaje.
Victor se levanta varias veces a las nueve.
¡Viviana va volando al volante!
Vamos a visitar a Vicente en el invierno.

Cognados

Are you ready to increase your vocabulary? Many words that end in *-ine* in English end in *-ina* in Spanish. Complete the second column.

discipline—disciplina	doctrine _____
medicine—medicina	gasoline _____
vaseline—vaselina	vitamin _____

Mexico City, the largest city in the world

NOTA CULTURAL ▲▲▲▲▲▲▲▲▲▲▲▲▲▲▲▲▲▲▲▲▲▲▲▲▲▲▲▲▲▲▲▲

La Ciudad de México

is located/plateau
centuries
average

La moderna Ciudad de México *está situada* en *una meseta* a 2,240 metros de altura en el mismo sitio donde *siglos* pasados existió Tenochtitlán, la ciudad capital del imperio azteca. La temperatura *promedio* es de más o menos 25 grados C. La población de la Ciudad de México es de más de 20 millones de habitantes.

Los enormes edificios del gobierno están situados alrededor del Zócalo, una plaza grande en el centro de la ciudad. En el sector colonial, hay muchos edificios que son ejemplos de la arquitectura colonial, tales como la Catedral y el Palacio Nacional. También en la Ciudad de México hay muchos edificios de arquitectura moderna, como los edificios en la Ciudad Universitaria.

peak

No muy lejos de la Ciudad de México, en San Juan de Teotihuacán, hay dos pirámides de los indios toltecas: la pirámide del Sol, de 200 pies de altura, y la pirámide de la Luna. Se puede subir hasta *la cima* de la pirámide del Sol. La civilización tolteca existió muchos años antes de la civilización azteca.

Cuestionario

1. ¿Dónde está situada la Ciudad de México?
2. ¿Cómo se llama la ciudad capital de los aztecas?
3. ¿De cuántos habitantes es la Ciudad de México?
4. ¿Cómo se llama la plaza en el centro de la ciudad?
5. ¿Dónde hay edificios de arquitectura moderna?
6. ¿De qué civilización son las pirámides?

CAPÍTULO NUEVE

Argentina

In spite of the fact that eighty-five per cent of Argentina's population lives in the urban areas, Argentines have a fascination for the *gaucho,* the South American cowboy, of the previous century. The gaucho is the symbol of personal independence and bravery. He had a specific code of honor by which he lived, but at the same time, he was a law unto himself. The gaucho not only knew how to do his job and to survive out on the plains but also could defend himself in a fight. He was tough, a man of few words, stoic, fearless, and skilled in caring for animals and in doing ranch work. He loved his horse and was mistrustful of women. He was a faithful friend but a ruthless enemy.

The gaucho of today possesses many of the same qualities found in the gaucho of the previous century but lives a much less independent life. He works as a regular hired hand on the great Argentine cattle ranches, many extending over tens of thousands of acres. The gaucho's gear and dress continue to be distinctive.

Argentina has a vast prairielike plain called *La Pampa*, which agriculturally is one of the richest and most fertile regions in the world. Argentina is one of the world's largest producers of wheat, corn, and beef cattle.

Area:	1,065,189 sq. mi. (the size of the United States east of the Mississippi)
Population:	32,617,000
Government:	Republic
Capital:	Buenos Aires

Lección 22

DIÁLOGO ▲▲

El libro perdido

Durante la hora del almuerzo están hablando Alberto, Jorge, Ana, Paola (hermana de Alberto) y Carlos.

Alberto:	¡Oigan! ¿Ustedes conocen a Ernesto Velázquez?
Jorge:	¿Es alto, delgado y tiene pelo negro?
Ana:	¿Tiene ojos verdes y es guapo?
Alberto:	No sé si es guapo, pero tiene mi libro de biología, y lo necesito para *la hora que viene*.
Paola:	¿Por qué tiene tu libro?
Alberto:	Es que . . . yo le *presto* mi libro de biología y él me presta su libro de historia, pero ahora *no lo puedo encontrar*.
Paola:	Tú sabes que no debes prestar tus libros a nadie. A papá no le gusta.
Alberto:	Yo sé. Y ahora lo siento mucho. Pero, ¿dónde está Ernesto?
Paola:	Yo lo conozco. Es guapo y fuerte.
Ana:	¿Es gordo?
Paola:	No, no es gordo; es fuerte, digo.
Ana:	Bueno, es más gordo que Alberto, ¿verdad?
Carlos:	Todo el mundo es más gordo que Alberto. Además, Ernesto es buen atleta.
Paola:	Sí, es buen atleta, pero Alberto es mejor, ¿verdad?
Carlos:	En baloncesto, sí, pero en fútbol . . .
Alberto:	¡Por favor, *ayúdenme*! ¿Dónde lo voy a encontrar?
Ana:	Tiene las orejas muy grandes, ¿verdad?
Carlos:	*Ése* no es Ernesto Velázquez; es Ernesto Sánchez.
Paola:	Y su hermana es Elisabet.
Ana:	¿La rubia de ojos azules?
Paola:	Sí, es ella.
Alberto:	¿Qué voy a hacer? No puedo ir a clase sin mi libro. El maestro *me va a matar*.
Paola:	Pero el señor Castañeda es un profesor simpático.
Alberto:	Sí, lo es, pero aún los maestros más simpáticos tienen limite a su paciencia. ¿Nadie sabe dónde está Ernesto Velázquez?
Jorge:	Yo sí sé.
Alberto:	¿Dónde?
Jorge:	Ernesto está enfermo. Está en su casa.

Marginal glosses:
- next hour
- prestar = to lend
- I cannot find him.
- help me!
- That one
- is going to kill me

Conversación

1. Describa a Ernesto.
2. ¿Por qué busca Alberto a Ernesto?
3. ¿Por qué Alberto no debe prestar sus libros?
4. ¿Quién es más gordo, Ernesto o Alberto?
5. ¿Es buen atleta Alberto? ¿A qué juega mejor, al baloncesto o al fútbol?
6. ¿De qué color son los ojos de Elisabet Sánchez? ¿el pelo?
7. ¿Qué clase de profesor es el señor Castañeda?
8. ¿Son siempre pacientes los profesores simpáticos?
9. ¿Dónde está Ernesto?

VOCABULARIO

¿Cómo es?

Jorge es alto y tiene el pelo rizado. Tiene los ojos negros.

Carlos es pelirrojo y tiene los ojos cafés.

Ana tiene el pelo largo y negro. Tiene una boca pequeña.

Alberto es muy delgado. Tiene el pelo liso y castaño.

Paola es baja. Tiene el pelo rubio y los ojos azules.

Ernesto Velázquez es guapo y fuerte. Tiene el pelo negro y los ojos verdes.

Repaso de los adjetivos

Note the forms of the adjectives in the following sentences:

Francisco es *alto* y *fuerte*.   Carmen es *alta* y *elegante*.
Pablo y Carlos son *altos* y *fuertes*.   Ana y Raquel son *altas* y *elegantes*.

Adjectives agree with the noun they describe in gender and number. If an adjective ends in **-o** in the masculine, the feminine ends in **-a.** Most adjectives ending in other letters have identical forms in the masculine and feminine.

If an adjective ends in a vowel in the singular, the plural is usually formed by adding **-s**; if the adjective ends in a consonant, the plural is usually formed by adding **-es.**

■ **Actividad 1**

Describe the following real or fictitious characters. Use at least three adjectives.

Modelo: Abraham Lincoln
Abraham Lincoln es alto.
Abraham Lincoln tiene los ojos azules.
Abraham Lincoln es inteligente.

1. el presidente de los Estados Unidos
2. King Kong
3. mi madre
4. tu vecino(a)
5. tu mejor amigo(a)
6. Blanca Nieves

■ **Actividad 2**

Write several phrases to describe one of your classmates. Read your paper to the class. Your classmates should be able to identify the person.

La forma comparativa (I)

To make comparisons, we use the *comparative* form of the adjective. Note this form in the following sentences.

Jorge es **más alto que** Carlos.   Pablo is **taller than** Carlos.
¿Son **más inteligentes** las mujeres **que** los hombres?   Are women **more intelligent than** men?
María es **menos egoísta que** Ana.   María is **less selfish than** Ana.
Soy **tan fuerte como** tú.   I am **as strong as** you are.

Comparative Constructions

más . . . que	*more . . . than*
menos . . . que	*less . . . than*
tan . . . como	*as . . . as*

The construction **más . . . que** has two English equivalents:

     1. *-er than* as in "taller than"

     2. *more . . . than* as in "more intelligent than"

In comparative constructions, the adjective must agree in gender and number with the noun or pronoun to which it refers.

■ **Actividad 3**

Roberto is thinking of buying a Kodak pocket camera for $40. He looks around the store and compares the price of it with the prices of other brand names. Report what he finds.

Modelo: una Olympus: $45 *La Olympus es más cara que la Kodak.*

            una Vivitar: $35 *La Vivitar es menos cara que la Kodak.*

1. una Nikon: $55
2. una Fuji: $25
3. una Agfa: $40
4. una Pentax: $50
5. una Yashica: $25
6. una Polaroid: $40
7. una Minolta: $35
8. una Canon: $70

■ **Actividad 4**

Form sentences using comparative constructions and the information given below.

Modelo: yo / alto / tú

        Yo soy más alto que tú.

        (Soy menos alto que tú.

        Soy tan alto como tú.)

1. nosotros / inteligentes / la otra clase
2. mi carro / económico / tu carro
3. la clase de español / fácil / la clase de historia
4. tú / fuerte / yo
5. nuestra casa / pequeña / la casa de la vecina

La forma comparativa (II)

Note the comparisons in the following sentences:

Pablo es **bueno** en los deportes pero su hermano es **mejor**.

Pablo is **good** in sports but his brother is **better**.

Yo soy **malo** en matemáticas pero mi hermana es **peor**.

I am **bad** in math but my sister is **worse**.

Soy **mayor que** mi hermano.

I am **older than** my brother is.

Mi hermano es **menor que** yo.

My brother is **younger than** I am.

Six adjectives have irregular comparisons.
* comparisons of quality:
  bueno—mejor
  malo—peor
* comparisons of quantity:
  mucho—más
  poco—menos
* comparisons of size and age:
  grande—mayor
  pequeño—menor

Note: *Más, menos,* and *tan* cannot be used with these irregular comparisons, except with *grande* and *pequeño*. However, *más grande* means larger or greater (not older), and *más pequeño* means smaller in size (not younger).

■ **Actividad 5**

Tell whether each teenager below is older or younger than you are.
Modelo: (If you are 15 yrs. old)

> Pepe: 14 años   *Pepe es menor que yo.*
> Pepe: 16 años   *Pepe es mayor que yo.*

1. Luisa: 13 años
2. Miguel: 16 años
3. Antonio: 18 años
4. Ana: 14 años

5. Felipe: 17 años
6. Carmen: 13 años
7. Carlos: 19 años
8. Ramón: 14 años

▪ Actividad 6

Choose a classmate sitting next to you and compare yourself to him in each of the categories listed below.

1. alto(a)
2. pequeño(a)
3. independiente
4. fuerte
5. generoso(a)
6. bueno(a) en español
7. buen(a) estudiante
8. simpático(a)

▪ Actividad 7

Complete each sentence below.

1. El helado es bueno, pero con chocolate es _____.
2. Yo sé muy poco francés, pero mi hermana sabe _____.
3. Tengo mucho trabajo para el sábado, pero mi hermano tiene _____.
4. Rafael es malo en los deportes, pero Carlos es _____.
5. La niña es pequeña, pero su hermanito es _____.
6. Los tacos son _____, pero la pizza es mejor.
7. María tiene _____ dinero, pero yo tengo menos.
8. Samuel lee _____ libros, pero su hermana lee más.

La forma superlativa

The superlative form of the adjective is used to compare a person or object with a group. Note the superlative form in the following sentences:

Rubén es **el** chico **más** inteligente de la clase. (*Rubén is the most intelligent boy in class.*)

Marta es **la** chica **más** bonita de la escuela. (*Marta is the prettiest girl in school.*)

Somos tres hermanos. Yo soy **el mayor** y Carlos es **el menor.** (*I am the oldest and Carlos is the youngest.*)

Mi madre es **la mejor** del mundo. (*My mother is the best in the world.*)

In Spanish, superlatives are formed by placing the article in front of the comparative construction.

mejor, *better*
más bonita, *prettier*
mayor, *older*

el mejor, *the best*
la más bonita, *the prettiest*
la mayor, *the oldest*

After a superlative, the Spanish preposition *de* has the same meaning as the preposition *in*.

Marta es la chica más alta *de* su clase. (*Marta is the tallest girl in her class.*)

■ Actividad 8

Conteste las preguntas con oraciones completas.
1. ¿En tu familia, quién es el (la) mayor?
2. ¿Quién es el (la) menor?
3. En tu opinión, ¿cuál es el país más interesante de Europa?
4. ¿Cuál es el país más interesante de América del Sur?
5. ¿Cuál es el mejor equipo de béisbol este año?
6. ¿Cuál es la clase más interesante de la escuela?
7. ¿Quién es el profesor más interesante de la escuela?
8. ¿Quién es el estudiante más diligente de tu clase?
9. ¿Cuál es el versículo más corto de la Biblia?
10. ¿Cuál es el salmo más largo?

VERSÍCULO ▲▲▲▲▲▲▲▲▲▲▲▲▲▲▲▲▲▲▲▲▲▲▲▲▲▲▲▲▲▲▲▲▲

"¡Cuán dulces son a mi paladar tus palabras! Más que la miel a mi boca".   Salmo 119:103

PRONUNCIACIÓN ▲▲▲▲▲▲▲▲▲▲▲▲▲▲▲▲▲▲▲▲▲▲▲▲▲▲

El sonido de la consonante l

The sound of the Spanish *l* (*ele*) resembles that of the *l* in "leap." The Spanish *l* is pronounced with only the tip of the tongue touching the upper gum ridge and not the roof of the mouth as in English.

Practique las palabras:

luna	lindo
hola	pastel
luz	solo
liga	árbol
lago	liga

Practique las frases:
Los lindos jóvenes ven los árboles.
Lupe y Lalo van al lago con la liga.

Cognados

Certain English words that end in *-m* or *-ma* also end in *-ma* in Spanish. Study the following examples and then complete the second set of words.

cream	crema	diagram	_____
diploma	diploma	drama	_____
emblem	emblema	form	_____
platform	plataforma	poem	_____
victim	víctima	system	_____
telegram	telegrama	problem	_____

NOTA CULTURAL ▲▲▲▲▲▲▲▲▲▲▲▲▲▲▲▲▲▲▲▲▲▲▲▲▲▲▲▲▲▲▲

Buenos Aires

Buenos Aires, la capital de la Argentina, es una de las ciudades más ricas y más modernas de Latinoamérica. Esta *capital porteña* se parece a una ciudad europea por sus lindas plazas y parques, edificios impresionantes y avenidas *anchas*. La Avenida 9 de Julio, con 1/2 kilómetro de ancho, es la avenida más ancha del mundo. La Calle Rivadavia, con 35 kilómetros de largo, es una de las calles más largas del mundo.

port capital

wide

La *mayoría* de la gente en Buenos Aires, como el resto de la población, tiene *antepasados* europeos, especialmente españoles e italianos. Por eso, usualmente se describe a la gente de Buenos Aires con la palabra ''cosmopolitana''. La Argentina no tiene población india, como la tienen otros países latinos.

majority
ancestors

Los argentinos se visten bien, ya que el país produce una abundancia de *pieles* y *lana*. Se dice que Buenos Aires tiene las mujeres mejor vestidas de todo el occidente.

leather / wool

Cuestionario

1. ¿Por qué se parece Buenos Aires a una ciudad europea?
2. ¿Por qué es importante la Avenida 9 de Julio?
3. ¿Por qué es importante la Calle Rivadavia?
4. ¿Qué antepasados tienen los argentinos?
5. ¿Por qué se visten bien los argentinos?

Lección 23

LECTURA ▲▲

Una mañana en la casa de los López

meanwhile

Las mañanas en la casa de la familia López son muy típicas. La Sra. López se despierta temprano, se levanta, se lava la cara y prepara el café. *Mientras tanto,* el Sr. López se baña, se afeita y se viste. Después, él despierta a su hijo Roberto. Roberto es perezoso y nunca quiere levantarse.

just in time
in a hurry

La Sra. López despierta a Ana. Ella es tan perezosa como su hermano, pero sí se levanta para llegar a la escuela *justo a tiempo*. Se baña, se cepilla los dientes, se peina y desayuna *a prisa*.

hot

Por fin, Roberto se levanta. Tiene que prepararse rápidamente porque ya es tarde. Se mira en el espejo. ¡Qué feo! Se baña. ¡Qué pena! No hay más agua *caliente*.

Conversación

1. ¿Qué hace la Sra. López antes de preparar el café?
2. ¿Qué hace el Sr. López después de levantarse?
3. ¿Por qué no se levanta Roberto?
4. ¿Quién despierta a Ana?
5. ¿Qué hace Ana antes de desayunar?
6. ¿Qué hace Roberto cuando se levanta?
7. ¿Qué problema tiene Roberto cuando se baña?
8. ¿Piensas que Roberto llegó a la escuela a tiempo?
9. ¿A qué hora te levantas?
10. ¿Eres tan perezoso(a) como Roberto?

VOCABULARIO ▲▲▲▲▲▲▲▲▲▲▲▲▲▲▲▲▲▲▲▲▲▲▲▲▲▲▲▲

Todas las mañanas el Sr. López . . .

Hola Como está

se despierta

 se levanta

se baña
to shave

 se afeita — *to shave*

se prepara el desayuno —
to prepare the breakfast

se cepilla los dientes —
to brush your teeth

se viste

se peina —
to comb your hair

shhh

Lección 23: Una mañana en la casa de los López

GRAMÁTICA ▲▲

Los verbos reflexivos

Read the following sentences and compare the use of the personal pronouns in each column.

Pedro lo lava.

Pedro se lava.

Pedro la mira.

Pedro se mira.

Pedro los despierta.

Pedro se despierta.

In each of the sentences on the left, Pedro is performing an action *on* or *for* something or someone else. The pronoun in each sentence refers to something or someone *different* from the subject.

He washes *his dog;* he looks at *a girl;* he wakes up *his friends.*

In each of the sentences on the right, Pedro is performing an action *on* or *for himself.*

He washes *himself;* he looks at *himself;* he wakes up *himself.*

The pronoun **se** represents the same person as the subject; it reflects the action of the verb back to the subject. Thus *se* is called a reflexive pronoun. Verbs which use a reflexive pronoun *(lavarse, mirarse, despertarse)* are called reflexive verbs.

The following chart gives the reflexive pronouns and the present tense of the reflexive verb **lavarse** (to wash oneself). Notice that the reflexive pronouns are the same as the object pronouns, except for the singular and plural third-person form *se*.

yo **me** lavo	nosotros(as) **nos** lavamos
tú **te** lavas	vosotros(as) **os** laváis
Ud., él, ella **se** lava	Uds., ellos(as) **se** lavan

Reflexive pronouns *(me, te, se, . . .)* often correspond to the English pronouns myself, yourself, himself, etc.

The reflexive construction consists of a subject, reflexive pronoun, and verb that all refer to the same person. *(Yo me miro.)*

Like object pronouns, reflexive pronouns usually come before the verb, or they may be attached to the end of an infinitive.

Susana **se** peina.   Susana va a peinar**se.**

■ **Actividad 1**

A survey at your school revealed that some students always take a last look at the mirror before going out on a date. Report the responses of the following students.

Modelo: Tomás (sí)
          Tomás se mira en el espejo.

1. Raquel (sí)   5. Roberto y Pedro (sí)
2. Yo (sí)   6. Nosotros (no)
3. Felipe (no)   7. Ustedes (no)
4. Tú (sí)   8. Carmen y yo (sí)

■ **Actividad 2**

¿Tiene que estudiar mucho para prepararse para un examen? Diga que estos estudiantes se preparan bien.

Modelo: Felipe y María
          Felipe y María se preparan bien para el examen.

1. Susana   5. nosotros
2. yo   6. Ana y Sara
3. tú   7. Uds.
4. Miguel   8. Ud. y su hermano

■ Actividad 3

Escriba la forma correcta del verbo que está entre paréntesis.

1. Yo (despertarse) a las siete todos los días.
2. Papá (despertarse) a las seis.
3. Mis hermanitas (levantarse) a las siete y media.
4. Nosotros (levantarse) temprano.
5. Antes de salir de la casa, yo (mirarse) bien en el espejo.
6. Mis hermanitas también (mirarse) en el espejo antes de salir.
7. ¿Tú (mirarse) en el espejo antes de salir?
8. ¿Siempre Uds. (lavarse) las manos antes de comer?
9. Sí, nosotros siempre (lavarse) las manos antes de comer.
10. ¿Tú (lavarse) la cara?

Los verbos reflexivos: cuidado personal

Verbs that are related to personal care are used in the reflexive form when they indicate that the person performs the action *for* or *on* himself.

Me baño todas las mañanas.	*I take a bath every morning.*
Susana **se peina.**	*Susana is combing her hair.*
Rafael **se pone** el sombrero.	*Rafael puts on his hat.*

■ Actividad 4

Most young people are always concerned about their looks. Tell how many times a day the following students fix their hair.

Modelo: María y Susana / una vez al día
        María y Susana se peinan una vez al día.

1. Felipe / por la mañana
2. yo / muchas veces durante el día
3. Carmen y Margarita / a cada hora
4. nosotros / por la mañana y por la noche
5. tú / tres veces al día

■ Actividad 5

Complete cada frase de una manera original.

1. Mi hermana (despertarse) . . .
2. Yo (lavarse) la cara . . .
3. Mi papá (afeitarse) . . .
4. María Elena (ponerse) el vestido azul . . .
5. Roberto (ponerse) los zapatos . . .
6. Las niñas (cepillarse) los dientes . . .
7. Tú (levantarse) . . .

■ **Actividad 6**

Write a paragraph telling what you do every morning as you prepare for your day at school. Use as many of the reflexive verbs listed in the vocabulary section as would apply in your case.

Adjetivos demostrativos

This, these, that, and *those* are called demonstrative adjectives because they demonstrate, or *point out*, the position of the nouns they modify. Study the Spanish forms below:

	Singular		Plural
(this)	este, esta	*(these)*	estos, estas
(that)	ese, esa	*(those)*	esos, esas
(that over there)	aquel, aquella	*(those over there)*	aquellos, aquellas

Demonstrative adjectives always come before a noun and must agree with that noun in gender and number.

Notice the two forms for *that/those*. **Ese, esa, esos, esas** refer to persons or things near or associated with the person being spoken to. **Aquel, aquella, aquellos, aquellas** refer to persons or things distant from the speaker and the person spoken to. There is no exact equivalent in English for *aquel(los), aquella(s)*. These pronouns, however, suggest the meaning of something located "over there."

■ **Actividad 7**

Marta is showing Teresa the presents she has received. Express how Marta would tell Teresa about each item. Use the correct demonstrative adjective.

Modelo: vestido   *Este vestido me gusta.*

1. zapatos
2. medias
3. suéter
4. guantes
5. falda
6. sombrero
7. cartera
8. abrigo
9. bufanda
10. traje de baño

■ **Actividad 8**

Roberto and Pablo are walking through the shopping center. As they pass the stores, they tell each other to look at certain items they see on sale. Play their roles as they point out different items to each other.

Modelo: bicicleta   *¡Mira esa bicicleta!*

1. computadora
2. sombreros
3. camisas
4. trompeta
5. guantes de béisbol
6. reloj
7. corbata
8. televisor

■ **Actividad 9**

Paco and Carmen are standing on a hill that overlooks their city. They are pointing out to each other different things they see. Play their roles.

Modelo: casa   *¿Ves aquella casa?*

1. niños
2. iglesia
3. muchachos
4. carros
5. ventanas
6. flores
7. perro
8. escuela

Otros usos del artículo definido

You have learned that Spanish speakers use the definite article much more than English speakers do. When talking about something in general or as a whole, use the definite article. If you can insert the idea of ''some'' or ''any'' before a noun, the article is not used.

La leche es mejor que **el** café.	*Milk is better than coffee. (Milk in general.)*
But: Quiero leche para el almuerzo.	*I want (some) milk for lunch.*

Here are two more uses of the definite article.

1. The definite article can change an adjective into a noun.

El joven; **la** joven; **los** jóvenes	*The young man; the young lady; the young people*
Los ricos y **los** pobres	*The rich and the poor*
Me gusta **el** rojo, pero prefiero **el** azul.	*I like the red one, but I prefer the blue one.*

2. The definite article is often used to avoid repeating a noun.

¿Te gusta más la casa de Ana o **la** de María?	*Do you like Ana's house better or Mary's (house)?*
Mi vestido y **el** de Rosario son iguales.	*My dress and Rosario's (dress) are just alike.*
No necesito todos los libros, sólo **los** que están en la mesa.	*I don't need all the books, only the ones that are on the table.*

■ **Actividad 10**

Pregunte a un compañero de clase acerca de sus preferencias.

Modelo: arte / clásico o moderno

        Estudiante 1: ¿Prefieres el arte clásico o el moderno?

        Estudiante 2: Prefiero el moderno.

1. historia / moderna o antigua (*ancient*)
2. comida / mexicana o americana
3. zapatos / negros o blancos
4. casas / grandes o pequeñas
5. carros / nuevos o viejos
6. suéteres / verdes o azules

■ **Actividad 11**

Preguntas personales

Modelo: ¿Le gusta más la clase de historia o la de biología?

        *Me gusta más **la** de biología.*

1. ¿Está en la clase de español o en la de inglés?
2. ¿Prefiere los museos de arte o los de ciencia natural?
3. ¿Le gustan las casas antiguas o las modernas?
4. ¿Tiene Ud. la personalidad de su papá o la de su mamá?
5. ¿Son más cómodas las sillas grandes o las pequeñas?

PRONUNCIACIÓN

El sonido de la consonante *p*

Hold your hand in front of your mouth and pronounce the English words "pool" and "spool." Did you feel the puff of air when you pronounced "pool"? After *s*, the *p* loses the puff of air that normally is heard in words like *pool, pan,* and *peak.*

The Spanish sound of the *p* is similar to the English sound of the *p* in words like *spool, spa,* and *speak.* In Spanish, the *p* (pe) is pronounced *without* a puff of air.

Practique las palabras:

Pancho	soplar
playa	pena

Practique las frases:

Pobre Pancho no pudo ir a la playa. ¡Qué pena!
Le pido un peso a papá.
Pablo tiene pocos panes.

Cognados

Now for some adjectives! Some adjectives that end in *-ous* in English end in *-oso* in Spanish. Complete the second column.

anxious—ansioso	cancerous _______
curious—curioso	delicious _______
disastrous—desastroso	fabulous _______
famous—famoso	furious _______
generous—generoso	glorious _______
numerous—numeroso	impetuous _______
religious—religioso	odious _______
studious—estudioso	scandalous _______

VERSÍCULO

"Bienaventurados los pobres en espíritu, porque de ellos es el reino de los cielos". Mateo 5:3

Mateo 5:3
Bienaventurados los pobres en espiritu, porque de ellos es el reino de los cielos.

Lección 24

La salud

Alberto quiere mantenerse en buena salud. Él sabe que una buena dieta y el ejercicio son importantes. Todos los días se despierta temprano. Se levanta, se baña, se viste, y antes de salir para la escuela, desayuna bien. Alberto cree que el desayuno es la comida más importante del día.

Para mantenerse en buena forma, Alberto nada tres veces a la semana. Después de media hora de natación, Alberto *se siente* preparado para estudiar, trabajar o jugar con sus amigos. Él recomienda la natación como buen ejercicio. La natación *beneficia* muchas partes del cuerpo, especialmente los brazos y las piernas.

feels

benefits

Conversación

1. ¿Por qué hace ejercicio Alberto?
2. Además del ejercicio, ¿qué es importante para la buena salud?
3. ¿Qué hace Alberto todos los días antes de salir para la escuela?
4. ¿La natación beneficia qué partes del cuerpo?
5. ¿Por cuánto tiempo nada Alberto?
6. ¿Cree Ud. que el ejercicio es necesario? ¿Qué clase de ejercicio hace?
7. ¿Está de acuerdo con Alberto cuando dice que el desayuno es la comida más importante del día? ¿Por qué?

VOCABULARIO

Las partes del cuerpo

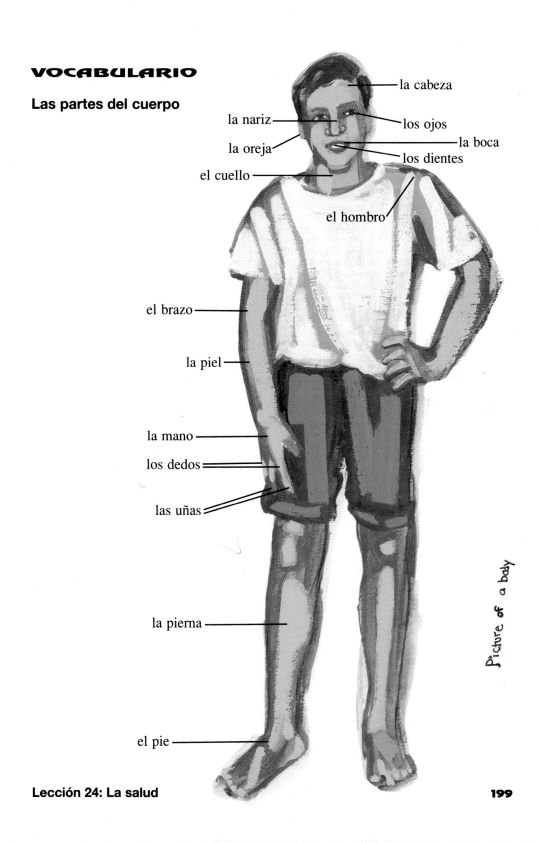

la cabeza

la nariz

los ojos

la oreja

la boca

los dientes

el cuello

el hombro

el brazo

la piel

la mano

los dedos

las uñas

la pierna

Picture of a body

el pie

Buenos Aires skyline

GRAMÁTICA ▲▲

El artículo y las partes del cuerpo

The definite article is often used with the parts of the body. Note the translation of the following sentences.

Me lavo **la** cara.	*I am washing my face.*
Pablo se corta **las** uñas.	*Pablo is cutting his fingernails.*
Tiene **los** brazos largos.	*He has long arms.*

■ Actividad 1

¿Qué parte del cuerpo usa para hacer las siguientes actividades?
Modelo: Para leer
> *Para leer uso los ojos.*

1. Para caminar
2. Para escribir
3. Para nadar
4. Para jugar al fútbol
5. Para jugar al baloncesto
6. Para cantar
7. Para tocar el piano
8. Para comer

■ Actividad 2

Después de la clase de gimnasia, los estudiantes van a las duchas (*showers*). Diga qué parte del cuerpo cada uno se está lavando.
Modelo: Paco / la cara
> *Paco se está lavando la cara.*

1. Tomás / la espalda
2. Miguel y Pedro / las manos
3. Rafael / los pies
4. Felipe / la cabeza
5. Roberto / las orejas
6. Yo / el pie derecho
7. Tú / los dedos

Otros usos de los verbos reflexivos

With certain Spanish verbs, the use of the reflexive pronoun changes the meaning of the verb. Notice the following pairs of sentence.

María **va** a la iglesia todos los domingos.	. . . *goes to church* . . .
Se va de la casa a las nueve.	*She leaves home* . . .
Duermo ocho horas cada noche.	*I sleep* . . .
Por eso, no **me duermo** en la clase.	. . . *I don't fall asleep* . . .
Llamo a Raquel.	*I am calling Raquel.*
Me llamo Raquel.	*My name is Raquel.*
Lo **siento** mucho.	*I'm very sorry.*
Me siento mal.	*I feel sick.*
Buenos Aires **queda** en la Argentina.	. . . *is located* . . .
No me voy ahora. **Me quedo** en casa.	. . . *I'm staying* . . .

■ **Actividad 3**

Muchos estudiantes se quedan en casa hoy. Exprese cómo se sienten.

Modelo: Pedro y Ana / mal

Pedro y Ana se quedan en casa porque se sienten mal.

1. Roberto / enfermo
2. Tú / cansado
3. Yo / muy mal
4. Mi hermano y yo / aburrido
5. Carmen y María / fatigado

■ **Actividad 4**

Conteste las preguntas personales.

1. ¿A qué hora te levantas los domingos? ¿los lunes? ¿los sábados?
2. ¿A qué hora te duermes los domingos? ¿los viernes? ¿los sábados?
3. ¿A qué hora se va tu papá al trabajo?
4. ¿Ahora te sientes alegre o triste? ¿bien o mal?
5. ¿Te sientes nervioso(a) antes de un examen?
6. ¿Te quedas en casa cuando estás enfermo(a)?

■ **Actividad 5**

Construct complete sentences from the words supplied.
1. Carmen / acostarse / en la cama
2. nosotros / levantarse / a tiempo
3. Tomás y Pepe / despertarse / muy temprano
4. yo / sentirse / cansado(a)
5. amigas / quedarse / en la escuela

El infinitivo de los verbos reflexivos

Note the position of the reflexive pronouns in the following sentences.

Es tarde y tengo que **acostarme.**   Es tarde y **me** tengo que **acostar.**
María quiere **bañarse** ahora.   **Se** quiere **bañar** ahora.

Like other object pronouns, reflexive pronouns are usually attached to the end of an infinitive. They may also be placed *before* the first verb. The same word order applies to the present progressive.

Rosita **está acostándose** ahora.   Rosita **se** está **acostando** ahora.
Ana está **bañándose** ahora.   Ana **se** está **bañando** ahora.

■ **Actividad 6**

Es sábado. ¿Quiere Ud. hacer las siguientes actividades?
Modelo: levantarse temprano
          No, no quiero levantarme temprano.
          (Sí, me quiero levantar temprano.)
1. quedarse en cama   5. quedarse en casa
2. despertarse temprano   6. sentirse mal
3. bañarse   7. divertirse mucho
4. ponerse un sombrero   8. irse al trabajo

■ **Actividad 7**

Circle the correct form of the verb.
1. La familia Gómez está muy ocupada. María (levanta, se levanta) y (prepara, se prepara) para ir al centro. Quiere (comprar, comprarse) un regalo de cumpleaños para su mamá. Primeramente, (lava, se lava) la cara, después (pone, se pone) la falda roja y la blusa blanca, (peina, se peina), y después de (mira, mirarse) en el espejo, (va, se va) al centro.

2. Juan tiene que (bañar, bañarse) al perro. ¡Al perro no le gusta el agua! Pero Juan lo baña con cuidado y después de secarlo, lo (peina, se peina). Ahora el perro está contento. Juan (va, se va) a la casa y (baña, se baña). Ahora Juan también (siente, se siente) bien.

3. El señor Gómez va a (comprar, comprarse) un sombrero nuevo hoy. El (pone, se pone) su sombrero viejo sobre la mesa y dice a su esposa que va a salir en el carro. Ella (quita, se quita) el vestido sucio, (pone, se pone) un vestido limpio, (peina, se peina), y dice que se va con él. Los dos (van, se van).

VERSÍCULO ▲▲▲▲▲▲▲▲▲▲▲▲▲▲▲▲▲▲▲▲▲▲▲▲▲▲▲▲▲▲▲▲▲▲

"Si alguno quiere venir en pos de mí, niéguese a sí mismo, y tome su cruz, y sígame".   Mateo 16:24

PRONUNCIACIÓN ▲▲▲▲▲▲▲▲▲▲▲▲▲▲▲▲▲▲▲▲▲▲▲▲▲▲▲▲

El sonido de la consonante *d*
When the position of the letter *d* (*de*) is at the beginning of a word or after *n* or *l,* it is pronounced like the *d* in "dough." When it comes between vowels, it is pronounced like the *th* in "though."

Practique las palabras:

domingo	lavado
deportes	traducir
aldea	dedo
conducta	poder

Practique las frases:
Ada no puede traducir la carta.
El domingo puedo poner mi dinero en la ofrenda.

Cognados

To form the Spanish spelling of many English nouns that end in *-sion,* it is necessary only to add an accent mark over the final *o.* If the English word ends in *-tion,* change the ending to *-ción.*

vision—visión
version—versión
admission—admisión
television—televisión
definition—definición
attention—atención
invention—invención
convention—convención

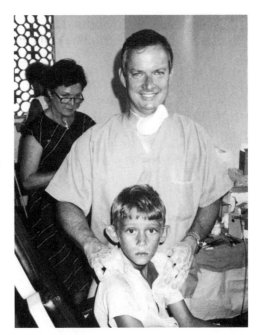

Now, form some Spanish words on your own.

transmission _____
excursion _____
conversion _____
collection _____
selection _____
affliction _____

NOTA CULTURAL ▲▲▲▲▲▲▲▲▲▲▲▲▲▲▲▲▲▲▲▲▲▲▲▲▲▲▲▲▲▲▲

La medicina

En todos los países hispanos hay hospitales y médicos buenos, pero siempre se necesitan más. Aunque los gobiernos mantienen clínicas y hospitales públicos, estos no están bien *equipados* por *falta de fondos.* Mayormente, estos servicios médicos públicos *son usados* por la población pobre.

Algunos misioneros que son doctores o enfermeras tienen clínicas donde tratan a pacientes por poco dinero o por *gratis.* Este tipo de ministerio ayuda a *los necesitados* y *provee oportunidades* para testificar de Cristo.

Muchos doctores, dentistas, optometristas y otros especialistas de los Estados Unidos y Canadá van como voluntarios a países hispanos para tratar a los enfermos. Empresas farmacéuticas *donan* medicinas y muchas personas donan *lentes* para dar a los necesitados.

equipped/lack of resources are used

free

the needy/provides opportunities

donate

eye glasses

CAPÍTULO DIEZ

Ecuador

Ecuador was a part of Colombia in the early colonial period. It gained its independence from Spain under Bolívar. The two most important cities in Ecuador are Quito, the capital and center of the old colonial culture, and Guayaquil, the commercial center of Ecuador. A 290-mile long railroad was built around 1900 to connect the two cities. Fifty miles of the railroad went through a tropical desert. Malaria caused one death for each crosstie laid across the desert.

During the colonial period, Quito was a major center of art. A famous painter from Quito, Miguel Santiago, became obsessed with painting a realistic portrait of the crucified Christ but could not find a model able to produce the proper expression. Finally, in great frustration, Santiago fatally wounded his model, who forgave him for his terrible deed. While the model was dying, Santiago quickly captured his expression on canvas—a mixture of agony and forgiveness. Santiago's painting became a masterpiece, but he was forced to spend the rest of his life in a monastery as punishment.

Area:	109,483 sq. mi. (the size of Colorado)
Population:	10,490,000
Government:	Republic
Capital:	Quito

Lección 25

DIÁLOGO ▲▲▲▲▲▲▲▲▲▲▲▲▲▲▲▲▲▲▲▲▲▲▲▲▲▲▲▲▲▲▲▲▲▲

Un día ocupado

Los señores Lossing son misioneros en Ecuador. Tienen dos hijos, Sarita y Jonatán, quienes estudian en casa. Su mamá es la maestra. La señora Lossing se levanta temprano todas las mañanas, prepara el desayuno para toda la familia, lava los platos, limpia la casa, y luego se prepara para enseñar un estudio bíblico a las damas de la iglesia.

A los niños les gusta recibir cartas. Ya son las diez de la mañana y el cartero acaba de llegar con la correspondencia.

Sarita:	Mamá, llegó el cartero. Voy a buscar las cartas.
Be careful crossing the street! Sra. Lossing:	*¡Cuidado al cruzar la calle!*
Jonatán:	¿Hay algo para mí?
Sarita:	No sé. Vamos a ver.
Sra. Lossing:	La misión mandó una carta para papá. Yo tengo una de la sociedad de damas de una iglesia. Jonatán, esta carta es para ti.
Jonatán:	Déjame ver. ¡Es de tío William!
Sra. Lossing:	Y este paquete es para papá. Por fin llegó su libro. Voy a llamarlo por teléfono.

Ella marca el número de la iglesia donde está su esposo. *La línea suena ocupada.* Ella *cuelga* y lee su carta. Al rato, marca el número otra vez.

Secretaria:	¡Aló!
Sra. Lossing:	Buenas. ¿puedo hablar con el hermano Lossing, por favor?
Secretaria:	¿De parte de quién?
Mamá:	Su esposa.
Secretaria:	Sí, un momento, por favor.
Sr. Lossing:	¡Aló!
Sra. Lossing:	Te llamo para decirte que tu libro acaba de llegar por correo.
Sr. Lossing:	¡Qué bueno! Gracias por llamar. A propósito, invité a la familia Ramírez a cenar con nosotros hoy. ¿Está bien?
Sra. Lossing:	Sí, perfecto. Los espero a las siete. ¡Adiós! (A Sarita y Jonatán) Hijos, papá invitó a los Ramírez a cenar con nosotros hoy. Voy a preparar algo y luego voy a ayudarles con sus clases. Sarita, ¿empezaste la tarea de historia?
Sarita:	Sí, mamá.

Margin notes:

The line is busy.

colgar = to hang (up)

Sra. Lossing: Bueno. Jona, ¿terminaste los problemas de
matemática?

Have no finished math problems

Jonatán: No, mamá.

Mamá: Entonces, *termínalos* ahora.

finish

finish them

La Sra. Lossing va a la cocina y los niños siguen con sus clases. Es difícil
para una madre ser misionera y maestra a la misma vez. Si conoce a una
familia misionera, debe orar por ellos todos los días.

Continue there

missonary and teacher same time

Conversación

1. ¿Qué hace la Sra. Lossing por la mañana?
2. ¿Quién trae la correspondencia?
3. ¿A qué hora llegó el cartero?
4. ¿Qué llegó en el correo?
5. ¿Qué llegó para Jonatán?
6. ¿Para quién es el paquete? ¿Qué contiene?
7. ¿Por qué llamó la Sra. Lossing a su esposo?
8. ¿A quiénes invitó el Sr. Lossing a cenar con su familia?
9. ¿Qué tienen que estudiar Sarita y Jonatán?
10. ¿Crees que es fácil o difícil ser hijo de misioneros? ¿Por qué?

VOCABULARIO ▲▲▲▲▲▲▲▲▲▲▲▲▲▲▲▲▲▲▲▲▲▲▲▲

Los quehaceres — the what to do's
household chores

cocinar
to cook

poner la mesa
to set the
table

lavar los platos
to wash the
dishes

lavar la ropa
to wash the clothes

planchar la ropa
to iron the clothes

pasar la aspiradora

to run the vacuum

marcar el número de teléfono

to dial number on
telephone

contestar el teléfono
to answer the
telephone

GRAMÁTICA ▲▲▲▲▲▲▲▲▲▲▲▲▲▲▲▲▲▲▲▲▲▲▲▲▲▲▲▲▲▲▲

[handwritten: know]

[handwritten: "just"]

Acabar de + infinitivo
Examine the following sentences:

Acabo de escribir una carta a Pedro. *[handwritten: just finished]*

I have just written a letter to Pedro.

[handwritten: acabar de tomar un examen.]

Manuel **acaba de** salir.

Manuel has just left.

Acabamos de llegar.

We have just arrived.

To express that an action has just taken place in the immediate past, Spanish speakers use the following construction:

acabar + de + infinitive *[handwritten: = o amos / as — / a an]*

Acabar is a regular -ar verb that by itself means to finish or to end.

El programa **acaba** a las seis.   *The program ends at six.*

Do you remember how to express that an event is going to take place in the near future?   *Voy a comprar un traje.*

■ Actividad 1
Son las siete de la noche. Por fin toda la familia llega para la cena, pero todos están cansados. Explique por qué llegan cansados.

Modelo: Papá—llegar del trabajo.

    Papá acaba de llegar del trabajo.

1. María y Andrés—tomar una clase de piano *[handwritten: acaban de]*
2. ellos—ensayar con el coro *[handwritten: acaban de]*
3. Mamá—llegar de la iglesia *[handwritten: acaba de]*
4. Roberto—correr dos millas *[handwritten: acaba de]*
5. nosotros—jugar al volibol *[handwritten: acabamos de]*
6. ustedes—hacer las tareas *[handwritten: acaban de]*
7. yo—nadar en la piscina *[handwritten: acabo de]*

■ Actividad 2
Roberto wants to go running and invites his friends to go with him, but they all give him excuses. Along with a classmate, act out the roles of Roberto and his friends.

Modelo: Tomás—llegar a casa

    Roberto: Voy a correr. ¿Quieres correr conmigo?

    Tomás: Gracias, Roberto, pero acabo de llegar a casa.

1. Pedro y Andrés—jugar al volibol
2. nosotros—cenar
3. Manuel—correr cinco millas
4. Tito—comer una pizza grande
5. Julio—llegar del médico
6. Rafael y Diego—salir de clases

El pretérito: los verbos regulares -ar

To describe or talk about an event that took place in the past, the past tense is used. In Spanish, one such tense is the **preterite tense.** Compare the present tense and the preterite tense forms of the verbs in the following sentences. Pay special attention to the endings.

Hoy	Ayer
Llamo al cartero.	Llamé al cartero.
Llamas a papá.	Llamaste a papá.
Llama a su amiga.	Llamó a su amiga.
Llamamos a los muchachos.	Llamamos a los muchachos.
Llamáis a la secretaria.	Llamasteis a la secretaria.
Llaman al maestro.	Llamaron al maestro.

To form the preterite tense of regular -ar verbs, replace the -ar ending of the infinitive with the following endings:

-é	-amos
-aste	-asteis
-ó	-aron

The first and third-person singular forms have written accents (-é, -ó) because the stress falls on the end syllables. Note that the first-person plural ending (-amos) is the same in the present and preterite tenses.

The English equivalents of the Spanish preterite are as follows:

Compré un libro.	I **bought** a book.
	I **did buy** a book.
No **compré** un libro.	I **did** not **buy** a book.

■ **Actividad 3**   _change the verbs to preterite_

Cambie los verbos en las siguientes frases al pretérito.

1. El señor Blanco _llama_ por teléfono.
2. Diego _llega_ tarde al trabajo.
3. Ellos _tocan_ la trompeta y la guitarra a la misma vez.
4. Los niños _envían_ cartas a sus padres.
5. La profesora de francés _viaja_ a París.
6. José y yo _compramos_ sombreros idénticos.
7. Tú _preparas_ el programa.
8. Los hermanos de José _testifican_.
9. Yo _canto_ en el coro de la escuela.
10. Mis hermanos _cantan_ también.

- **Actividad 4**

Todas las mañanas las siguientes personas escuchan la radio. Ayer se levantaron tarde y no la escucharon. Diga que estas personas no escucharon la radio ayer.

Modelo: el Sr. Rojas
El Sr. Rojas escucha la radio todas las mañanas, pero ayer no la escuchó.

1. yo
2. tú
3. Pedro
4. la señora de Rojas
5. los niños
6. el pastor
7. María y Rosa
8. nosotros

The Galapagos Islands, 600 miles west of the Ecuadorian coast, are among the world's natural wonders.

- **Actividad 5**

Ayer – yesterday

How was your day yesterday? Write a paragraph that tells about your activities yesterday. Use any of the verbs or expressions below.

I washed my face

- me levanté, me lavé (la cara, las manos, el pelo), me peiné
- caminé a, hablé con, saludé a, compré, escuché, estudié
- miré, preparé, ayudé a

7 sentences

- **Actividad 6**

Ayer se levantó y son las siete en punto.

Llene el espacio con el verbo correcto en pretérito.

1. Ayer yo _____ mi ropa de escuela. (lavar, bañar)
2. Juan y Marcos _____ en el coro el domingo. (andar, cantar)
3. Yo le _____ la situación a mi hermana. (comprar, explicar)
4. Nosotros _____ al béisbol el sábado. (jugar, tocar)
5. Yo _____ la leche en la nevera. (buscar, enseñar)
6. Yo _____ el traje anoche. (comprar, practicar)
7. ¿Por qué tú no _____ la guitarra el domingo? (jugar, tocar)
8. "Porque de tal manera _____ Dios al mundo . . ." Juan 3:16 (amar, condenar)
9. Felipe _____ a casa muy tarde. (llegar, llevar)
10. Maritza _____ el premio de la clase. (contar, ganar)
11. La clase _____ la historia atentamente. (hablar, escuchar)

El pretérito: verbos que terminan en -car, -gar, -zar

Look carefully at the *tú* and *yo* forms of the preterite in the following sentences.

tocar	¿**Tocaste** el piano ayer en la iglesia?
	Sí, lo **toqué.**
llegar	¿A qué hora **llegaste** a tu casa?
	Llegué a las ocho.
empezar	¿**Empezaste** las tareas?
	Sí, las **empecé.**

In the preterite, verbs ending in **-car, -gar,** and **-zar** have a spelling change only in the first-person singular (*yo*) form. The other forms are regular.

-car	c→qu	Toqué la puerta.
-gar	g→gu	Llegué hoy mismo.
-zar	z→c	Empecé el libro ayer.

Verbos que terminan en -car, -gar, -zar

marcar	jugar
tocar	pagar
indicar	almorzar
sacar	empezar
aplicar	comenzar

■ **Actividad 7**

Conteste las preguntas personales.

1. ¿Jugaste al baloncesto el sábado? ¿Jugaste bien o mal?
2. ¿Jugaste al tenis? ¿Con quién jugaste?
3. ¿Llegaste a la escuela a tiempo hoy?
4. ¿Empezaste bien el día hoy?
5. ¿Tienes una cámara? ¿Cuánto pagaste por la cámara?
6. ¿Sacaste fotos esta semana? ¿De quién?
7. ¿Tocas el piano? ¿Lo tocaste anoche?
8. ¿Tocas la guitarra? ¿La tocaste ayer?
9. ¿Tienes una bicicleta? ¿Cuánto pagaste por tu bicicleta?
10. ¿A qué hora llegaste a tu casa anoche?

Most -ar and -er verbs that have stem changes e→*ie* and o→*ue* in the present tense do not have a stem change in the preterite. Some of these -ar verbs are *contar, sonar, pensar, encontrar, comenzar, empezar, cerrar.*

■**Actividad 8**

Cambie el verbo de cada frase al pretérito.

1. El teléfono *suena* ocupado.
2. *Empiezo* a prepararme para el partido contra Dora.
3. ¿*Juegas* deportes en el verano también?
4. No te *encuentro* en la cancha.
5. Maritza y Alicia *piensan* en sus novios todo el tiempo.
6. Ud. nos *cuenta* la historia de su vida.
7. Después del almuerzo, *comienzo* a practicar el piano.
8. Uds. *cierran* las ventanas.
9. Mi amiga *llega* para jugar al tenis.
10. El partido lo *empezamos* a las ocho.

La preposición *a* después de ciertos verbos

In Spanish, when a verb follows another verb, the second verb is usually an infinitive.

> Quiero estudiar.
> Necesito estudiar.
> Pienso estudiar.

The pattern above is **verb + infinitive.**

If the first verb is a verb of motion, such as *ir, venir,* or *salir,* the pattern generally used is **verb + a + infinitive.**

> Voy a vender mi bicicleta.
> Vienen a comer con nosotros.
> Salen a comprar el regalo.

If the verb is a verb of learning, teaching, or beginning, it also follows the pattern verb + a + infinitive.

> Aprenden a hablar español.
> El pastor nos enseña a estudiar la Biblia.
> Ahora empezamos a comprender la gramática.

■**Actividad 9**

Ask a classmate whether he is learning to do the following activities.

Modelo: hablar francés
> *Estudiante 1:*   ¿*Aprendes a hablar francés?*
> *Estudiante 2:*   *Sí, aprendo a hablar francés.*

1. jugar al tenis
2. sacar fotos
3. esquiar
4. nadar
5. cocinar
6. predicar
7. conducir un carro
8. usar una computadora

■ **Actividad 10**

La casa de Paco es un lugar popular. Todos sus amigos vienen a hacer cosas diferentes. Diga lo que ellos vienen a hacer.

Modelo: Tomás—comer
          Tomás viene a comer.

1. Juan y María—cantar
2. Yo—conversar
3. Ricardo—tocar la guitarra
4. Miguel—jugar al baloncesto
5. Carmen—hacer pizza
6. Luis y Santos—estudiar

■ **Actividad 11**

Escriba una historia original usando por lo menos cinco de los siguientes elementos.

- ir a (estudiar, escribir, comprar, gastar todo el dinero)
- empezar a, aprender a (tocar, cantar, hablar español)
- venir (a mi casa, a la escuela, al partido de baloncesto, a mi cuarto)
- esta tarde, esta noche, esta mañana

VERSÍCULO ▲▲▲▲▲▲▲▲▲▲▲▲▲▲▲▲▲▲▲▲▲▲▲▲▲▲▲▲▲▲▲▲▲▲▲▲▲

"Al que nos amó, y nos lavó de nuestros pecados con su sangre, a él sea gloria por los siglos de los siglos. Amén".   Apocalipsis 1:5, 6

PRONUNCIACIÓN ▲▲▲▲▲▲▲▲▲▲▲▲▲▲▲▲▲▲▲▲▲▲▲▲▲▲▲▲▲▲▲

El sonido de la z

Latin Americans pronounce the letter *z* (*zeta*) like the *s* in "yes."

Practique las palabras:

Zócalo	diez
maíz	zona
feliz	zapato

Practique las frases:
En la zona diez no se usa zapatos.
Por diez días sembré maíz.
En marzo el señor López visitó el Zócalo.

Palm trees abound in the tropical coastal area of Ecuador.

Cognados

To many nouns and adjectives that end in *-ic* in English, just add *-o* to change them to Spanish. Do not forget to give your new word the Spanish pronunciation!

academic—académico
alcoholic—alcohólico
artistic—artístico
authentic—auténtico
characteristic—característico
civic—cívico
democratic—democrático

acrobatic—acrobático
antiseptic—antiséptico
athletic—atlético
basic—básico
catholic—católico
comic—cómico
dramatic—dramático

Lección 25: Un día ocupado

Lección 26

LECTURA ▲▲▲▲▲▲▲▲▲▲▲▲▲▲▲▲▲▲▲▲▲▲▲▲▲▲▲▲▲▲▲▲▲▲▲

Una carta de Los Ángeles

Silvia acaba de regresar a vivir en el Ecuador. Su amiga Maritza le escribe una carta.

Los Ángeles, California
12 de mayo de 1992

Querida Silvia:

¡Hola! ¿Qué tal es la vida en Ecuador? ¿Te gusta? Mis abuelos nacieron en Ecuador y algún día quiero ir para ver dónde ellos vivieron durante su juventud.*

Decidí escribirte hoy porque ayer recibí tu tarjeta postal con tu nueva dirección. Tengo muchas noticias para ti. Pablo y Marcos recibieron el premio* por tener las notas más altas de la escuela. ¡Te imaginas!*

El equipo de fútbol perdió el campeonato* la semana pasada. Llegaron hasta los finales. Jugaron cuatro partidos en el campeonato, pero en el último juego perdieron.* ¡Qué pena!

Rafael trabaja en un hospital ahora. ¿Recuerdas que él quiere ser doctor? Cuando se rompió la pierna hace cuatro años, él decidió estudiar medicina.

Todas las muchachas te envían recuerdos.* Te echamos de menos.* Saludos a tus padres y hermanos.

Tu amiga,
Maritza

youth

prize

Can you imagine!

championship

perder = to lose

greetings / We miss you.

Conversación

1. ¿Por qué quiere Maritza viajar a Ecuador?
2. ¿Por qué decidió Maritza escribir a Silvia?
3. ¿Por qué recibieron Pablo y Marcos premios?
4. ¿Qué noticia recibió Silvia acerca del equipo de fútbol?
5. ¿Cuándo decidió Rafael ser doctor?
6. ¿Quiénes envían recuerdos a Silvia?
7. ¿A quiénes envía saludos Maritza?
8. ¿Va a sentirse contenta Silvia al recibir la carta de Maritza? ¿Por qué?

VOCABULARIO ▲▲▲▲▲▲▲▲▲▲▲▲▲▲▲▲▲▲▲▲▲▲▲▲▲▲▲

La correspondencia

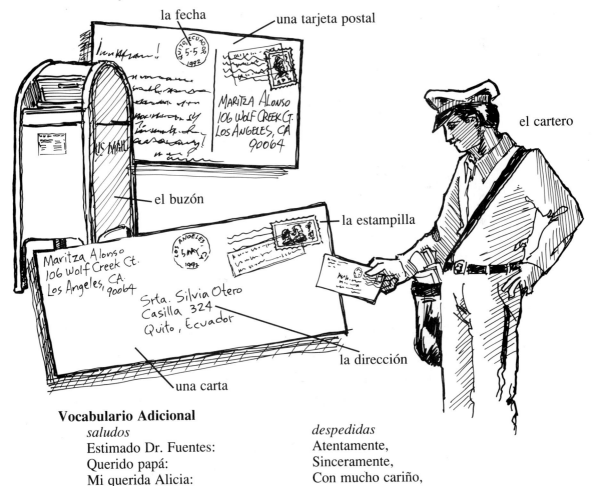

la fecha

una tarjeta postal

el cartero

el buzón

la estampilla

la dirección

una carta

Vocabulario Adicional

saludos
Estimado Dr. Fuentes:
Querido papá:
Mi querida Alicia:

despedidas
Atentamente,
Sinceramente,
Con mucho cariño,

Lección 26: Una carta de Los Ángeles

217

GRAMÁTICA ▲▲▲

El pretérito: los verbos regulares -er, -ir

The endings for the regular **-er** and **-ir** verbs are the same in the preterite tense.

	aprender	**vivir**
yo	Aprendí español.	Viví en México.
tú	Aprendiste italiano.	Viviste en Italia.
Ud., él, ella	Aprendió portugués.	Vivió en Lisboa.
nosotros(as)	Aprendimos francés.	Vivimos en París.
vosotros(as)	Aprendisteis inglés.	Vivisteis en Detroit.
Uds., ellos(as)	Aprendieron japonés.	Vivieron en Tokio.

▪ Actividad 1

Pregunte a un compañero si recibió los siguientes regalos para su compleaños.

Modelo: raqueta de tenis

Estudiante 1:   ¿Recibiste una raqueta de tenis para tu cumpleaños?
Estudiante 2:   Sí, recibí una raqueta de tenis. (No, no recibí una.)

1. una cámara
2. un radio
3. una carta
4. una computadora
5. dinero

▪ Actividad 2

Mario está haciendo una encuesta (*survey*) de los estudiantes y profesores nuevos en su escuela. Algunos vivieron en diferentes ciudades antes de venir a su escuela. Ayude a Mario a preguntarles dónde vivieron. Un compañero puede contestarle según el modelo.

Modelo: Felipe—Miami

      Mario: ¿Dónde viviste antes de vivir aquí, Felipe?
      Felipe: Viví en Miami.

1. Raquel—El Paso, Texas
2. Marta y Luisa—San Juan, Puerto Rico
3. Pedro—Nueva York, Estados Unidos
4. la profesora Hernández—Lima, Perú
5. Samuel y Ana Rodríguez—Bogotá, Colombia
6. los señores García—San Diego, California

■ **Actividad 3**
1. Pregunte a sus compañeros si vivieron en otra ciudad antes de venir a esta escuela.
2. Pregunte a su profesor(a) dónde vivió antes de enseñar en esta escuela.

The following verbs also form the preterite tense like *aprender* and *vivir*.

romper   descubrir
perder   recibir
nacer   abrir

■ **Actividad 4**
Cambie al pretérito las oraciones siguientes. — change to the preterite
1. Recibo cartas de Ecuador. Las abro rápidamente.
2. Leo las cartas con mucho interés.
3. Mis amigos viven en Quito.
4. Asisten a la iglesia bautista.
5. Los jueves salen a visitar.
6. Empiezan una sociedad de jóvenes en su iglesia.
7. Muchos jóvenes asisten a las reuniones.
8. Mis amigos venden un coche y compran otro nuevo.
9. Sus padres viajan a los Estados Unidos.
10. Comen muchas comidas diferentes en Ecuador.

■ **Actividad 5**
Llene el espacio con el pretérito del verbo correcto.
1. Los estudiantes _____ a usar la computadora en una semana. (aprender, venir)
2. Nosotros _____ en el año 1975. (recibir, nacer)
3. Nuestro equipo _____ el campeonato. (vivir, perder)
4. El doctor Salk _____ la vacuna contra el polio. (descubrir, abrir)
5. Todos _____ sus Biblias al Salmo 100. (descubrir, abrir)
6. George Handel _____ "El Mesías". (descubrir, escribir)
7. Yo _____ la taza favorita de mamá. (romper, romperse)
8. ¿Es verdad que tú _____ tu reloj? (recibir, perder)
9. Nosotros _____ al concierto anoche. (asistir, abrir)
10. Yo _____ dos kilómetros antes de venir a la escuela. (correr, comer)

Repaso de los adjetivos demostrativos

In lesson 23 we learned to use the demonstrative adjectives. Do you remember them?

- este, esta, estos, estas—*this, these*
- ese, esa, esos, esas—*that, those*
- aquel, aquella, aquellos, aquellas—*that, those (way over there)*

Estos chicos llegaron tarde.
Esas casas son viejas.
Aquellos carros son japoneses.

Demonstrative adjectives "point out" the position of the nouns following them. Thus, they must agree with the noun they modify in number (singular or plural) and gender (masculine or feminine).

■ Actividad 6

Replace each noun below with the noun within parentheses.
Modelo: estas casas (apartamentos)
    estos apartamentos

1. esta mañana (tarde); este libro (revista); esa mujer (hombre)
2. esa mesa (libro); este piano (guitarra); esta flauta (trompeta)
3. estos relojes (cámaras); estas bicicletas (carros); esos niños (niñas)
4. aquel pueblo (ciudad); aquella casa (tienda); aquellos hombres (mujeres)
5. aquellos autobuses (aviones); ese día (noche); aquellas flores (animales)

Pronombres demostrativos

In English, instead of saying "this book" or "that book," we simply may say "this one" or "that one." Spanish speakers do similarly. Note carefully the following sentences.

¿Quieres este lápiz? —No, no quiero **éste.**
Do you want this pencil? —No, I do not want this one.

Estas blusas son más bonitas que **aquéllas.**
These blouses are prettier than those over there.

Ese libro no es tan interesante como **éste.**
That book is not as interesting as this one.

In these sentences, the words in boldface are demonstrative pronouns. They are used in place of the nouns *lápiz, blusas,* and *libro.*

To form demonstrative pronouns, place an accent mark over the stressed vowel of the corresponding demonstrative adjective. The form of the demonstrative pronoun depends on the noun to which it refers.

Demonstrative pronouns

singular	plural
éste, ésta	éstos, éstas
ése, ésa	ésos, ésas
aquél, aquélla	aquéllos, aquéllas

■ **Actividad 7**

Answer the following questions by using the demonstrative pronouns.

Modelo: ¿Te gusta esta sombrilla?

Sí, me gusta ésta, pero me gusta más ésa.

1. ¿Te gusta este color?
2. ¿Vas a comprar aquel radio?
3. ¿Quieren ir a este restaurante?
4. ¿Esta casa es del señor Rodríguez?
5. ¿Prefieres esta sombrilla o aquélla?
6. ¿Ese chico es tu hermano?
7. ¿Tus padres asisten a aquella iglesia?
8. ¿Tus primas asisten a este colegio?
9. ¿Funciona mejor ésta o aquélla?
10. ¿Te gusta esta pizzería?

Sometimes we want to refer to a whole idea or situation and not to a particular noun. Look at the following sentences.

Esto es muy interesante.	**This** is very interesting.
Ah, **eso** no es nada.	Oh, **that**'s nothing.
¡**Aquello** es terrible!	**That** is terrible!

Esto, eso, and *aquello* are called **neuter demonstratives**. They never refer to a specific noun and their form never changes. Note that they do not have a written accent mark.

■ **Actividad 8**

Write five sentences to read to the class in which you use the neuter demonstratives. The sentences may be about anything. Perhaps these sentences will give you some ideas.

- ¡Eso es magnífico! Te felicito.
- ¡Eso es imposible! No lo creo.
- No me diga. ¡Eso es terrible!

''Entonces Jesús les dijo otra vez: Paz a vosotros. Como me envió el Padre, así también yo os envío''.   Juan 20:21

PRONUNCIACIÓN ▲▲▲▲▲▲▲▲▲▲▲▲▲▲▲▲▲▲▲▲▲▲▲▲▲▲▲▲▲

Los diptongos *ie*, *ue*
Remember: Diphthongs are pronounced as one syllable.

Practique las palabras:

sies-ta	**cue**-ro
tien-da	**jue**-go
pie-za	**jue**z
cie-lo	**fue**n-te
fiel	Ma-**nue**l

Practique las oraciones:

Puedo jugar mejor **cua**ndo no **pie**rdo el **jue**go.
Man**ue**l c**ue**nta que no **pue**de pensar si no d**ue**rme b**ie**n la s**ie**sta.
El s**ué**ter no c**ue**sta mucho en la t**ie**nda ec**ua**toriana.

School children playing in rural Ecuador

Cognados
Some verbs that end in *-ose* in English end in *-oner* in Spanish. Study the following words and then complete the second column.

compose—componer	dispose _____
expose—exponer	impose _____
oppose—oponer	propose _____
suppose—suponer	transpose _____

NOTA CULTURAL ▲▲▲▲▲▲▲▲▲▲▲▲▲▲▲▲▲▲▲▲▲▲▲▲▲▲▲▲▲▲▲▲▲

Otros idiomas

En los países hispanoamericanos, el español no es el único idioma que se habla. En el Perú, Bolivia y Ecuador, millones de indios hablan **quechua** y **aymará.** En Paraguay, el gobierno *ha hecho* el **guaraní** y el español los idiomas oficiales. En Venezuela, hay muchos indios que tienen *su propio* idioma; pero si no hablan español, el gobierno no los reconoce como venezolanos. En México, más de tres millones de mexicanos no hablan español. Idiomas y dialectos indios todavía existen.

has made

their own

Cuestionario

1. ¿Qué idiomas se hablan en Hispanoamérica además del (*besides*) español?
2. ¿Cuáles son los dos idiomas oficiales del Paraguay?

A Mexican Indian

A Peruvian Indian

Lección 27

LECTURA ▲▲▲▲▲▲▲▲▲▲▲▲▲▲▲▲▲▲▲▲▲▲▲▲▲▲▲▲▲▲▲▲▲▲▲▲

Una carta de Quito

Quito, Ecuador
30 de mayo de 1992

Mi querida Maritza:

Recibí tu carta del 12 de este mes y la leí con mucho interés. Echo de menos a todos mis compañeros del colegio Luz de Vida. Aquí en Ecuador mi familia está bien, pero siempre pensamos en nuestras amistades* de allá.

Mis hermanos creyeron que el equipo de fútbol del colegio iba a ganar* el campeonato otra vez. Fue una lástima que perdió. Nosotros fuimos al estadio el sábado pasado para ver un partido de fútbol. Vimos al mejor equipo de Brasil ganarle al equipo de Perú. Fue un partido emocionante.

Nuestros vecinos, la familia Otero, son nuestros mejores amigos en Ecuador. Fueron muy amables con nosotros cuando llegamos a Quito. Muchas veces nos ayudaron. El señor Otero le dio a papá un mapa de la ciudad y le enseñó las tiendas, los bancos, la oficina de correo y otros sitios más. Pepe, Marisela y Luis nos presentaron a sus amigos. De vez en cuando mis hermanos y yo salimos con ellos. Ayer papá los invitó a nuestra casa para cenar. Queremos ganarlos para Cristo.

Recuerdos a todos los compañeros del colegio.

Con mucho cariño,
Silvia

friendships

was going to win

Conversación

1. ¿Qué equipo creyeron los hermanos de Silvia que iba a ganar el campeonato?
2. ¿Adónde fueron Silvia y su familia el sábado pasado?
3. ¿Quiénes jugaron? ¿Qué equipo ganó?
4. ¿Cómo se llaman los vecinos de la familia de Silvia?
5. ¿Cómo le ayudó el Sr. Otero al papá de Silvia?
6. ¿Qué hicieron los hijos Otero por Silvia y sus hermanos?
7. ¿Por qué invitó el papá de Silvia a la familia Otero a cenar en su casa?

GRAMÁTICA ▲▲▲▲▲▲▲▲▲▲▲▲▲▲▲▲▲▲▲▲▲▲▲▲▲▲▲▲▲▲▲▲▲▲▲

El pretérito de ir y ser

Compare the two columns below:

Ir	Ser
Fui a Bogotá.	**Fui** estudiante en Colombia.
Fuiste a Caracas.	**Fuiste** estudiante en Venezuela.
Fue a Barcelona.	**Fue** estudiante en España.
Fuimos a Cuernavaca.	**Fuimos** estudiantes en México.
Fuisteis a Lima.	**Fuisteis** estudiantes en el Perú.
Fueron a Quito.	**Fueron** estudiantes en Ecuador.

The preterite forms of *ir* and *ser* are exactly alike. The context, however, makes it clear whether the verb is the preterite form of one or the other.

▪ Actividad 1

Todo el mundo necesita vacaciones. Las siguientes personas fueron a ciudades hispanas en sus vacaciones. Diga adónde fueron.

Modelo: Martín: Quito
          Martín fue a Quito.

1. Ramona—Lima
2. Miguel y Luis—Guadalajara
3. Tomás—Santo Domingo
4. nosotros—La Paz
5. yo—Caracas
6. tú—Barranquilla
7. Paco y yo—Asunción
8. Roberto y su hermana—San José

Lección 27: Una carta de Quito

■ **Actividad 2**

Conteste las preguntas.

1. ¿Qué día fue ayer?
2. ¿Quién fue tu profesor(a) de inglés el año pasado?
3. ¿A qué hora fue tu clase de historia ayer?
4. ¿Quién fue el autor del libro *Tom Sawyer*?
5. ¿Fuiste a la iglesia el domingo pasado?
6. ¿Fueron tus padres a algún país hispano en sus vacaciones?

■ **Actividad 3**

Read the following paragraph. Tell whether each word in boldface print is the preterite tense of *ser* or *ir*.

Mi abuelo **fue** misionero por muchos años. Él **fue** a Chile en 1950. Mis padres son misioneros también. Todos **fuimos** a Venezuela en 1978. Mi hermano y yo asistimos a una escuela en Caracas por cinco años. **Fueron** los mejores años de nuestras vidas. Varias veces los profesores nos llevaron de excursión a las montañas. Una vez **fuimos** a visitar a una familia que trabaja con los indios Warao en Venezuela. **Fuimos** en barco. **Fue** una experiencia interesante. Los indios Warao no hablan mucho español. En 1960 un misionero **fue** para vivir con ellos y para aprender su idioma. Ahora tienen la Biblia en su propio idioma.

■ **Actividad 4**

Como presidente de tu clase, quieres saber qué interés tienen los estudiantes en ciertas actividades. Pregúntales a tus compañeros si fueron a los siguientes lugares el mes pasado y cuántas veces fueron. Luego, la clase puede preparar un informe estadístico.

Modelo: a un partido de baloncesto

Estudiante 1: ¿Fuiste a un partido de baloncesto el mes pasado?
Estudiante 2: Sí, fui. (No, no fui.)
Estudiante 1: ¿Cuántas veces fuiste?
Estudiante 2: Fui una vez (dos veces, etc.).

1. a un restaurante
2. a un concierto
3. a un partido de deportes
4. a la escuela dominical
5. a la sociedad de jóvenes
6. a un parque de diversiones

El pretérito de dar y ver

Note carefully the preterite forms of **dar** (to give) and **ver** (to see) in the sentences below.

Di mi libro a Marta.
Diste tu lápiz a Pedro.
Dio su regla a Susana.
Dimos nuestra atención al profesor.
Disteis regalos a los chicos.
Dieron mucho dinero por el carro.

Vi un Volvo nuevo ayer.
Viste el Jaguar blanco.
Tomás **vio** dos BMW anoche.
Vimos un Mercedes ayer.
Visteis mi Honda nuevo.
Vieron un Rolls en la agencia.

When the infinitive endings of *dar* and *ver* are dropped, all that remains of each stem is **d-** *(dar)* and **v-** *(ver)*. To these stems are added the regular -er/-ir preterite endings. Note, however, that the accent mark is not used in the *yo* and *él* forms.

▪ Actividad 5

Roberto recibió muchos regalos para su cumpleaños. Diga qué le dieron las siguientes personas.

Modelo: Anita—un sombrero
   Anita le dio un sombrero.

1. sus padres—un reloj
2. Marcos—unos calcetines
3. nosotros—un libro
4. tú—una camisa
5. yo—una corbata
6. Tomás y Felipe—una calculadora
7. María—un pañuelo (*handkerchief*)
8. Ud.—un cassette

▪ Actividad 6

Look up the Bible verses listed below and tell who each of these persons saw.

Modelo: Mateo 2:11—los magos
   Los magos vieron al niño y a María.

1. Lucas 19:5—Jesús
2. Hechos 3:2-3—un hombre cojo
3. Daniel 3:25—Nabucodonosor
4. Isaías 6:1—Isaías
5. Marcos 9:8—Pedro, Jacobo y Juan
6. Juan 1:48—Jesús

El pretérito de leer y oír

Note the preterite forms of another set of verbs, **leer** (to read) and **oír** (to hear). Once the infinitive ending is dropped, the resulting stem ends in a vowel: *le-* and *o-* respectively.

	leer	**oír**
yo	leí	oí
tú	leíste	oíste
Ud., él, ella	leyó	oyó
nosotros(as)	leímos	oímos
vosotros(as)	leísteis	oísteis
Uds., ellos(as)	leyeron	oyeron

Note that the *í* of the endings always has an accent mark. In the *él* and *ellos* forms, the *i* changes to *y* to ease pronunciation.

The following verbs also form the preterite tense like *leer* and *oír*.

caer	to fall
creer	to believe

■ **Actividad 7**

Answer the following questions in complete sentences.
1. ¿Leyó Ud. el periódico ayer?
2. ¿Creyó Ud. todo lo que leyó?
3. ¿A qué hora oyeron tus padres las noticias anoche?
4. ¿Oíste la campana (*bell*) ayer en la clase de español?
5. ¿Leíste la Biblia esta mañana?
6. ¿A qué hora la leíste?
7. ¿Dónde la leíste?
8. ¿Creyeron Uds. al profesor cuando les dio la tarea ayer?
9. ¿Cuándo se cayeron las hojas (*leaves*) de los árboles este año?

■ **Actividad 8**

Escriba la forma correcta del pretérito para cada verbo.
1. (yo) leer, creer, oír, caer
2. (nosotros) creer, caer, oír, leer
3. (tú) leer, oír, creer, caer
4. (él) oír, caer, leer, creer
5. (ellas) creer, leer, oír, caer
6. (yo) dar, oír, ver, caer
7. (ella) caer, oír, leer, creer
8. (ellos) dar, ver, ir, ser
9. (Uds.) creer, oír, leer, caer
10. (nosotros) dar, oír, ir, leer

VERSÍCULO ▲▲▲▲▲▲▲▲▲▲▲▲▲▲▲▲▲▲▲▲▲▲▲▲▲▲▲▲▲▲▲▲▲▲▲▲▲▲

"Creyó Abraham a Dios, y le fue contado por justicia".   Romanos 4:3

DIÁLOGO ▲▲

Maritza testifica

Todos los sábados el grupo juvenil está *a cargo de* un club bíblico para niños. Hoy Maritza relató la historia de Nicodemo (Juan 3). Durante *el recreo,* Luis, uno de los niños Otero, *se acerca a* Maritza con una pregunta.

in charge of
recess
goes over to

Luis: Maritza, ¿crees tú que yo voy a ir al *cielo* cuando muera?

heaven

Maritza: No, Luis, si no eres salvo no vas a ir al cielo.

Luis: Pues, yo quiero ir al cielo.

Maritza: Bueno, vamos a hablar. Luis, la Biblia dice que en el cielo no hay pecado. *Sin embargo,* en Romanos 3:23 Dios dice que todos somos pecadores. Léelo, Luis.

However

Luis: "Por cuanto todos pecaron, y están destituidos de la gloria de Dios".

Maritza: Luis, ¿eres tú pecador?

Luis: Sí, hago muchas cosas malas. Entonces, ¿*eso quiere decir* que no puedo ir al cielo?

does that mean

Maritza: Vamos a ver. Mira lo que Dios dice en Romanos 6:23.

Luis: "La paga del pecado es muerte, mas la dádiva de Dios es vida eterna en Cristo Jesús Señor nuestro".

Maritza: *Aunque* eres pecador, Dios te ama. Dios te ama tanto que envió a su hijo Jesucristo al mundo. En la cruz Jesús *murió en tu lugar* para pagar el precio de tus pecados.

although

died in your place

Luis: ¿Él murió por mí?

Maritza: Sí, Luis. Murió por ti y por mí y por todo el mundo. El quiere perdonar tus pecados y darte vida eterna. Juan 3:16 dice, "Porque de tal manera amó Dios al mundo, que ha dado a su Hijo unigénito, para que todo aquel que en él cree, no se pierda, mas tenga vida eterna".

Luis: ¿Qué tengo que hacer?

Maritza: Sólo tienes que confesar tus pecados y pedirle perdón a Dios. ¿Crees que Jesús murió por ti?

Luis: Sí, lo creo con todo el corazón. Ahora mismo voy a pedirle perdón a Cristo.

Lección 27: Una carta de Quito   **229**

VOCABULARIO ▲▲▲▲▲▲▲▲▲▲▲▲▲▲▲▲▲▲▲▲▲▲▲▲▲▲▲▲▲▲▲▲▲▲

Cinco versículos de la Biblia para mostrarles a sus amigos el plan de salvación

1. Soy pecador—Romanos 3:23
2. No puedo salvarme a mí mismo—Efesios 2:8-9
3. Dios me ama—Juan 3:16
4. Cristo murió por mí—Romanos 5:8
5. Si creo en Él, soy salvo—Hechos 16:31

PRONUNCIACIÓN ▲▲▲▲▲▲▲▲▲▲▲▲▲▲▲▲▲▲▲▲▲▲▲▲▲▲▲▲▲▲

El sonido de la consonante *ch*

In Spanish, the *ch* (*che*) is pronounced like the *ch* in "church."
Modelo: mucho

Practique las palabras:

Pancho	ocho
leche	derecha
noche	chévere

Practique las frases:

El Chavo del Ocho es un chico chévere.
El muchacho de Chile come churrasco.

CAPÍTULO ONCE

PERÚ

Perú is located on the western side of the continent of South America, south of the equator. The Andes Mountains divide the country into three sections: *la costa* (the coastal plains along the Pacific Ocean), *las montañas* (the Andes Mountains), and *la selva* (the tropical forest). Most of the cities, including the capital, Lima, are located in la costa. Iquitos, one of the interior cities, is located on the Amazon River.

Forty-five per cent of the population of Perú is Indian. The Indians generally live in the mountains and have limited access to schools and medical services. Whites (15%) and mestizos (37%) are mainly urban dwellers. The largest city, Lima, is a traditional Spanish-style city with many beautiful buildings, plazas, and parks dating back to the colonial days of the seventeenth and eighteenth centuries.

During the pre-Columbian period, the Inca Indians of Perú lived in a well-organized society. While there are many Inca ruins still to be found in Perú, the most famous is the ancient Inca citadel situated between two mountain peaks overlooking the Urubamba River. Machu Picchu, as it is known, is believed to have been constructed around the fifteenth century. The large complex of more than 200 roofless stone buildings, consisting of granite forts, temples, altars, plazas, fountains, aqueducts, and houses may have been some sort of sanctuary for religious or educational purposes.

Machu Picchu remained a secret from the civilized world until 1911 when it was discovered by archaeologist and United States senator Hyram Bingham. Since then it has become a major archaeological site as well as a popular tourist attraction.

Area:	496,222 sq. mi. (three times the size of California)
Population:	21,792,000
Government:	Republic
Capital:	Lima (population: 4,330,000)

Lección 28

DIÁLOGO ▲▲▲▲▲▲▲▲▲▲▲▲▲▲▲▲▲▲▲▲▲▲▲▲▲▲▲▲▲▲▲▲▲▲▲

¡El comelón!

Juan:	Pepe, quiero contarte lo que pasó anoche.
Pepe:	¿Qué pasó?
Juan:	Invité a Paco al restaurante nuevo en la calle Central, y no puedes imaginarte cuánto él comió.

tell me!

Pepe:	Pero, *¡cuéntame!*
Juan:	Llegamos a las siete. Cuando entramos Paco dijo que *no tenía mucha hambre.*

was not very hungry

Pepe:	Paco siempre dice así.
Juan:	Yo pedí arroz con pollo y una ensalada de lechuga y tomate. Pero Paco pidió una comida grande de bistec, arroz y frijoles, ensalada, papas fritas y postre de frutas.
Pepe:	¿Paco pidió toda esa comida y no tenía hambre?
Juan:	Sí, precisamente, y cuando le sirvieron la comida, él decidió pedir otro plato de chuletas de cerdo.

(pret., traer)

Pepe:	¿Le *trajeron* un plato de chuletas de cerdo también?
Juan:	Sí.
Pepe:	¿Se lo comió todo?
Juan:	No sólo se comió toda la comida, pero se repitió el postre. No salimos hasta las nueve y media.
Pepe:	¡Qué Paco! Me imagino que no durmió bien anoche después de comer tanto.
Juan:	Lo vi esta mañana y me dijo que durmió bien. Esta mañana se desayunó con nada más que una banana.

a big eater

Pepe:	Paco es *un comelón.*
Juan:	Es que Paco es grande y tiene que comer mucho. Pero te advierto: ¡No le invites a un restaurante a comer *a menos que lleves* mucho dinero! Me costó mucho anoche.

unless you take

Conversación

1. ¿A quién invitó Juan al restaurante?
2. ¿A qué hora llegaron?
3. ¿Tenía hambre Paco?
4. ¿Qué plato pidió Juan?
5. ¿Qué pidió Paco?
6. ¿Qué pidió Paco de postre?
7. ¿Se comió toda la comida Paco?
8. ¿Por qué se repitió el postre?
9. Después de comer tanto, ¿durmió bien Paco?
10. ¿Qué le advirtió Juan a Pepe?

GRAMÁTICA ▲▲

Repaso: las formas regulares del pretérito

The preterite forms of the regular -ar, -er, and -ir verbs are as follows:

hablar	comer	vivir
hablé	comí	viví
hablaste	comiste	viviste
habló	comió	vivió
hablamos	comimos	vivimos
hablasteis	comisteis	vivisteis
hablaron	comieron	vivieron

The -ar and -er verbs that have a stem change in the present tense do not have stem changes in the preterite tense.

Infinitive	Present	Preterite
pensar (e→ie)	Pienso ir a clase.	Pensé ir a clase.
encontrar (o→ue)	Encuentran al Sr. Rojo.	Encontraron al Sr. Rojo.
perder (e→ie)	Pierde sus llaves.	No perdió nada.
volver (o→ue)	Vuelven temprano.	Volvieron a la una.

■ **Actividad 1**

Cambie al pretérito.
1. Jesús nace en Belén.
2. Vive en Nazaret.
3. Camina con sus padres a Jerusalén.
4. José y María salen de Jerusalén sin Jesús.
5. Vuelven a buscarlo.
6. Encuentran a Jesús en el templo.
7. Al comenzar su ministerio, Jesús llama a doce discípulos.
8. Los discípulos escuchan a Jesús.
9. Los discípulos obedecen a Jesús.

Lima, Perú

■ **Actividad 2**

Escriba los verbos en el tiempo pretérito según las indicaciones.
1. (ella) pensar, volver, vivir
2. (Uds.) encontrar, comer, contar
3. (yo) pensar, volver, perder
4. (nosotros) encontrar, perder, pensar
5. (tú) volver, comer, encontrar

El pretérito de los verbos -ir con cambios de raíz

Examine the following stem-change verbs:

Present Tense		Preterite Tense	
pedir e→i		**e→i**	
pido	pedimos	pedí	pedimos
pides	pedís	pediste	pedisteis
pide	piden	pidió	pidieron
sentir e→ie		**e→i**	
siento	sentimos	sentí	sentimos
sientes	sentís	sentiste	sentisteis
siente	sienten	sintió	sintieron
dormir o→ue		**o→u**	
duermo	dormimos	dormí	dormimos
duermes	dormís	dormiste	dormisteis
duerme	duermen	durmió	durmieron

You have learned that some -ir verbs fall into one of three categories of stem changes in the present tense. These -ir stem-change verbs also have stem changes in the preterite tense, but the changes are not the same stem changes and do not follow the same pattern in both tenses.

Notice that the -ir verbs that have a stem change in the present tense have stem changes in the preterite tense in the *él* and *ellos* forms only. Other verbs in this category are *servir, repetir, preferir,* and *morir.*

■ **Actividad 3**

Los estudiantes llegaron a la clase con sueño. ¿A qué hora se durmieron la noche anterior?

Modelo: Rafael—10:30

Rafael se durmió a las diez y media.

1. Roberto y Pedro—11:15
2. María y yo—9:25
3. tú—9:45
4. Felipe—10:30
5. nosotras—9:50
6. yo—11:00
7. Elena—8:45
8. Rolando y Tomás—11:45
9. Ud.—12:00

■ **Actividad 4**

Los estudiantes de la clase de español fueron a un restaurante mexicano.

Diga qué pidieron los estudiantes.

Modelo: Manuel—tacos

Manuel pidió tacos.

1. Susana—una chimichanga
2. Pedro y Roberto—dos chalupas
3. María y Ana—dos tacos
4. tú—una enchilada
5. yo—un burrito
6. nosotros—nachos
7. Tomás—un burrito y dos tacos
8. todos nosotros—sopapillas

Inca is the Quechuan word for male of royal blood.

Cambie los verbos del presente al pretérito.

1. Duermo bien en mi cama nueva.
2. Los niños duermen toda la noche.
3. Carmen pide permiso a su papá.
4. Nos sentimos cansados.
5. Me muero de hambre en la clase de historia.
6. ¿Repites los versículos en la clase de español?
7. Los jóvenes prefieren jugar al volibol.
8. Las señoritas sirven pastel y refresco en la fiesta.
9. Los hombres se sienten cansados a las cinco de la tarde.
10. Piden permiso a su jefe para salir.

VERSÍCULO ▲▲▲▲▲▲▲▲▲▲▲▲▲▲▲▲▲▲▲▲▲▲▲▲▲▲▲▲▲▲▲▲▲▲▲▲▲

"Cristo murió por nuestros pecados, conforme a las Escrituras".
I Corintios 15:3b

PRONUNCIACIÓN ▲▲▲▲▲▲▲▲▲▲▲▲▲▲▲▲▲▲▲▲▲▲▲▲▲▲▲▲

Las vocales

In Spanish all vowels are pronounced with a true vowel sound. Be careful to avoid the schwa sound (*uh*) so often given to unstressed vowels in English, such as in *accommodate* (ə•kŏm′•ə•dāt′) and *aristocrat* (ə•rĭs′•tə•krăt′).

Practique las palabras:
diccionario, escritorio, juveniles
Practique las frases:
Busca el versículo seis del capítulo ocho de Romanos.
El diccionario está encima del escritorio.
El pastor predicó del Nuevo Testamento.

Cognados

To form the Spanish equivalent of an English verb that ends in *-ate,* such as "anticipate," replace the *-ate* ending with *-ar*. Here are a few examples to get you started.

appreciate—apreciar	associate—asociar
celebrate—celebrar	concentrate—concentrar
conjugate—conjugar	cooperate—cooperar
create—crear	demonstrate—demostrar
educate—educar	exaggerate—exagerar

Write the following verbs in Spanish.

graduate _____   imitate _____
lubricate _____   necessitate _____
obligate _____   predominate _____
recuperate _____   terminate _____

NOTA CULTURAL ▲▲▲▲▲▲▲▲▲▲▲▲▲▲▲▲▲▲▲▲▲▲▲▲▲▲▲▲▲▲

La comida de los países hispanos

La comida no es igual en todos los países hispanos. Cada país tiene su *especialidad;* sin embargo, *el arroz y los frijoles* es un plato muy común en toda Latinoamérica.

> *specialty / rice and beans*

En México, la tortilla de *maíz* o de *harina* es la base de muchos *platos:* tacos, enchiladas, tostadas, etc. Además, a los mexicanos les gusta la comida *picante.* En otros países no se come lo picante.

> *corn/flour/dishes*
>
> *spicy hot*

En el Perú, la gente come muchas papas: papas blancas, papas amarillas, papas moradas y papas anaranjadas. La papa es nativa del Perú. Importante a la dieta de los argentinos es la *carne de res*, puesto que en la Argentina se produce mucho *ganado.*

> *beef*
>
> *cattle*

En el Caribe—Cuba, Puerto Rico y la República Dominicana—el plato principal consiste en arroz, habichuelas (frijoles) y carne. Además, los caribeños comen *viandas* como el *plátano, la yuca* y *la batata.*

> *vegetables/cooking banana, root-like vegetable, sweet potato*

En todos los países tropicales, se consume mucha fruta: naranja, toronja, limón, mango, banano (guineo), papaya y caña de azúcar.

Cuestionario

1. ¿Qué comida se come en casi todos los países hispanos?
2. ¿Cuál es la base de muchos platos en México?
3. A los mexicanos, ¿cómo les gusta su comida?
4. ¿De qué país es nativa la papa?
5. ¿Cuál es la carne principal en la Argentina?
6. ¿En qué consiste el plato principal en los países del Caribe?
7. Nombre algunas viandas que se comen en el Caribe.
8. Nombre algunas de las frutas tropicales.

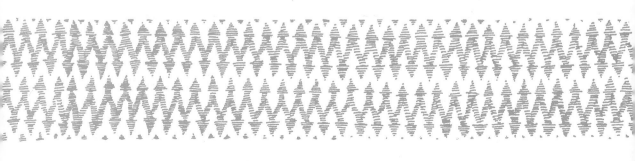

Lección 29

LECTURA ▲▲▲

¿Cuáles son tus planes para el futuro?

¿Quieres ser mecánico, médico o pastor? ¿abogada, profesora o secretaria?
Cinco jóvenes peruanos hablan de sus planes para el futuro.

Mario Báez

Quiero ser mecánico. Me gusta conducir carros y me gusta trabajar con
motores. No todo el mundo puede ser mecánico. Pero todo el mundo quiere
encontrar un buen mecánico para trabajar en el motor de su carro. Mi papá
es un buen mecánico. La semana pasada le trajeron un autobús *para arre-*
glarlo. Él les dijo que quiere tenerlo listo para *el próximo sábado.* Algún
día me van a traer los vehículos a mí para arreglarlos.

to fix it
next Saturday

Ramona Payano

to typewrite

companies

Quiero ser secretaria. Sé *escribir a máquina,* y pienso estudiar computación
en una escuela técnica. Para ser una buena secretaria hoy día, es importante
saber trabajar con computadoras. Las *empresas* internacionales utilizan la
tecnología moderna en sus oficinas en todas partes del mundo. Quiero trabajar con una empresa española que tiene oficinas aquí en Lima.

Pablo Trinidad

legal matters / law
lawyer / in whom
they can trust

Tengo mucho interés en *los asuntos legales.* Pienso estudiar *leyes.* Las
iglesias, los pastores y los misioneros necesitan un *abogado* cristiano *en*
quien puedan confiar. No sé todavía a qué universidad asistir.

Carmen Rosario

world / unstable

Quiero ser economista. Me gustan las matemáticas y las finanzas. La eco-
nomía *mundial* está muy *inestable*. Sé que no puedo resolver los problemas
del mundo, pero quiero prepararme para ayudar a mi país. Espero estudiar
en la Universidad de San Marcos.

Rubén Torres

Quiero ser misionero. Quiero ir a diferentes partes de mi país para proclamar
el evangelio a las personas que no conocen a Dios. Jesus dijo: ''Id por todo
el mundo y predicad el evangelio a toda criatura'' (Marcos 16:15). Pienso
estudiar en un seminario bíblico en Trujillo.

Conversación

1. ¿Qué quiere ser Mario Báez? ¿Qué le gusta hacer?
2. ¿Por qué quiere ser un buen mecánico?
3. ¿Cuándo quiere tener listo el autobús el Sr. Báez?
4. ¿Qué preparación tiene Ramona Payano para ser secretaria?
5. ¿Qué utilizan las empresas internacionales en sus oficinas?
6. ¿Dónde quiere trabajar Ramona?
7. ¿Cuáles son los planes de Pablo Trinidad?
8. ¿Por qué es importante tener abogados cristianos?
9. ¿Qué quiere ser Carmen Rosario?
10. ¿Cuáles son las materias que le gustan?
11. ¿Qué no puede resolver Carmen?
12. ¿Qué quiere hacer Rubén?
13. ¿Dónde piensa estudiar Rubén?
14. Tu opinión: ¿Crees que cada uno de los cinco jóvenes va a tener éxito en su profesión?

Preguntas personales

1. ¿Qué quieres hacer en el futuro?
2. ¿Qué materias te gustan?
3. ¿Dónde piensas estudiar?

Lección 29: ¿Cuáles son tus planes para el futuro?

VOCABULARIO ▲▲▲▲▲▲▲▲▲▲▲▲▲▲▲▲▲▲▲▲▲▲▲▲▲▲▲

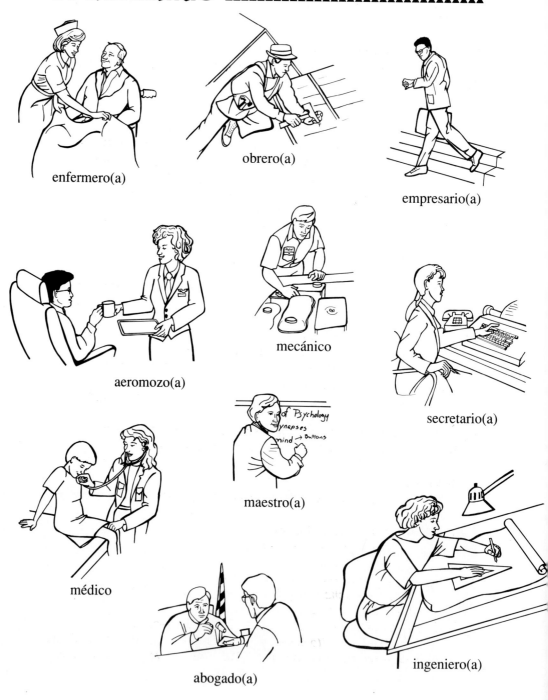

enfermero(a)

obrero(a)

empresario(a)

aeromozo(a)

mecánico

secretario(a)

maestro(a)

médico

abogado(a)

ingeniero(a)

GRAMÁTICA ▲▲▲▲▲▲▲▲▲▲▲▲▲▲▲▲▲▲▲▲▲▲▲▲▲▲▲▲▲▲▲▲▲▲▲▲▲▲▲

Verbo + infinitivo

When a Spanish verb is followed by another verb, the second verb is usually in the infinitive form. In previous lessons you have studied the common pattern **verb + infinitive.** The chart below will help you review that pattern.

esperar	Él espera estudiar.	*He hopes to study.*
necesitar	Él necesita estudiar.	*He needs to study.*
pensar	Él piensa estudiar.	*He plans to study.*
deber	Él debe estudiar.	*He ought to study.*
poder	Él puede estudiar.	*He can study.*
querer	Él quiere estudiar.	*He wants to study.*
saber	Él sabe estudiar.	*He knows how to study.*
pedir	Él pide estudiar.	*He requests to study.*

Some verbs, however, follow the pattern **verb + preposition + infinitive.**

ir a	Él va a estudiar.	*He is going to study.*
salir a	Él sale a estudiar.	*He goes out to study.*
venir a	Él viene a estudiar.	*He comes to study.*
empezar a	Él empieza a estudiar.	*He begins to study.*
acabar de	Él acaba de estudiar.	*He has just studied.*
dejar de	Él deja de estudiar.	*He stops studying.*
tratar de	Él trata de estudiar.	*He tries to study.*
olvidarse de	Él se olvida de estudiar.	*He forgets to study.*

(handwritten notes: • motion • beginning/ending • learning / teaching)

Try to learn the main verb with the preposition (if any) that follows it. For example, try to learn *empezar a* rather than just *empezar.*

▪ Actividad 1

¿Qué aprendieron a hacer las siguientes personas? Conteste conforme al modelo.

Modelo: Ana—tocar el piano
   Ana aprendió a tocar el piano.

1. Rosa—jugar al tenis
2. Sara y Raquel—conducir un carro
3. nosotros—hablar español
4. yo—escribir a máquina
5. tú—sacar fotos
6. el bebé—gatear *(to crawl)*
7. Raúl—ser piloto de avión
8. ustedes—cantar
9. Paco—usar las computadoras
10. Tomás y yo—jugar al fútbol

■ **Actividad 2**

Los siguientes estudiantes *dejan de* hacer una cosa y *empiezan a* hacer otra. Escriba oraciones según el modelo.

Modelo: José—estudiar, jugar al tenis
José deja de estudiar y empieza a jugar al tenis.

1. María—trabajar, leer una novela
2. Pablo y Juan—escribir, conversar
3. ustedes—comer, dormir la siesta
4. Felipe—salir con María, salir con Rosita
5. yo—montar la bicicleta, conducir el carro
6. tú—estudiar francés, estudiar español

■ **Actividad 3**

¿Tiene buena memoria o se olvida de hacer ciertas cosas? Diga si se olvida de hacer las siguientes cosas. Puede usar las expresiones *siempre, a veces* o *nunca* en la respuesta.

Modelo: pedir permiso
Nunca me olvido de pedir permiso.

1. ayudar a mi mamá
2. hacer las tareas
3. lavarme las manos antes de comer
4. asistir a la clase de español
5. estudiar para los exámenes
6. ir a la iglesia los domingos
7. leer la Biblia y orar
8. hacer la cama
9. comer el desayuno
10. ser cortés *(polite)*

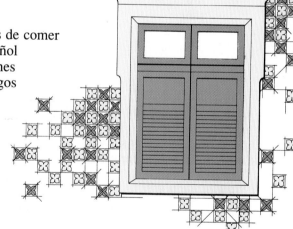

■ **Actividad 4**

Escriba una preposición (a, de) en el espacio si es necesaria.

1. Juan sabe _____ jugar al tenis.
2. Prefiere _____ jugar al tenis más que estudiar.
3. Se olvida _de_ todo cuando sale _a_ jugar al ténis.
4. Se olvida _de_ comer y se olvida _de_ dormir.
5. El trata _de_ ganar siempre.
6. Acaba _de_ ganar un juego.
7. Dentro de diez minutos empieza _a_ jugar otra vez.
8. Va _a_ descansar mañana.
9. Quiere aprender _a_ jugar como un profesional.
10. El espera _____ ser famoso algún día.

¿Cuál, cuáles?

When asking for a choice, the question words **¿cuál?** and **¿cuáles?** *(which* or *what)* are used instead of *¿qué?* if the question word precedes a form of the verb *ser*.

Singular: ¿Cuál?

Plural: ¿Cuáles?

¿Cuál es tu libro favorito?

¿Cuáles son tus deportes favoritos?

Qué is used if a noun follows: *¿Qué* libro es tu favorito?

■ **Actividad 5**

Pregunte a otro estudiante acerca de sus cosas favoritas.

Modelo: la comida

      Estudiante 1:   *¿Cuál es tu comida favorita?*

      Estudiante 2:   *Mi comida favorita es la pizza.*

1. el libro
2. los deportes
3. el día de la semana
4. el color
5. las clases
6. el carro
7. la revista
8. el animal

Pretéritos irregulares: decir, traer

In Spanish there are several groups of irregular preterite verbs. Notice the preterite forms of the verbs *decir* and *traer*.

	decir	**traer**
yo	dije	traje
tú	dijiste	trajiste
Ud., él, ella	dijo	trajo
nosotros(as)	dijimos	trajimos
vosotros(as)	dijisteis	trajisteis
Uds., ellos(as)	dijeron	trajeron

The verbs above have preterite stems that end in *j*, and they all have the same endings. None of the endings have written accents. Another common verb that forms the preterite like *decir* and *traer* is *conducir*.

Complete las oraciones con el verbo indicado en el pretérito.

decir

1. Anoche yo le _____ un secreto a María.
2. Ella se lo _____ a Rosa y Carmen.
3. Ellas se lo _____ a Marta.
4. ¡Qué lástima! Todas nosotras _____ el secreto.

traer

1. Paco _____ tacos a la reunión.
2. Samuel y Santos _____ refrescos.
3. Yo _____ papitas.
4. Todos _____ mucho apetito. ¡A comer!

conducir

1. El año pasado Tomás _____ un BMW.
2. Ayer Roberto y Francisco _____ un Volvo.
3. Un día yo _____ un Jaguar.
4. Todos _____ carros rápidos.

■ **Actividad 7**

Cambie los verbos al pretérito.

1. Tomás *conduce* un camión a la iglesia.
2. Él *trae* cincuenta sillas.
3. El pastor le *dice* que hacen falta más sillas.
4. Muchas personas *traen* visitas.
5. Pedro y Marcos *conducen* otro camión.
6. Ellos *traen* más sillas.
7. Las visitas les *dicen* "muchas gracias".
8. Nosotros también les *decimos* "muchas gracias".
9. Todos *se sienten* contentos.

VERSÍCULO ▲▲▲▲▲▲▲▲▲▲▲▲▲▲▲▲▲▲▲▲▲▲▲▲▲▲▲▲▲▲▲▲▲▲

"Y les dijo: Venid en pos de mí, y os haré pescadores de hombres".
Mateo 4:19

PRONUNCIACIÓN ▲▲▲▲▲▲▲▲▲▲▲▲▲▲▲▲▲▲▲▲▲▲▲▲▲▲▲▲▲

Las consonantes c, g

When the consonants c and g come before *a, o,* and *u,* they have the hard sound as in "cat" and "goat" (*casa, gota*). To keep this hard sound before the vowel letters *e* and *i,* however, the c is changed to **qu** and the g is changed to **gu.**

Practique las sílabas:

ca, que, qui, co, cu   ga, gue, gui, go, gu

Practique las palabras:

barco	regar
caminar	lago
cuna	pregunta
queso	mango
aquella	guitarra

Practique las frases:

Ricardo toca aquella guitarra.
¿Quiere comer carne guisada?
El barco se queda en el lago.

Cognados

Some English verbs that end in **-ize** are very easy to translate. Simply change the ending *-ize* to *-izar.* Complete the second column.

authorize—autorizar	tranquilize _____
fertilize—fertilizar	economize _____
legalize—legalizar	harmonize _____
organize—organizar	mobilize _____
specialize—especializar	paralize _____

Lección 29: ¿Cuáles son tus planes para el futuro?

NOTA CULTURAL ▲▲▲▲▲▲▲▲▲▲▲▲▲▲▲▲▲▲▲▲▲▲▲▲▲▲▲▲▲▲▲

La educación

sixth or eighth

En muchos países hispanos, la educación es obligatoria hasta el *sexto u octavo* grado. Los estudiantes que desean continuar sus estudios tienen varias opciones. Los que piensan *ingresar* a la universidad, deben estudiar en la escuela secundaria. Al graduarse, reciben el *título de bachiller*.

enroll

bachelor's degree

trade

Los estudiantes que quieren ser oficinistas o secretaria(o)s asisten a una escuela comercial. También hay escuelas técnicas para los estudiantes que quieren aprender un *oficio*. Muchos jóvenes hispanos asisten a la escuela superior durante el día y a una escuela comercial o técnica en la noche.

Muchos estudiantes estudian inglés por las tardes. En todas las escuelas superiores se enseña el inglés, pero también hay instituciones que dan cursos intensivos donde los estudiantes pueden mejorar el idioma.

outstanding

passing

En muchos países el sistema de notas es el siguiente: 10, *sobresaliente;* 9, superior; 8-7, notable; 6-5, *aprobado*; 4-1, no aprobado.

teaching

El ministro de educación determina el salario de los profesores, el currículo de *enseñanza* y los libros de texto.

Cuestionario

1. Si un joven quiere estudiar en la universidad, ¿a cuál escuela debe asistir?
2. ¿Qué título recibe el estudiante al graduarse de la escuela secundaria?
3. Si quiere ser secretaria(o), ¿dónde puede estudiar?
4. ¿En qué escuela estudia el jóven que quiere aprender un oficio?
5. ¿Cuál es la nota más baja para ser aprobado?

Lección 30

DIÁLOGO ▲▲▲▲▲▲▲▲▲▲▲▲▲▲▲▲

Las vacaciones

Ana:	¿Qué vas a hacer durante las vacaciones, Mario?
Mario:	Todavía no sé.
Ana:	¿Qué *hiciste* el verano pasado?

(pret., hacer)

Mario:	Mi familia *hizo* un viaje al Perú. Papá *tuvo* que asistir a un congreso en Lima para representar a su compañía. Fuimos por la línea aérea Avianca.

(pret., hacer) / (pret., tener)

Ana:	¿*Estuvieron* en Perú por muchos días?

(pret., estar)

Mario:	Estuvimos allí por sólo diez días. Pero vimos muchas cosas interesantes.
Ana:	Dime, ¿qué cosas vieron?

Mario:	Mamá y yo *anduvimos* por la Plaza de San Martín un día cuando papá estuvo en el congreso. Es una plaza grande y bella. Entramos en algunos de los edificios. Visitamos el Museo de Arte Colonial y el de Historia. Otro día fuimos a la Universidad de San Marcos.

(pret., andar)

Ana:	¿Es una universidad antigua?
Mario:	Sí, es la universidad más antigua de las Américas. *Supe que* se fundó en 1551.

I found out

Ana:	¿Pudieron viajar a Cuzco?

Mario:	No, no *pudimos. Quisimos* ir el segundo día que estuvimos en el Perú, pero no pudimos ir. Lo sentí mucho porque hay ruinas del Imperio Inca en Machu Picchu cerca de Cuzco. Me dijeron que es un sitio interesante, pero el viaje hasta Machu Picchu es *peligroso*. Está en las montañas.

(pret., poder) / (pret., querer)

dangerous

Ana:	¿Viste llamas en el Perú? Sabes cómo me gustan los animales.

Mario:	Un día vimos algunas en el Parque de Leyendas. La llama es muy común en el Perú. Me compré un suéter de lana de llama por sólo diez dólares. Lo usé el invierno pasado.
Ana:	Fueron a una iglesia el domingo?
Mario:	Sí, fuimos a la Iglesia Bautista de San Carlos. Después del culto, el pastor nos invitó a su casa para almorzar con su familia. *Pasamos un buen rato* con ellos.
Ana:	El Perú es un país muy interesante, ¿verdad?
Mario:	Sí, *me divertí* mucho durante mis vacaciones. Papá quiere visitar otro país de Suramérica este año.
Ana:	¡Qué *dichoso* eres, Mario!
Mario:	Gracias, Ana. Dios es bueno para conmigo.

We had a good time

I had a lot of fun

fortunate

Conversación

1. ¿Adónde fue de vacaciones la familia de Mario el año pasado?
2. ¿Por qué fueron al Perú?
3. ¿Cuántos días estuvieron en el Perú?
4. ¿Qué vieron Mario y su mamá un día cuando su papá estuvo en el congreso?
5. ¿Cuándo se fundó la Universidad de San Marcos?
6. ¿Qué quisieron hacer el segundo día que estuvieron en el Perú?
7. ¿Qué hay en Machu Picchu?
8. ¿Es fácil llegar a Machu Picchu?
9. ¿Adónde fueron el domingo?
10. ¿Vieron llamas en el Perú? ¿Dónde?
11. ¿Cuánto le costó a Mario el suéter de lana de llama?
12. Su opinión: ¿Por qué es bueno viajar a otros países?

An Indian leads her llama in the Andes Mountains.

VOCABULARIO ▲▲▲▲▲▲▲

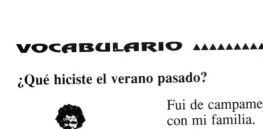

¿Qué hiciste el verano pasado?

Fui de campamento
con mi familia.
Fuimos a las *montañas*.

Hice un viaje a las *islas*
del *océano* pacífico.

Hice un viaje al *río* Amazonas con un
misionero. Estuvimos en la *jungla*.

Fui a la *playa*.
Hice castillos en la *arena*.

GRAMÁTICA ▲▲▲▲▲▲▲▲▲▲▲▲▲▲▲▲▲▲▲▲▲▲▲▲▲▲▲▲▲▲▲▲

La preposición *para*

Note the use of the preposition *para* in the following sentences:

Leo la Biblia **para** aprender de Dios.
Tengo un regalo **para** ti.

Para is often used to express an objective or a goal. That objective may be any of the following:

- an action   Jesús vino **para salvar** a los perdidos.
- a person   El evangelio es **para todo el mundo**.
- a place   El avión sale **para Los Angeles** hoy.
- a point in time   Voy a hacer mi tarea **para mañana**.

Lección 30: Las vacaciones

■ **Actividad 1**

Andrés is telling about his trip to Buenos Aires. Tell whether the objective expressed by the preposition *para* in each sentence is an action, a person, a place, or a point in time.
1. El sábado pasado salí para Buenos Aires. *place*
2. El propósito del viaje fue para asistir a una convención. *action*
3. Llevé tratados para darlos a muchas personas. *person*
4. Le dije a un señor, ''Este tratado es para Ud''. *person*
5. Lo tomó y salió para su casa. *place*
6. Compré regalos para toda mi familia.
7. El avión salió de Buenos Aires para Miami a las 7:00 A.M. *place, point in time*
8. Acabo de llegar y tengo que estudiar para mañana. — *point in time*

■ **Actividad 2** *action, person, place, or point in time*

Complete las frases.
1. Anoche compré helados para . . .
2. Fui a la tienda para . . .
3. Traje un regalo para . . .
4. A las 5:30 P.M. el avión sale para . . .
5. Voy a Acapulco para . . .
6. Me puse el sombrero y salí para . . .
7. El ejercicio es bueno para . . .
8. El profesor tiene noticias para . . .

Otros verbos irregulares

Two other groups of verbs are irregular in the preterite tense. Note the stem changes in the preterite forms of *hacer* and *estar*.

	hacer	**estar**
yo	hice	estuve
tú	hiciste	estuviste
Ud., él, ella	hizo	estuvo
nosotros(as)	hicimos	estuvimos
vosotros(as)	hicisteis	estuvisteis
Uds., ellos(as)	hicieron	estuvieron

The preterite-tense forms of *hacer* and *estar* have the same endings. Study the chart below.

Preterite endings

-e	-imos
-iste	-isteis
-o	-ieron

The following verbs have an *i* in their preterite stems, like *hacer*, and use the endings in the chart above.

Infinitive	**Preterite stem**	
hacer	hic-	¿Qué **hicieron** esta tarde?
querer	quis-	**Quise** viajar a Cuzco.
venir	vin-	Cristo **vino** para salvar al mundo.

The following verbs have a *u* in their preterite stems, like *estar*, and also use the preterite endings in the chart above.

Infinitive	**Preterite stem**	
estar	estuv-	Juan **estuvo** en la clase ayer.
andar	anduv-	**Anduve** sola en el parque.
poder	pud-	No **pude** llegar a tiempo.
poner	pus-	**Puse** mi tarea en la mesa.
saber	sup-	Mi madre **supo** cuándo llegué.
tener	tuv-	Ana **tuvo** que estudiar anoche.

Three of the verbs above have special meanings in the preterite tense.

supe	*I found out*
quise	*I tried*
no quise	*I refused*
no pude	*I could not (I tried, but failed)*

■ Actividad 3

Los siguientes jóvenes no estuvieron en el juego de baloncesto anoche.
Diga las excusas que dieron.

Modelo: Juan: ir al médico
          Juan no estuvo en el juego anoche. Tuvo que ir al médico.

1. Manuel: ayudar a su padre
2. Sara y Ana: hacer un pastel
3. nosotros: visitar a un amigo en el hospital
4. tú: arreglar tu bicicleta
5. Felipe: organizar un banquete
6. yo: ir al dentista

■ Actividad 4

A veces los jóvenes quieren hacer cosas imposibles. Diga lo que los
siguientes jóvenes quisieron hacer pero no pudieron. Escriba oraciones
completas.

Modelo: *José quiso escribir un canto*
          pero no pudo.

1. Jorge
2. María y Ana
3. yo
4. Roberto y yo
5. tú
6. Anita
7. Uds.
8. nosotros

■ Actividad 5

¡Los pobres estudiantes! No estudiaron para sus exámenes. ¿Qué les
pasó? Conteste conforme al modelo.

Modelo: Roberto
          Roberto no quiso estudiar anoche.
          No pudo contestar las preguntas.

1. Ana
2. nosotros
3. Tomás y Felipe
4. tú
5. Pedro
6. yo
7. Uds.
8. mi hermana y yo

▪ Actividad 6

Escriba cinco oraciones en el tiempo pretérito. Use un elemento de cada columna para cada oración.

yo	poder	en el parque
el profesor	saber	en la mesa
los estudiantes	tener	escribir un libro
nosotros	querer	mucho
mis amigos	andar	contestar bien
mis padres	estar	llegar tarde
los vecinos	venir	a la escuela
tú	poner	en la clase

La preposición *por*

You have used the Spanish preposition *para* in place of the English preposition *for*.

Una carta llegó **para** mí.

El mensaje de la Biblia es **para** todo el mundo.

Another Spanish preposition that is often translated *for* in English is **por**. The preposition *por,* however, has different uses and meanings from *para*. The preposition *por* can be used to express the following:

- duration — Voy a estudiar español **por** tres años.
- exchange — Compré una cámara **por** treinta dólares.
- in place of — Cristo murió **por** mí.
- manner or means — Mandamos las cartas **por** avión.
- movement through or along a place — El gato entró **por** la puerta abierta.
- Me gusta caminar **por** las calles de la ciudad antigua.

▪ Actividad 7

Decida cómo va a mandar las siguientes cartas a sus amigos (por avión, por barco, por tren, por autobús).

Modelo: de Nueva York a España

Voy a mandar una carta de Nueva York a España por avión.

1. de Chicago a Indianápolis
2. de San Juan a las Bermudas
3. de Miami a Lima
4. de Lima a Cuzco
5. de Philadelphia a San Francisco
6. de Paris a Barcelona
7. de Madrid a Jerusalén

■ **Actividad 8**

Margarita visita un mercado. Ella le pregunta a un vendedor los precios. Con un compañero de clase, haga los dos papeles de Margarita y el vendedor.

Modelo: diccionario—$2

Margarita: *¿Cuánto quiere por el diccionario?*
Vendedor: *Por el diccionario quiero dos dólares.*

1. vestido—$25
2. sombrero—$4.75
3. radio—$10.00
4. libros—$5.00 cada uno (c/u)
5. reloj—$4.00
6. bolígrafo—$1.00

■ **Actividad 9**

Use elementos de cada columna para ver cuántas oraciones puede escribir en cinco minutos. Puede usar otras palabras en sus oraciones.

yo	comprar	diez dólares
María	viajar	tres horas
mis padres	estudiar	avión
nosotros	caminar	barco
Ud.	mandar	el centro

VERSÍCULO ▲▲▲▲▲▲▲▲▲▲▲▲▲▲▲▲▲▲▲▲▲▲▲▲▲▲▲▲▲▲▲▲▲▲▲▲

"Mas Dios muestra su amor para con nosotros, en que siendo aún pecadores, Cristo murió por nosotros".   Romanos 5:8

PRONUNCIACIÓN ▲▲▲▲▲▲▲▲▲▲▲▲▲▲▲▲▲▲▲▲▲▲▲▲▲▲▲▲▲▲▲

Los sonidos de las sílabas *ge, gi* y la consonante *j*

The sound of the **j** (jota) is represented by the letter *g* before *e* and *i* and by the letter *j* in all positions. It is pronounced like the English *h* in "house" but with slightly more friction.

Practique las palabras: gente, giro, jugo, paja
Practique las frases:

Jaime Jirón juega el primer jueves de junio en Jalisco.
Jacinto está en el gimnasio con los jóvenes.

Cognados

It is easy to form verbs in Spanish from English verbs that end in *-fy*. Simply replace the *-y* in the ending with the Spanish ending *-icar*. Study the examples below and then finish the second column on your own.

edify—edificar	fortify _____
glorify—glorificar	gratify _____
identify—identificar	intensify _____
justify—justificar	magnify _____
notify—notificar	signify _____
rectify—rectificar	verify _____

NOTA CULTURAL ▲▲▲▲▲▲▲▲▲▲▲▲▲▲▲▲▲▲▲▲▲▲▲▲▲▲▲▲▲▲

El Perú

En la edad *pre-colombina* los indios Inca vivieron en el Perú. La civilización Inca fue muy *avanzada*. En 1531 Pizarro *conquistó* el Perú en nombre de España. Pizarro llevó a España muchas *riquezas* que encontró en el Perú.

    Una de las ruinas más importantes de la civilización Inca está situada en Machu Picchu, un *pueblo* en los Andes, cerca de Cuzco. Una *muralla* de 500 metros de largo y 12 metros de alto *rodea* la ciudad. La muralla está *hecha* de rocas grandes; algunas son de más de 100 *toneladas*.

    Machu Picchu fue un secreto hasta 1911 cuando lo descubrió el arqueólogo y senador norteamericano Hiram Bingham.

Pre-Columbian
advanced/
conquered
riches

village/wall
surrounds
made/tons

Cuestionario

1. ¿Quién conquistó el Perú? ¿cuándo?
2. ¿Quiénes vivieron en el Perú antes de llegar los españoles?
3. ¿Dónde se encuentran las ruinas más importantes de los Incas?
4. Describa la muralla del pueblo de Machu Picchu.
5. ¿Quién descubrió las ruinas? ¿cuándo?

CAPÍTULO DOCE

Venezuela

Venezuela means "Little Venice." When the first Spaniards arrived in Venezuela, they found Indians living over the water in houses set on stilts and traveling from place to place in canoes. Since it reminded them of Venice, they named the region "La pequeña Venecia."

Venezuela gained her independence from Spain in 1821 under Simón Bolívar, who was born in Venezuela. He also helped liberate Perú, Bolivia, Ecuador, and Colombia. The *Guerra de la Independencia* (War for Independence) was especially fierce in Venezuela, lasting fifteen years and costing 450,000 lives, over half the entire population.

In the years since its independence, Venezuela has endured over fifty revolutions and for over 100 years knew no government other than military dictatorships. Today Venezuela has a democracy and a progressive government that is seeking to expand business and industry and to improve agriculture, housing, and education.

Venezuela is one of the leading countries in the production of petroleum. Most of its oil reserves are located around Lake Maracaibo in the western part of the country. This industry has been chiefly responsible for her improved economy. The oil industry has given Venezuela the highest per capita income in Latin America, but the distribution of wealth is very uneven.

Area:	352,143 sq. mi. (twice the size of California)
Population:	19,246,000
Government:	Federal republic
Capital:	Caracas

Lección 31

DIÁLOGO ▲▲

Excursión al campo

Los jóvenes de la Iglesia del Buen Pastor en Caracas, Venezuela, están haciendo planes para una excursión al campo. Van a invitar a algunos amigos que no asisten a la iglesia para hablarles acerca de Cristo. Están planeando el menú.

Juan:	Me gusta la idea de ir al campo el sábado.
Srta. Méndez:	Pedro nos dio la idea.
Pedro:	La comida siempre *sabe* mejor *al aire libre*.
Ana:	Quiere decir que debemos llevar mucha comida.
Juan:	*A propósito*, ¿qué vamos a comer?
Ana:	Marta y yo queremos comer hamburguesas a la barbacoa, papitas y refrescos. ¿Está bien?
Pedro:	Está bien, pero tenemos *invitados*. Hay que preparar para ellos también.
Srta. Méndez:	Es cierto. Vamos a ver. Voy a hacer la lista. *Carne molida*, tres kilos . . .
Juan:	¿Nada más que tres kilos?
Srta. Méndez:	Es suficiente para 20 hamburguesas.
Juan:	Compre un kilo más.
Srta. Méndez:	Está bien. Cuatro kilos de carne molida. Tres docenas de pan para hamburguesa. ¿Está bien, Juan?
Juan:	Bien.
Srta. Méndez:	Dos docenas de platos y vasos plásticos. Cuchillos, tenedores y cucharitas también. Y un paquete de servilletas. ¿Alguien tiene un mantel?
Ana:	Yo tengo uno. Puedo traérselo mañana.
Srta. Méndez:	Además, necesitamos condimentos—sal y pimienta, mostaza y salsa de tomate. ¿Quién va a comprárnoslos?
Ana:	Yo los compro.
Srta. Méndez:	Juan, ¿tú puedes traernos las papitas? Vamos a necesitar dos bolsas grandes.
Juan:	Les traigo tres bolsas. Quiero tener suficiente.

Side notes: tastes/in the fresh air · By the way · guests · ground beef

	Srta. Méndez:	Creo que eso es todo.
	Ana:	¿Y los refrescos?
I forgot about	Srta. Méndez:	*Se me olvidaron.* ¿Cuántas botellas necesitamos?
them.	Juan:	Por lo menos tres docenas.
	Srta. Méndez:	¿Tantas?
	Juan:	¡Quiero tener suficiente!
Better to have too much	Srta. Méndez:	Está bien. *¡Mejor que sobre a que falte!* ¿Algo más?
than not enough.		
that it be sunny	Ana:	Sólo *que haya sol* el sábado.

Conversación

1. ¿Qué van a hacer los jóvenes el sábado?
2. ¿Quién les dio la idea?
3. ¿Por qué van a invitar a otros?
4. ¿En qué consiste el menú?
5. ¿Quién preparó la lista?
6. ¿Quién se preocupó por tener lo suficiente?
7. ¿Cuánta carne molida van a comprar?
8. ¿Cuántas docenas de pan van a comprar?
9. ¿Qué clase de utensilios para la mesa van a comprar?
10. ¿Quién les va a llevar el mantel?
11. ¿Cuántas bolsas de papitas les va a llevar Juan?
12. ¿Qué se le olvidó a la srta. Méndez?
13. ¿Cree Ud. que van a tener suficientes refrescos?
14. ¿Qué tiempo quieren tener el sábado?

VOCABULARIO ▲▲▲▲▲▲▲▲▲▲▲▲▲▲▲▲▲▲▲▲▲▲▲▲▲▲▲▲▲▲▲▲▲

el mantel

el tenedor

la cuchara

el cuchillo

el plato

la servilleta

el vaso

GRAMÁTICA ▲▲▲

Repaso: pronombres de objetos directos e indirectos

The following chart gives a summary of the direct and indirect object pronouns and their corresponding subject pronouns.

Subject Pronouns	D. O. Pronouns	I. O. Pronouns
yo	me	me
tú	te	te
Ud., él, ella	lo, la	le, (se)
nosotros(as)	nos	nos
vosotros(as)	os	os
Uds., ellos, ellas	los, las	les, (se)

Review the following facts about object pronouns:

- Verbs of communication, such as *escribir, hablar,* and *preguntar,* usually take an indirect object pronoun.
- Even though a sentence may contain an indirect object noun, it usually has an indirect object pronoun also.

  Le escribo **a Carmen.**
  Le hablo **a Pedro.**
  Les pregunta **a los estudiantes.**

- The object pronoun is usually placed before the verb. But if the main verb is followed by an infinitive, the object pronoun is usually attached to the end of the infinitive. Nevertheless, either position is acceptable.

  Lo invitó a la iglesia. Va a invitar**lo** otra vez.
  Le escribió una carta. Necesita escribir**le** otra carta.

la mostaza

un *paquete* de servilletas

la sal y la pimienta

la salsa de tomate

una *botella* de Coca-cola

una *docena* de huevos

■ **Actividad 1**

Lea la historia de Marcos y su viaje a Venezuela. Escriba en el espacio el pronombre que falta. Indique si el pronombre es objeto directo o indirecto.

Modelo: Marcos ___*le*___ escribió una carta a su tía. *(objeto indirecto)*

1. Ella _____ recibió por correo el sábado.
2. En la carta _____ dijo que fue a Venezuela el mes pasado.
3. Marcos tiene amigos en Caracas y _____ visitó.
4. Ellos _____ llevaron al centro de la ciudad y al zoológico.
5. Sus amigos también _____ enseñaron la ciudad entera .
6. En un mercado Marcos vio muchas frutas. _____ miró bien y luego compró dos cocos.
7. Marcos y sus amigos _____ comieron.
8. Marcos llevó muchos tratados en español a Venezuela y _____ repartió a muchas personas.
9. _____ habló a esas personas de Cristo también.
10. Muchas personas _____ prestaron atención a Marcos.
11. La tía de Marcos está contenta de leer la carta de Marcos. Ella _____ escribe una carta de vuelta.

[handwritten annotations in margins:]
1. indirecto, in sentences por spanish
2. directo
Double object pronoun
Marcos se la escribió!

La posición de dos complementos

Many times a direct object and an indirect object are used in the same sentence. Note the position of the object pronous in the following sentences.

¿Me vendes **tu libro?**	Sí, **te lo** vendo.
¿Me prestas **tu bicicleta?**	Sí, **te la** presto.
¿Me das **tu camisa verde?**	No, no **te la** doy.

When two object pronouns are used in the same sentence, the indirect object (usually a person) comes *before* the direct object (usually a thing). This position is always true whether the objects are placed to the left of the conjugated verb, as above, or are attached to the infinitive as in the examples below.

Note the position of the two object pronouns in the answers to the questions below.

¿Me vendes **tu cámara?** —No, no quiero vendér**tela.**

¿Me prestas **tu diccionario?** —Sí, puedo prestár**telo.**

¿Me das **tu permiso?** —Sí, puedo dár**telo.**

An accent mark is written over the infinitive ending in order to keep the original stress pattern of the verb.

■ Actividad 2

Marina está en la casa de su amiga Ester. Ester tiene muchas cosas que Marina quiere usar. Marina le pide las cosas a Ester. Con un compañero de clase, haga los papeles de Marina y Ester según el modelo.

Modelo: el tocadiscos

Marina: ¿Me prestas tu tocadiscos?
Ester: Sí, te lo presto. (No, no te lo presto.)

1. el diccionario
2. la cámara
3. la raqueta de tenis
4. el sombrero blanco
5. los zapatos negros
6. la máquina de escribir
7. los discos
8. las blusas
9. el carro
10. el abrigo rojo

■ Actividad 3

Haga los papeles de Marina y Ester en la Actividad 2, de acuerdo al siguiente modelo.

Modelo: tocadiscos

Marina: ¿Me prestas tu tocadiscos?
Ester: Sí, puedo prestártelo.
(No, no puedo prestártelo.)

■ Actividad 4

Conteste las preguntas. Use dos pronombres en cada respuesta.

Modelo: ¿Me das una hamburguesa? *Sí, te la doy.*

1. ¿Me traes el libro?
2. ¿Rafael te prestó su tocadiscos?
3. ¿Me vendes tu carro?
4. ¿María te pidió tu dirección?
5. ¿Puedes decirme el secreto?

Mandatos afirmativos: forma *Ud.*

In Spanish, commands may be familiar (**tú** form) or formal (**Ud.** form). Use the familiar form with people you normally address with the *tú* form of the verb and the formal form with people you normally address with the *Ud.* form of the verb.

Your teacher has already used many commands in class (*escriba, conteste, abra, cierre, escuche,* etc.), and you have seen many commands in the instructions in your books.

For most regular and irregular verbs, the formal command (*Ud.* form) is formed as follows:

- Drop the **-o** of the *yo* form of the present tense of the verb.

  hablar: (yo) hablo→habl
  vender: (yo) vendo→vend
  salir: (yo) salgo→salg

- Add **-e** (to the **-ar** verbs) or **-a** (to the **-er** and **-ir** verbs).

  hablar: (Ud.) ¡hable!
  vender: (Ud.) ¡venda!
  salir: (Ud.) ¡salga!

In order to keep the sound of the stem, the following groups of verbs have spelling changes.

-car (c→qu) tocar	Por favor, señor, **toque** la guitarra.
-gar (g→gu) jugar	Señora, **juegue** con los niños esta noche.
-zar (z→c) empezar	**¡Empiece** el trabajo ahora mismo!

■ **Actividad 5**

El profesor pide muchos favores de un alumno. Haga el papel del profesor.

Modelo: (Hablar) más fuerte, por favor.
         Hable más fuerte, por favor.

1. (Llevar) los libros a la biblioteca.
2. (Escribir) la frase en la pizarra.
3. (Abrir) la ventana, por favor.
4. (Cerrar) la puerta.
5. (Caminar) a la cafetería y (comprar) su almuerzo.
6. A las tres de la tarde, (correr) por media hora.
7. (Regresar) a la clase mañana.
8. ¡(Llegar) a tiempo!

■ **Actividad 6**

Give the formal command form for the verbs below. (Remember to make the changes in the irregular verbs.)

1. tocar
2. leer
3. llegar
4. hacer
5. decir
6. salir
7. contestar
8. escribir
9. empezar
10. encontrar

La posición de los pronombres con los mandatos afirmativos

Note the position of the object and reflexive pronouns in the second column.

Tío Felipe:	Antonio:
¿Invito a la Srta. María a cenar?	¡Sí, invíte**la**!
¿Invito a mis amigos también?	¡Sí, invíte**los**!
¿Le escribo al presidente?	¡Sí, escríba**le**!
¿Te presto mi carro?	¡Sí, préste**melo**!
¿Les leo a Uds. el texto?	¡Sí, léa**noslo**!
¿Me quedo hasta las nueve?	¡Sí, quéde**se**!

In all affirmative commands, the object and reflexive pronouns follow the verb and are attached to it.

When the pronoun is attached to the affirmative command, an accent mark is used to retain the original stress pattern of the verb. If the command form has only two syllables, the accent mark is not needed.

¡**Démelo!** but, ¡**Deme** el libro, por favor!

■ **Actividad 7**

La Sra. de Guzmán le dice a su vecina la Srta. Morales que quiere hacer ciertas cosas. La Srta. Morales le responde.

Modelo: comprar un carro

Sra. de Guzmán: Quiero comprar un carro.

Srta. Morales: Entonces, ¡cómprelo!

1. Quiero estudiar francés.
2. Quiero escribir un libro.
3. Quiero comer un helado.
4. Quiero comprar dos bananas.
5. Quiero vender su cámara.
6. Quiero organizar un social.
7. Quiero cantar un solo.
8. Quiero pedir unos tacos.
9. Quiero escribir cartas.
10. Quiero contestar el teléfono.

■ **Actividad 8**

Conteste las preguntas con un mandato afirmativo.

Modelo: ¿Contesto la pregunta?
Sí, contéstela.

1. ¿Invito a Pablo y Juan?
2. ¿Pregunto al profesor?
3. ¿Llevo las revistas?
4. ¿Traigo a mis amigos?
5. ¿Invito a Carmen?
6. ¿Les doy a Uds. el libro?
7. ¿Le presto a Ramón mi carro?
8. ¿Me quedo hasta las ocho?
9. ¿Le doy mi número de teléfono?
10. ¿Les explico la situación?

Angel Falls

VERSÍCULO ▲▲▲

"Fiel es el que os llama, el cual también lo hará". I Tesalonicenses 5:24

Cognados

Many Spanish words which begin with *es-* correspond to English words which begin with *s-*.

España	**S**pain
español	**S**panish
escuela	**s**chool
Estados Unidos	**U**nited **S**tates

Complete the second column.

estudiante	_____
estación	_____
especial	_____
espiritual	_____
estudiar	_____
escena	_____
espléndido	_____
estatua	_____

Lección 32

Problemas del turista

Roberto Benavides y Tito Duarte son turistas en la ciudad de Caracas, Venezuela.

Roberto:	Tengo unas tarjetas postales que escribí a mis amigos en Nueva York. ¿Sabe dónde está el correo? Tengo que comprar estampillas.
Tito:	Ayer no vi ningún correo.
Roberto:	Y anduvimos mucho.
Tito:	Yo también quiero comprar estampillas y mandar una carta. Le escribí a mi novia. Le conté lo que hicimos ayer.
Roberto:	¿Le contó de todas las chicas lindas que vimos?
Tito:	¡No, hombre! Pero sí le conté de las flores lindas que vimos.
Roberto:	Ahí hay un policía. Pregúntele dónde está el correo.
Tito:	Pregúntele Ud.
Roberto:	Está bien. Con su permiso, señor, ¿me puede decir dónde está el correo?
Policía:	Sí, como no. Está cerca. Siga derecho hasta la esquina. Doble a la izquierda. Camine dos cuadras y doble a la derecha. Mire a la izquierda y ahí está el correo frente a un colmado. No es difícil encontrarlo.
Roberto:	Muchas gracias, señor.
Policía:	A la orden.
Tito:	¿Ya sabe llegar?
Roberto:	Creo que sí. A ver, dijo él, "Siga derecho hasta la esquina. Doble a la . . ." ¿derecha o izquierda?
Tito:	Creo que dijo a la izquierda.
Roberto:	Después, "camine dos cuadras y doble a la . . ." ¿derecha o izquierda?
Tito:	"Derecha . . ."
Roberto:	"Y ahí está el correo a la izquierda".
Tito:	Bueno, ¡vámonos!

Conversación

1. ¿Dónde están Roberto Benavides y Tito Duarte?
2. ¿Qué quieren encontrar?
3. ¿Por qué necesitan el correo?
4. ¿Vieron el correo ayer?
5. ¿A quién escribió Roberto? ¿Tito?
6. ¿Acerca de qué escribió Tito?
7. ¿Quién pidió las direcciones hasta el correo?
8. ¿Entendieron bien las direcciones Roberto y Tito?
9. ¿Qué está frente al correo?
10. ¿Puede hacer un mapa según las direcciones del policía?

VOCABULARIO ▲▲▲▲▲▲▲▲▲▲▲▲▲▲▲▲▲▲▲▲▲▲▲▲▲▲▲▲▲

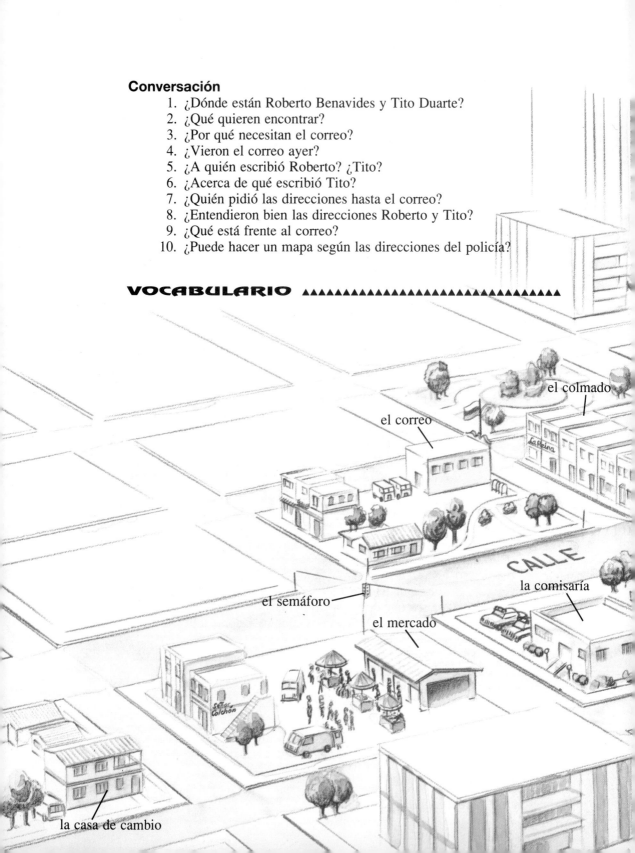

el colmado

el correo

el semáforo

la comisaría

el mercado

la casa de cambio

GRAMÁTICA ▲▲▲▲▲▲▲▲▲▲▲▲▲▲▲▲▲▲▲▲▲▲▲▲▲▲▲▲▲▲▲▲▲▲▲▲

Mandatos: forma *nosotros* (Let's _____)

Most *nosotros* commands are based on the *yo* form of the present tense. Just drop the *-o* of the *yo* form and add *-emos* to the -ar verbs or *-amos* to the -er and -ir verbs. (The special form *¡vámonos!* means ''let's go!'')

cantar	(yo) canto	cant**emos.**	*Let's sing.*
correr	(yo) corro	corr**amos.**	*Let's run.*
salir	(yo) salgo	salg**amos.**	*Let's go out.*

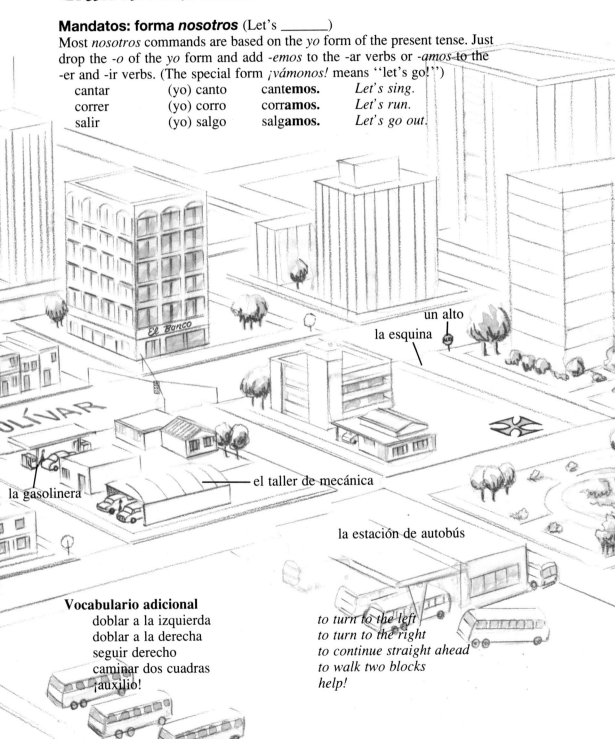

un alto

la esquina

el taller de mecánica

la gasolinera

la estación de autobús

Vocabulario adicional

doblar a la izquierda	*to turn to the left*
doblar a la derecha	*to turn to the right*
seguir derecho	*to continue straight ahead*
caminar dos cuadras	*to walk two blocks*
¡auxilio!	*help!*

▪ Actividad 1

Ramona está de buen humor hoy. Quiere hacer todo lo que sus compañeras sugieren (*suggest*). Haga los papeles de Ramona y de sus compañeras.

Modelo: andar

> *Compañera: Ramona, ¿quieres andar en el parque?*
> *Ramona: Sí, andemos.*

1. correr
2. comer
3. salir (de)
4. estudiar
5. preguntar
6. escribir
7. comprar
8. vender
9. tomar
10. ir (a)

▪ Actividad 2

Una visita llega a su escuela. No sabe llegar a la cafetería. Déle las direcciones.

Mandatos negativos: forma Ud.

To form a negative command with *Ud.*, simply insert the word *no* before the verb.

> No cierre la puerta.
> No hable tanto.

▪ Actividad 3

Pepe trabaja en un almacén. Quiere hacer muchas cosas, pero su jefe (*boss*) le dice que no puede. Haga el papel del jefe.

Modelo: *Pepe: Quiero abrir la ventana.*
> *Jefe: No abra la ventana.*

1. Quiero comer la manzana.
2. Quiero beber un refresco.
3. Quiero leer el periódico.
4. Quiero llamar a mi amigo por teléfono.
5. Quiero tomar una siesta.

▪ Actividad 4

Escriba cinco mandatos negativos que el doctor puede dar a sus pacientes. Los siguientes verbos pueden ayudarle: comer, beber, tomar pastillas, correr, dormir, levantarse, acostarse.

La posición de los pronombres con los mandatos negativos

Compare the position of the object and reflexive pronouns in the following affirmative and negative commands.

Srta. Rivas:	Marta:	Pablo:
¿Visito a Raquel?	¡Sí, visíte**la**!	¡No, no **la** visite!
¿Le doy el libro a Ud.?	¡Sí, dé**melo**!	¡No, no **me lo** dé!
¿Me quedo con Ud.?	¡Sí, quéde**se**!	¡No, no **se** quede!

In affirmative commands, object and reflexive pronouns come after the verb and are attached to it. In negative commands, the pronouns come before the verb.

▪ Actividad 5

El Sr. Marquez no está seguro de lo que quiere hacer durante sus vacaciones. Sus colegas le dan consejo. Con otros dos compañeros de clase, haga los papeles de los tres señores.

Modelo: Tomar el tren
          Sr. Marquez: ¿Tomo el tren?
          Sr. Romero: Sí, tómelo.
          Sr. Orozco: No, no lo tome.

1. comprar recuerdos
2. visitar los museos
3. escribir a los amigos
4. subir una montaña
5. leer un buen libro
6. quedarse en el hotel
7. usar el metro
8. dormirse al lado de la piscina
9. llamar a su novia por larga distancia
10. visitar los sitios turísticos

▪ Actividad 6

El presidente les pide consejos a sus consejeros. Dé un consejo afirmativo y un consejo negativo para cada situación siguiente.

1. El primer ministro de Uganda pide ayuda económica. ¿Le doy ayuda?
2. Acabo de recibir una carta de Boris Yeltsin. ¿Le escribo hoy?
3. Me invitaron a hablarles a los senadores. ¿Les hablo?
4. El Japón me invita a comprar carros japoneses. ¿Los compro?
5. El partido democrático de Polonia tiene muchos problemas. ¿Lo ayudo?

El pronombre *se*

Note the indirect object pronouns in the answers below.

¿**Le** quieres dar tu trabajo al profesor? —Sí, **se** lo quiero dar.

¿**Le** prestas tu guitarra a tu prima? —Sí, **se** la presto.

¿**Les** das tu dirección a todas las chicas? —No, no **se** la doy.

Se replaces the object pronouns *le* and *les* when they come before another pronoun that begins with *l* (lo, la, los, las). *Se lo entrego,* instead of *Le lo entrego.*

Remember:

* When object pronouns come after an infinitive verb, they are attached to it.

    ¿Vas a decir**lo** a Rosita y Carmen? Sí, voy a decír**selo.**

    (Sí, se lo voy a decir.)

* In affirmative commands, object pronouns also come *after* the verb.

    ¿Puedo vender los discos a Felipe? Sí, vénda**selos.**

▪ Actividad 7

Jaime le pregunta a Isa si va a hacer ciertas cosas. Ella dice que sí. Haga los dos papeles según el modelo.

Modelo: enviar una carta a Diana

    Jaime: ¿Vas a enviar la carta a Diana?

    Isa: Sí, voy a enviársela.

    (Sí, se la voy a enviar.)

1. prestar tu cámara a Rosita
2. entregar tu trabajo al profesor
3. decir la verdad a Pedro
4. preguntar al pastor si puede asistir al programa
5. dar comida a los perros
6. enviar los regalos a tus amigos

Venezuela is among the world's leading petroleum-producing nations.

■ **Actividad 8**

Beatriz Vargas no sabe qué hacer. ¿Qué consejo le da a la Srta. Vargas? Haga los dos papeles según el modelo.

Modelo: comprar un regalo para su novio

        Srta. Vargas: *¿Debo comprar un regalo para mi novio?*

        Tú: *Sí, cómpreselo.*

        (No, no se lo compre.)

1. prestar $20 a su hermano
2. enseñar sus planes al comité
3. decir una mentira a su novio
4. prestar el reloj a su primo
5. dar su abrigo a Elena
6. devolver los libros a la biblioteca
7. enviar una carta a los misioneros
8. comprar una Biblia para su amiga

VERSÍCULO ▲▲▲▲▲▲▲▲▲▲▲▲▲▲▲▲▲▲▲▲▲▲▲▲▲▲▲▲▲▲▲▲▲▲▲▲▲

"Guarda, hijo mío, el mandamiento de tu padre, y no dejes la enseñanza de tu madre". Proverbios 6:20

Cognates

To form the Spanish equivalent of many English verbs, you need only to add an *-ar* ending. (Sometimes you must drop the silent *-e*.)

abandon	abandonar
abuse	abusar
accept	aceptar
adapt	adaptar
adorn	adornar
capture	capturar
combine	combinar
compare	comparar
complete	completar

Give the Spanish translation for the verbs below.

conform   _____
consider   _____
consult   _____
converse   _____
declare   _____
export   _____
express   _____
imagine   _____
import   _____
inspire   _____
prepare   _____

NOTA CULTURAL ▲▲▲▲▲▲▲▲▲▲▲▲▲▲▲▲▲▲▲▲▲▲▲▲▲▲▲▲▲▲▲▲▲

Colmados o pulperías

En muchos pueblos y ciudades hay pequeñas tiendas, llamadas colmados o pulperías, donde *se vende* la comida esencial para la *vida diaria*. Allí las señoras pueden comprar arroz, frijoles, *aceite*, azúcar, sal, harina y muchas cosas más. Muchas veces compran sólo la *cantidad* necesaria para cocinar la comida de un sólo día.

is sold/daily life

oil

quantity

Los colmados también *sirven de sitio de reunión* para los hombres del vecindario. Allí pueden comprar algo para tomar: café o refrescos, y a la vez conversar. Muchas veces hay un televisor y pueden mirar sus programas favoritos o partidos de béisbol o fútbol. En los colmados no sólo se vende comida, pero también *se puede oír* cuentos, *chistes* e información en general.

serve as a meeting place

you can hear/jokes

Cuestionario

1. ¿Qué es un colmado o pulpería?
2. ¿Qué compran las mujeres en un colmado?
3. ¿Qué cantidad compran?
4. ¿Para qué más sirven los colmados?
5. ¿Qué compran los hombres?
6. ¿Qué hacen los hombres en los colmados?
7. ¿Cree Ud. que el colmado es un buen sitio de reunión para los jóvenes cristianos? ¿Por qué?

LECTURA ▲▲

Relato bíblico

En Juan 9 leemos la historia de un hombre *ciego de nacimiento*. Un día, los discípulos le preguntaron a Jesús, "¿quién *pecó*, éste o sus padres?"

    Jesús les dijo, "No es que pecó éste, ni sus padres, sino para que las *obras* de Dios *se manifiesten* en él. . . . *Entre tanto que* estoy en el mundo, luz soy del mundo".

    Entonces Jesús hizo *lodo* en la tierra, y *untó* el lodo en los ojos del hombre ciego. Jesús le dijo, "Vé a lavarte en el *estanque* de Siloé". El ciego fue, se lavó, y recibió *la vista*.

    Cuando la gente le preguntó, "Cómo te fueron abiertos los ojos?", él les dijo, "Aquel hombre que se llama Jesús hizo lodo, me untó los ojos y me dijo: Vé al Siloé, y lávate; y fui, y me lavé, y recibí la vista".

blind from birth
pecar=to sin

works/be made manifest/as long as

mud/anointed
pool
sight

Conversación

1. ¿Dónde encontramos la historia del hombre que nació ciego?
2. ¿Es ciego el hombre porque pecaron sus padres?
3. ¿Es ciego porque él pecó?
4. ¿Qué hizo Jesús para sanarlo?
5. ¿Qué le dijo Jesús?
6. ¿Obedeció el ciego a Jesús?

GRAMÁTICA ▲▲▲▲▲▲▲▲▲▲▲▲▲▲▲▲▲▲▲▲▲▲▲▲▲▲▲▲▲▲▲▲▲▲▲▲▲▲▲

Mandatos afirmativos: forma *tú*

Tú affirmative commands are very easy to form: -ar verbs end in *-a;* -er and -ir verbs end in *-e.* (The affirmative *tú* command form for most verbs looks the same as the third-person singular form of the present tense.) Compare the verbs in the following columns:

Present Tense
Ella camina a la escuela.
(*She walks to school.*)
Ella lee una novela.
(*She reads a novel.*)
Él pide una soda.
(*He asks for a soft drink.*)

Affirmative Command (tú)
¡Camina más de prisa!
(*Walk faster!*)
¡Lee mi carta!
(*Read my letter!*)
¡Pide una soda para mí también!
(*Ask for a soft drink for me too!*)

Juan es un poco perezoso *(lazy)*, y su madre tiene que decirle lo que tiene que hacer. Haga el papel de su madre según el modelo. (Note: Do not forget to change the stems of the verbs for numbers 11-14.)

Modelo: estudiar la historia

        Madre: ¡Estudia la historia, Juan!

1. comprar la leche
2. terminar las tareas
3. limpiar el cuarto
4. lavar el carro
5. practicar la trompeta
6. buscar el periódico
7. escribir las instrucciones
8. leer la Biblia
9. abrir la puerta
10. comer la carne
11. devolver las revistas
12. seguir las instrucciones
13. contar el dinero
14. pedir permiso

Mandatos negativos: forma *tú*

Look carefully at the following negative command forms.

-ar verbs	¡No **tomes** café!
	¡No **cierres** la ventana!
-er verbs	¡No **vendas** el carro!
	¡No **traigas** a Rosa!
-ir verbs	¡No **escribas** esa carta!
	¡No **salgas** a esa hora!

For most verbs (regular and irregular), the negative form of the familiar *tú* command is formed as follows:

- Drop the *-o* of the *yo* form of the present tense of the verb.
- Add **-es** (to the -ar verbs) or **-as** (to the -er and -ir verbs).

Infinitive	*Yo* Form	Negative Command (*Tú Form*)
tomar	Tomo.	No tomes.
traer	Traigo.	No traigas.
escribir	Escribo.	No escribas.

Did you notice that the negative *tú* forms above are like the *Ud.* command form? The only difference is that *-es* or *-as* is added instead of *-e* or *-a*.

■ Actividad 2

Pedro quiere hacer muchas cosas el sábado, pero su hermano Miguel no quiere hacer nada. Haga el papel de Miguel.

Modelo: lavar el carro
   Pedro: Quiero lavar el carro.
   Miguel: No laves el carro.

1. Quiero comprar zapatos.
2. Quiero escuchar los discos.
3. Quiero mirar la televisión.
4. Quiero visitar a una amiga.
5. Quiero lavar mi moto.
6. Quiero llamar a María por teléfono.
7. Quiero cantar con el coro.
8. Quiero estudiar para un examen.
9. Quiero ayudar a Rafael.
10. Quiero trabajar en el patio.

El libertador,
Simón Bolívar

■ Actividad 3

Marta tiene que estudiar pero quiere hacer muchas cosas. Cada vez que piensa en hacer algo, su conciencia (*conscience*) le dice que no. Con un compañero, haga el papel de Marta y el de su conciencia.

Modelo: leer la revista
   Marta: Quiero leer la revista.
   Conciencia: No leas la revista.

1. comer un sandwich
2. beber un refresco
3. pensar en su novio
4. poner un disco
5. salir de la casa
6. hacer un pastel
7. tener visitas
8. tocar la guitarra
9. dormirse
10. empezar a leer una novela

Mandatos irregulares

Eight verbs have irregular command forms in the affirmative. Of the eight, only two, *ir* and *ser*, are also irregular in the negative.

Infinitive	Affirmative commands	Negative commands
decir	Di.	No digas.
hacer	Haz.	No hagas.
poner	Pon.	No pongas.
salir	Sal.	No salgas.
tener	Ten.	No tengas.
venir	Ven.	No vengas.
ir	Ve.	No vayas.
ser	Sé.	No seas.

■ **Actividad 4**

Fill in the blank with the appropriate command form of the verb inside the parentheses.

1. ¡_____ me adónde fuiste! (decir)
2. ¡_____ el libro en la mesa! (poner)
3. ¡No _____ antes de la una! (salir)
4. ¡No me _____ mentiras! (decir)
5. ¡_____ las tareas ahora! (hacer)
6. ¡No _____ nada en la silla! (poner)
7. ¡_____ de la casa! (salir)
8. ¡_____ paciencia conmigo! (tener)
9. ¡No _____ sin ella! (venir)
10. ¡No _____ las tareas mañana! (hacer)
11. ¡No _____ cuidado! (tener)
12. ¡_____ conmigo! (venir)
13. ¡_____ con tu hermano! (ir)
14. ¡_____ bueno, muchacho! (ser)
15. ¡No _____ ridículo, chico! (ser)
16. ¡No _____ sin abrigo! (ir)

Did you notice that the verbs above (except *ir* and *ser*) are those that end in -go in the first-person singular form (*yo* form) of the present tense? To form these irregular affirmative *tú* commands, just drop the -go ending from the present-tense *yo* form. *Hacer* is an exception: Add -z.

■ **Actividad 5**

Raquel siempre le dice a Susana, su hermana menor, lo que tiene que hacer. Haga el papel de Raquel.

Modelo: poner el libro en la mesa
Pon el libro en la mesa, Susana.

1. decir la verdad
2. hacer las tareas
3. tener cuidado
4. venir a casa
5. salir de su cuarto
6. ponerse el abrigo
7. decirle a mamá lo que pasó
8. salir a las cuatro
9. tener paciencia
10. venir al patio

■ **Actividad 6**

Cambie los mandatos de la Actividad 5 al negativo.

Modelo: poner el libro en la mesa

   ¡No pongas el libro en la mesa!

Mandatos especiales

The verbs *dar* and *estar* have regular affirmative *tú* command forms, and they have regular negative forms even though their first-person *yo* forms end in -oy.

dar	¡**Da** la mano!	¡No me **des** el trabajo!
estar	¡**Está** aquí a la una!	¡No **estés** tan triste, Ana!

Two verbs have both irregular affirmative and negative *tú* command forms. These verbs are *ir* and *ser*.

ir	¡**Ve** a la iglesia esta noche!	¡No **vayas** a la casa de Rosa!
ser	¡**Sé** mi amigo siempre!	¡No **seas** tonto, Tito!

	Affirmative	**Negative**
dar	Da.	No des.
estar	Está.	No estés.
ir	Ve.	No vayas.
ser	Sé.	No seas.

■ **Actividad 7**

El pastor de Mario le da unos consejos para la vida cristiana. Haga el papel del pastor.

Modelo: ir a la iglesia los domingos

   Ve a la iglesia los domingos.

1. dar tu diezmo (*tithe*) al Señor
2. ser obediente a tus padres
3. ir al servicio de oración
4. estar de buen humor
5. no estar de mal humor
6. no ir al cine
7. dar tu testimonio delante de tus amigos
8. no decir mentiras nunca
9. no tener miedo porque Dios está contigo
10. no ser desobediente a la Palabra de Dios

■ Actividad 8

No debemos seguir los malos consejos. Cambie los malos consejos a buenos consejos, según el modelo.

Modelo: ¡Sé cruel!
          ¡No seas cruel!

1. ¡Di mentiras!
2. ¡Pon los pies encima de la mesa!
3. ¡No hagas las tareas!
4. ¡No vayas a la iglesia esta noche!
5. ¡No tengas paciencia con tus amigos!
6. ¡No seas fiel al Señor!
7. ¡Llega tarde a la clase!
8. ¡Está de mal humor por la mañana!
9. ¡Da malos consejos a tus amigos!
10. ¡Sal a la calle después de la medianoche!

VERSÍCULO ▲▲▲▲▲▲▲▲▲▲▲▲▲▲▲▲▲▲▲▲▲▲▲▲▲▲▲▲▲▲

''No seas sabio en tu propia opinión; teme a Jehová, y apártate del mal''.   Proverbios 3:7

Práctica de mandatos

En la Biblia hay muchos mandatos. Busca los versículos en tu Biblia y llena los espacios con el mandato correcto.

1. (Mateo 14:29) Jesús le dijo a Pedro, _____ (venir).
2. (14:30) Pedro le dijo a Jesús, ¡Señor, _____! (salvarme).
3. (Marcos 1:25) Jesús reprendió al demonio diciendo, ¡_____ (callarse), y _____ (salir) de él!
4. (2:11) Jesús le dijo al paralítico, _____ (levantarse), _____ (tomar) tu lecho , y _____ (irse) a tu casa.
5. (3:3) Jesús le dijo al hombre que tenía la mano seca, _____ (levantarse) y _____ (ponerse) en medio.
6. (5:34) Jesús le dijo a una mujer enferma, _____ (ir) en paz.
7. (8:26) Después de curar un ciego, Jesús le dijo, No _____ (entrar) en la aldea, ni lo _____ (decir) a nadie en la aldea.
8. (10:19) Jesús le dijo al joven rico, No _____ (adulterar). No _____ (matar). No _____ (hurtar). No _____ (decir) falso testimonio.
9. No _____ (defraudar). _____ (Honrar) a tu padre y a tu madre.
10. (10:21) Una cosa te falta: _____ (andar), _____ (vender) todo lo que tienes, y _____ (darlo) a los pobres . . . y _____ (venir), _____ (seguirme).
11. (Salmo 51:8) _____ (Hacerme) oír gozo y alegría.
12. (51:10) _____ (Crear) en mí, oh Dios, un corazón limpio.
13. (51:15) _____ (Abrir) mis labios.
14. (61:1) _____ (Oír), oh Dios, mi clamor.
15. (71:3) _____ (Ser) para mí una roca de refugio.
16. (119:12) _____ (Enseñarme) tus estatutos.

REFERENCE TABLES

VERB CONJUGATIONS ▲▲▲▲▲▲▲▲▲▲▲▲▲▲▲▲▲▲▲▲▲▲▲▲▲

Present tense

■ Regular -ar verbs
hablar

hablo	hablamos
hablas	habláis
habla	hablan

Other examples: trabajar, comprar, testificar, sacar, tomar, estudiar, llegar

■ Regular -er verbs
comer

como	comemos
comes	coméis
come	comen

Other examples: comprender, creer, vender

■ Regular -ir verbs
vivir

vivo	vivimos
vives	vivís
vive	viven

Other examples: recibir, abrir, asistir, escribir, subir

■ Stem-change verbs e→ie
entender

entiendo	entendemos
entiendes	entendéis
entiende	entienden

Other examples: pensar, empezar, comenzar, perder, querer, sentir, preferir

■ Stem-change verbs o→ue
volver

vuelvo	volvemos
vuelves	volvéis
vuelve	vuelven

Other examples: encontrar, contar, costar, poder, dormir, morir

▪ Stem-change verbs (-ir conjugation) e→i

pedir

pido	pedimos
pides	pedís
pide	piden

Other examples: servir, repetir, reír

▪ Irregular first-person conjugations

a) The following verbs are irregular only in first person.

hacer (-go)	*conocer (-zco)*	*ver (-eo)*	*caer (-igo)*
hago	conozco	veo	caigo
haces	conoces	ves	caes
hace	conoce	ve	cae
hacemos	conocemos	vemos	caemos
hacéis	conocéis	veis	caéis
hacen	conocen	ven	caen

b) The following verbs combine an irregular first-person form as well as a stem change in other persons.

tener e→ie	*venir* e→ie	*decir* e→i	*seguir* e→i
tengo	vengo	digo	sigo
tienes	vienes	dices	sigues
tiene	viene	dice	sigue
tenemos	venimos	decimos	seguimos
tenéis	venís	decís	seguís
tienen	vienen	dicen	siguen

▪ Irregular verbs

ser	*estar*	*ir*
soy	estoy	voy
eres	estás	vas
es	está	va
somos	estamos	vamos
sois	estáis	vais
son	están	van

Preterite Tense

▪ Regular -ar

hablar

hablé	hablamos
hablaste	hablasteis
habló	hablaron

▪ Regular -er and -ir

comer	escribir
comí	escribí
comiste	escribiste
comió	escribió
comimos	escribimos
comisteis	escribisteis
comieron	escribieron

Other examples: vender, volver, aprender, comprender, ver, vivir, abrir, salir, escribir, *dar

*Note: Although *dar* is an -ar verb, it is conjugated as a regular -er or -ir verb in the preterite.

▪ Regular -ar verbs with irregular spellings: -car, -gar, -zar

tocar	pagar	comenzar
toqué	pagué	comencé
tocaste	pagaste	comenzaste
tocó	pagó	comenzó
tocamos	pagamos	comenzamos
tocasteis	pagasteis	comenzasteis
tocaron	pagaron	comenzaron

Other examples: (*-car*) practicar, sacar, buscar, explicar; (*-gar*) llegar, jugar; (*-zar*) almorzar, cruzar.

▪ Ser and Ir

fui	fuimos
fuiste	fuisteis
fue	fueron

▪ Irregular preterite endings

-e	-imos
-iste	-isteis
-o	-ieron

▪ Irregular preterite stems

querer	quis-	poner	pus-
hacer	hic-	poder	pud-
venir	vin-	andar	anduv-
saber	sup-	estar	estuv-

■ Spelling changes ió → yó; ieron → yeron

leer

leí	leímos
leíste	leísteis
leyó	leyeron

Other examples: creer, caer

Present participles

■ Regular participles

-ar verbs: -ando
-er, -ir verbs: -iendo

Examples: hablar→hablando; comer→comiendo; vivir→viviendo

■ Irregular participles: (-er, -ir verbs) -yendo

Examples: traer→trayendo; creer→creyendo; leer→leyendo

■ Irregular participles: stem change e→i o→u

pedir	pidiendo
decir	diciendo
sentir	sintiendo
venir	viniendo
dormir	durmiendo
morir	muriendo

Present progressive tense: action in progress

Estar + present participle

estoy trabajando	estamos estudiando
estás comiendo	estáis poniendo
está escribiendo	están viviendo

Near future: future action

Ir + a + infinitive

voy a trabajar	vamos a estudiar
vas a comer	vais a poner
va a escribir	van a vivir

PRONOUNS ▲▲

Subject pronouns

yo	nosotros
tú	vosotros
usted	ustedes
él, ella	ellos, ellas

Usage:
- as the subject of a verb or as the object of a preposition

Object pronouns

■ Direct object pronouns

me	nos
te	os
lo, la	los, las

Usage:
- replaces a direct object noun
- comes before a conjugated verb
- may be attached to the end of an infinitive
  Ud. *la* conoce.
  ¿Desea Ud. conocer*la*?

■ Indirect object pronouns

me	nos
te	os
*le	*les

Usage:
- replaces an indirect object noun (a noun that indicates *to whom* or *for whom* something is being given or done)
- comes before a conjugated verb
- may be attached to the end of an infinitive: *Te* doy el libro. / Voy a dar*te* el libro.

Note: When combining indirect and direct object pronouns,
- the indirect object pronoun always precedes the direct object pronoun.
- *se* replaces *le* and *les* when the next word is *lo, la, los,* or *las.*

Reflexive pronouns

me	nos
te	os
se	se

Usage:
- used to indicate action done by the subject to itself (or part of itself) or action that was performed by a subject upon itself without outside influence
- comes before a conjugated verb or is attached to the end of an infinitive

> *Me* despierto a las siete.
>
> Tengo que despertar*me* temprano.

Interrogative pronouns

¿Quién?
- refers to a person
- used as the subject of a verb or the object of a preposition

> ¿Quién tiene mi pluma?
>
> ¿De quién es el cuaderno?

¿A quién?
- refers to a person
- used as the object of a verb

¿De quién?
- refers to a person
- used to ask a question about possession

¿Qué?
- refers to a thing and usually requires a definition or an identification in the response
- used as the subject or the object of a verb or the object of a preposition

■ Other interrogatives

¿Cómo?	How?
¿Dónde?	Where?
¿Por qué?	Why?
¿Cuándo?	When?
¿Cuánto, -os, -a, -as?	How many? How Much?

DETERMINERS ▲▲▲▲▲▲▲▲▲▲▲▲▲▲▲▲▲▲▲▲▲▲▲▲▲▲▲▲▲▲▲▲▲▲▲▲▲▲

Articles

■ Definite articles
el	los
la	las

■ Indefinite articles
un	unos
una	unas

Demonstrative adjectives
este, esta	estos, estas
ese, esa	esos, esas
aquel, aquella	aquellos, aquellas

Possessive adjectives
mi, mis	nuestro, nuestra, nuestros, nuestras
tu, tus	vuestro, vuestra, vuestros, vuestras
su, sus	su, sus

CONTRACTIONS ▲▲▲▲▲▲▲▲▲▲▲▲▲▲▲▲▲▲▲▲▲▲▲▲▲▲▲▲▲▲▲

de + el = del
a + el = al

PREPOSITIONS ▲▲▲▲▲▲▲▲▲▲▲▲▲▲▲▲▲▲▲▲▲▲▲▲▲▲▲▲▲▲▲▲▲

en	*in, inside of, on*
encima de	*on top of*
debajo de	*under*
al lado de, junto a	*next to or beside*
en medio de, entre	*between*
delante de	*in front of*
detrás de	*behind*
antes de	*before*
después de	*after*

GLOSSARY

Spanish/English ▲▲▲▲▲▲▲▲▲▲▲▲▲▲▲▲▲▲▲▲▲▲▲▲▲▲▲▲▲▲▲▲▲

a la izquierda de to the left of

abierto(a) open

abogado (m) lawyer

abrigo (m) coat

abrir (regular verb) to open

aburrido(a) boring

acabar (de) (regular verb) to have just finished (doing something)

acerca de about, having to do with

acero (m) steel

acompañar (regular verb) to accompany; to go along with

acordeón (m) accordion

acostarse (stem-change verb o→ue) to lie down; to go to bed

aeromoza airline stewardess

aeropuerto (m) airport

afeitar(se) (regular verb) to shave (oneself)

aficionado(a) a fan: *Él es aficionado del fútbol.* He is a soccer fan.

agua (f) water (preceded by the article *el* in the singular)

aire (m) air; **aire libre** fresh air

al lado de (prep) beside

alabar (regular verb) to worship

algodón (m) cotton

almacén (m) department store

almorzar (stem-change verb o→ue) to eat lunch

almuerzo (m) lunch

alrededor de (prep) around

alto(a) tall; **¡alto!** stop!

amar (regular verb) to love

amarillo(a) yellow

anaranjado(a) orange

ancho(a) wide

andar (regular verb) to go from one place to another; to function

antiguamente a long time ago

Antiguo Testamento (m) Old Testament

antipático(a) unfriendly

apartamento (m) apartment

apio (m) celery

aprender (regular verb) to learn

aquél(aquella) that one over there

árbol (m) tree; **árbol de navidad** Christmas tree

arroz (m) rice

ascensor (m) elevator

asistir a (regular verb) to attend, to go to

aspiraciones (f) ambitions

asunto (m) a matter; **asuntos legales** legal matters

atender (stem-change verb e→ie) to take care of

atentamente attentively, cordially

atleta (m,f) athlete

aula (f) classroom (preceded by the article *el* in the singular)

autobús (m) bus

ayudar (regular verb) to help

azul blue

bajo(a) short (in stature); low

baloncesto (m) basketball

banana (f) banana

banco (m) bank; bench

bañar(se) (regular verb) to bathe (oneself)

baño (m) bath

barato(a) cheap

beber (regular verb) to drink

béisbol (m) baseball

bendecir (irregular verb like *decir*) to bless

besar (regular verb) to kiss

Biblia (f) Bible

biblioteca (f) library

bienaventuranzas (f) the Beatitudes

biología (f) biology

bizcocho (m) cake

blanco(a) white

blusa (f) blouse

boca (f) mouth

boleto (m) ticket (for railroad, theatre, etc.)

bolsa (f) bag

bolsillo (m) pocket

bonito(a) good-looking; pretty

bosque (m) forest

botella (f) bottle

brazos (m) arms

bueno(a) good

bufanda (f) scarf

buscar (regular verb) to look for; to seek

buzón (m) mailbox

caballo (m) horse

cabeza (f) head

caer (irregular first-person) to fall

café (m) coffee; **café con leche** coffee with milk

cafetería (f) cafeteria

callar(se) to be quiet

calor (m) heat; **Hace calor.** It is hot.

cama (f) bed

camarero(a) waiter, waitress

cambio (m) change; exchange

camisa (f) shirt; **camisa de vestir** dress shirt

campamento (m) campground

campo (m) the country; rural area

cansado(a) tired

cantar (regular verb) to sing

cara (f) face

carbón (m) charcoal

carne de res (f) beef

caro(a) expensive

carretera (f) highway

carro (m) car

carta (f) letter

cartera (f) purse, billfold

cartero (m) postman

casa (f) house; **en casa** at home

castaño(a) brown

cebolla (f) onion

cena (f) supper or dinner

cenar (regular verb) to eat supper

centro (m) downtown; **centro comercial** shopping center

cepillar(se) (regular verb) to brush (one's hair or one's teeth)

cepillo de dientes (m) toothbrush

cerca de (prep) near to

cerdo (m) pork

cerrado(a) closed

ciego (m) a blind man

ciencia (f) science

cirujano (m) surgeon

clasificados (m) classified ads

coche (m) car

cocina (f) kitchen

cocinar (regular verb) to cook

codo (m) elbow

colgar (stem-change verb o→ue) to hang up

collar (m) necklace

colmado (m) grocery store

comedor (m) dining room

comer (regular verb) to eat

comisaría (f) police headquarters

comprar (regular verb) to buy

comprender (regular verb) to understand

computadora (f) computer

con (prep) with

con permiso Excuse me.

conducir (irregular first-person like *conocer*) to drive

congregación (f) congregation

conocer (irregular first-person) to know, to be acquainted with people or places

contar (stem-change verb o→ue) to count; to tell, to relate

contento(a) happy; satisfied

contestar (regular verb) to answer

conversar (regular verb) to talk

corbata (f) necktie

cordero (m) lamb

coro (m) choir

correo (m) mail; post office

correr (regular verb) to run

corto(a) short (in length)

cosa (f) thing

costar (stem-change verb o→ue) to cost

crecer (irregular first-person like *conocer*) to grow

creer (regular verb) to believe

creyente (m, f) believer

cuadra (f) city block

¿cuál(es)? which one(s)?, what?

¿cuánto(-os,-a,-as)? how much?, how many?; **¿Cuánto cuesta?** How much does it cost?

cuarto (m) room; bedroom

cuchara (f) spoon

cuchillo (m) knife

cuello (m) collar (on a shirt); neck

cuenta (f) bill: *¿Vas a pagar la cuenta?* Are you going to pay the bill?

cuento (m) story

cuero (m) hide; leather

cuidar (regular verb) to take care of

dar (irregular first-person like *estar*) to give; **dar de comer** to feed; **dar la mano** to shake hands

de buen humor in a good mood

de mal humor in a bad mood; upset

¿de quién? whose?

¿de veras? Is that true?; really?

debajo de (prep) under

deber (regular verb) to owe; **deber + infinitive** to be supposed to, ought to

débil weak

decir (irregular first-person) to say; to tell

dedo (m) finger

dejar (de) (regular verb) to stop (doing something)

delante de (prep) in front of

delgado(a) thin

demasiado too (much)

dentro de (prep) inside of

dependiente (m, f) sales person

deportes (m) sports

deportista (m, f) active in sports

deportivo(a) concerning sports

desayunar (regular verb) to eat breakfast; **desayuno** (m) breakfast

descubrir (regular verb) to discover

desierto (m) the desert

despedida (f) farewell

despertar(se) (stem-change verb e→ie) to wake up (oneself)

detrás de (prep) behind

dientes (m) teeth

diez mandamientos (m) the ten commandments

dinero (m) currency, money

dirección (f) address

divertido(a) amusing, fun-loving

divertir(se) (stem-change verb e→ie) to have fun; to enjoy (oneself)

docena (f) dozen

¿dónde? where?; **¿Dónde está?** Where is it?

dormir (stem-change verb o→ue) to sleep; **dormirse** to go to sleep

dormitorio (m) bedroom

duchar(se) to shower; **ducha** (f) shower

dulce (m) candy; (adj) sweet

dúo (m) duet

durante (prep) during

durazno (m) peach

e (conj) and (used instead of *y* before words that begin with *i* or *hi*)

echar de menos (a alguien) (regular verb) to miss (someone)

educación física (f) physical education

ejemplo (m) example

empezar (stem-change verb e→ie) to begin

empresa (f) company, business

empresario (m) director of a company or business

en (prep) on; in; inside of

encantar (regular verb) to delight

encima de (prep) on top of

encontrar (stem-change verb o→ue) to find something; to meet, to run into

enfermero(a) nurse

enfermo(a) sick

ensayar (regular verb) to rehearse, to practice

enseñar (regular verb) to point out; to teach

entender (stem-change verb e→ie) to understand

entrar (regular verb) to enter

equipaje (m) luggage

equipo (m) team

escribir (regular verb) to write

escuchar (regular verb) to listen (to)

escuela (f) school

ése that

espalda (f) back

espejo (m) mirror

esperar (regular verb) to wait for

esquiar (regular verb) to ski; **esquí** (m) ski

esquina (f) corner

estación de autobús (f) bus station

estar (irregular verb) to be (condition or location)

éste this

estrecho(a) narrow

estrella (f) star

estudiar (regular verb) to study

estufa (f) stove

expresión (f) expression

extraño(a) strange

falda (f) skirt

fascinar (regular verb) to fascinate

fe (f) faith

fecha (f) date; *¿Qué fecha es hoy?* What is the date today?

felicitar (regular verb) to congratulate

feo(a) ugly

fin de semana (m) weekend

flaco(a) slim, skinny

flauta (f) flute

flores (f) flowers

fósforos (m) matches

frente (f) forehead; **frente a** (prep) in front of

fresco cool

frijoles (m) beans

frío(a) cold; **Hace frío.** It is cold.; **Tengo frío.** I am cold.

fuerte (m, f) strong

fútbol (m) soccer; **fútbol americano** football

ganar (regular verb) to win, to gain

ganga (f) bargain

gasolinera (f) gas station

gato(a) cat

generoso(a) generous

gimnasia (f) gymnastics

gimnasio (m) gymnasium

gordo(a) fat

grande (m, f) big

guante (m) glove

guapo(a) handsome; beautiful

guineo (m) banana

habichuelas (f) beans

hablar (regular verb) to speak

hacer (irregular first-person) to do; to make

hay there is; there are

heladería (f) ice-cream parlor

himnario (m) hymnal

himno (m) hymn

historia (f) history

hombro (m) shoulder

hora (f) hour, time; **hora de llegada** time of arrival; **hora de salida** time of departure

horario (m) schedule

hoy día nowadays

huevo (m) egg

iglesia (f) church

ingeniero(a) engineer

inglés (m) English

interesante (m, f) interesting

invierno (m) winter

invitar (regular verb) to invite

ir (irregular verb) to go; **ir de compras** to go shopping; **irse** to leave

isla (f) island

joven (m, f) young person; (adj) young

jugador(a) player

jugar (stem-change verb u→ue) to play (games or sports)

jungla (f) jungle

junto a (prep) beside

laboratorio (m) laboratory

lago (m) lake

lana (f) wool

lápiz (m) pencil

largo(a) long

lata (f) can; **latas de refresco** cans of soft drink

lavar (regular verb) to wash; **lavar la ropa** to do the laundry; **lavar los platos** to do the dishes; **lavar(se)** to wash (oneself)

lechuga (f) lettuce

leer (regular verb) to read

lejos de (prep) far from

levantar (regular verb) to pick up, to raise; **levantarse** to get up

limón (m) lemon

limpio(a) clean

linda pretty (for girls)

línea (f) line

liso(a) straight

listo(a) ready

luna (f) moon

luz (f) light

llegar (regular verb) to arrive

llevar (regular verb) to take, to carry

lluvia (f) rain

madera (f) wood

maestro(a) teacher

maíz (m) corn

maleta (f) suitcase

malo(a) mean, bad

mandar (regular verb) to send

manga (f) sleeve; **mangas cortas** short sleeves; **mangas largas** long sleeves

mano (f) hand

mantel (m) tablecloth

manzana (f) apple

máquina (f) machine; **máquina de escribir** typewriter

mar (m, sometimes f) the sea

marca (f) brand

marcar (regular verb) to dial

marimba (f) musical instrument similar to a xylophone

marrón brown

matemáticas (f) mathematics

mecánico (m) mechanic

medias (f) socks, stockings

médico (m) medical doctor

mencionar (regular verb) to mention

menú (m) the menu

mercado (m) market

mesero(a) waiter, waitress

mirar (regular verb) to look at

misionero (m) missionary

mochila (f) backpack

molestar (regular verb) to bother

montaña (f) mountain

moreno(a) brunet(te)

morir (stem-change verb o→ue) to die

mostaza (f) mustard

mostrador (m) the display case; counter

muchacha (f) girl

muchacho (m) boy

mucho(a) much

muñequitos (m) cartoons

museo (m) museum

nacer (irregular first person like *conocer*) to be born

nada nothing (not anything)

nadar (regular verb) to swim

nadie no one (not anyone)

naranja (f) an orange

nariz (f) nose

natación (f) swimming

Navidad (f) Christmas

necesitar (regular verb) to need

negro(a) black

nervioso(a) nervous

ni neither; nor

nieve (f) snow

ninguno(a) none (not any)

Noche Buena (f) Christmas Eve

noticias (f) news

novela (f) novel

nuevo(a) new

Nuevo Testamento (m) New Testament

número (m) number; size

nunca never

o (conj) or

obedecer (irregular first-person like *cono-cer*) to obey

obrero(a) laborer; blue-collar worker

ocurrir (regular verb) to occur, to happen

oficina del director (f) principal's office

ofrecer (irregular first-person like *cono-cer*) to offer

oír (irregular first-person) to hear

¡Ojalá! I hope so!

ojo (m) eye

olvidar (regular verb) to forget; **olvidarse** to forget about

oración (f) prayer

orar (regular verb) to pray

oro (m) gold

otro(a) other

paciente (m, f) patient

pagar (regular verb) to pay

página (f) page

pan (m) bread

panecillos (m) buns

pantalones (m) pants, trousers

papa (f) potato

paquete (m) package

para (prep) for

paraguas (m) umbrella

parque (m) park

partido (m) game, match

pasaje (m) ticket; **pasaje de ida y vuelta** round-trip ticket

pasar (regular verb) to pass; to go beyond; **pasar la aspiradora** to run the vacuum cleaner

pasta de dientes (f) toothpaste

pastores (m) shepherds

pato(a) duck

pecador(a) sinner

pedir (stem-change verb e→i) to ask (for)

peinar(se) (regular verb) to comb one's hair

pelo (m) hair

pensar (stem-change verb e→ie) to think

pequeño(a) small

perder (stem-change verb e→ie) to lose

periódico (m) newspaper

permitir (regular verb) to permit, allow, let

pero (conj) but

perro (m) dog

pescado (m) fish

pesebre (m) manger

pie (m) foot; **a pie** on foot

pimienta (f) pepper

planchar (regular verb) to iron (clothes)

playa (f) beach

poco(a) small amount (of)

poder (stem-change verb o→ue) can, to be able to, may

pollo (m) chicken; **pollo frito** fried chicken

poner (irregular first-person like *hacer*) to place, to put; **poner la mesa** to set the table; **ponerse** to put (clothes) on

por fin finally

por lo menos at least

¿por qué? why?; **porque** because

por supuesto of course

postre (m) dessert

practicar (regular verb) to practice

precio (m) price

predicador (m) preacher

predicar (regular verb) to preach

preferir (stem-change verb e→ie) to prefer

preparar (regular verb) to prepare; **preparar la comida** to prepare a meal; **preparar(se)** to get (oneself) ready

presentar (regular verb) to present; to introduce

prestar (regular verb) to loan

primero(a) first (in order)

probar (stem-change verb o→ue) to try

prometer (regular verb) to promise

pronto (adv) immediately; **de pronto** suddenly

propina (f) tip

próximo(a) next

puerta (f) door

¡Qué pena! What a shame!

quedarse (regular verb) to stay

querer (stem-change verb e→ie) to want

¿quién? who? whom?; **¿a quién?** to whom

quitarse (regular verb) to take (clothes) off

recetar (regular verb) to prescribe; **receta** (f) prescription

recibir (regular verb) to receive

recordar (stem-change verb o→ue) to remember

regalo (m) gift

regresar (regular verb) to return

reír (stem-change verb e→i) to laugh

reloj (m) clock; watch

repetir (stem-change verb e→i) to repeat

reservar (regular verb) to reserve

restaurante (m) restaurant

revista (f) magazine

reyes magos wise men (kings)

río (m) river

rizado curly

roca (f) rock

rojo(a) red

romper (regular verb) to break

rubio(a) blond(e)

saber (irregular first-person) to know

sabio(a) wise

sacar (regular verb) to take (away or off); **sacar fotos** to take pictures

sal (f) salt

sala (f) living room; **sala de espera** waiting room

salir (irregular first-person like *hacer*) to go out

sano(a) well; in good health

segundo(a) second (in order)

sello (m) stamp

selva (f) jungle

semáforo (m) traffic light

sentar(se) (stem-change verb e→ie) to seat (oneself)

sentir (stem-change verb e→ie) to feel; to regret; **sentirse** to feel (physical or emotional state)

señalar (regular verb) to point out; to indicate with signals

ser (irregular verb) to be (identification, characteristic)

serio(a) serious

servilleta (f) napkin

servir (stem-change verb e→i) to serve

siempre always

siglo (m) century

sillón (m) upholstered chair

simpático(a) friendly, nice

sol (m) the sun

sombrero (m) hat

sonar (stem-change verb o→ue) to sound, to ring: *El teléfono suena.* The phone is ringing.

subir (regular verb) to go up, to board

suéter (m) sweater

tacaño(a) stingy

talla (f) size

también also

tarde (f) afternoon; (adj) late

tarea (f) homework, assignment

tarjeta (f) card; **tarjeta postal** postcard

teatro (m) theater (for dramatic productions)

teléfono (m) telephone; **teléfono público** public telephone

televisor (m) television set

temperatura (f) temperature

temprano early

tenedor (m) fork

tener (irregular verb) to have; **tener éxito** to be successful

terminar (regular verb) to finish

testificar (regular verb) to witness

tienda (f) store

tocadiscos (m) record player

tocar (regular verb) to touch; to play (an instrument); **tocar la puerta** to knock

todavía yet, still

tomar (regular verb) to take; to drink; **tomar asiento** to take a seat; **tomar un café** to have coffee; **tomar un paseo** to go for a walk

tonto(a) dumb, foolish

trabajar (regular verb) to work

traducir (irregular first-person like *conocer*) to translate

traer (irregular first-person like *caer*) to bring

traje (m) suit

tranquilo(a) calm, easy-going

triste (m, f) sad

trompeta (f) trumpet

u (conj) or (used instead of *o* before words that begin with *o* or *ho*)

último(a) last

usar (regular verb) to use

vacaciones (f) vacation

vaso (m) drinking glass

vecino(a) neighbor

vender (regular verb) to sell

venta especial (f) special sale

ventana (f) window

ver (irregular first-person) to see

verdad (f) truth **¿verdad?** Isn't that right?

verde green

vestido (m) dress

vestir(se) (stem-change verb e→i) to dress (oneself)

vez (f) time, turn: *Ella cantó tres veces.* She sang three times. **a la vez** at the same time; **a veces** sometimes; **cada vez** each time; **de una vez** at once; once and for all

viajar (regular verb) to travel

viaje de ida y vuelta (m) round trip

viejo(a) old

viento (m) wind

vivir (regular verb) to live

volar (stem-change verb o→ue) to fly

volibol (m) volleyball

volver (stem-change verb o→ue) to return, to go back

y (conj) and

zanahoria (f) carrot

zapato (m) shoe

SONGS

▲▲

Yo Tengo Gozo

Arr. by H. D. L.

Yo ten - go go - zo, go - zo en mi co - ra - zón,

En mi co - ra - zón, en mi co - ra - zón; Yo ten - go go - zo, go - zo,

en mi co - ra - zón, por - que Cris - to me sal - vó.____

Hay Un Nombre

C. Austin Miles

C. Austin Miles

Hay un nom - bre nue - vo en la glo - ria;___ mí - o

es, sí, mí - o es. Y los án - ge - les can - tan la his - to - ria 'Sal-

vo es el pe - ca - dor.' Oh hay un nom - bre nue - vo en la

glo - ria;___ mí - o es, sí, mí - o es. To - dos

mis pe - ca - dos ya son per - do - na - dos. ¡Glo - ria al Se - ñor!

Quiero Cantar

Autor desconocido

Quie - ro can - tar u - na lin - da can - ción de un

hom - bre que me trans - for - mó.___ Quie - ro can - tar u - na

lin - da can - ción de a - quel que mi vi - da cam - bió.___ Es mi a-

mi - go Je - sús,___ es mi a - mi - go Je - sús;___ El es

Dios,___ El es Rey,___ es a - mor,___ y ver-

dad,___ Só - lo en El___ en - con - tré___ e - sa paz___ que bus-

qué___ só - lo en El___ en - con - tré___ la fe - li - ci - dad.___

¡Al Mundo Paz, Nació Jesús!

Autor desconocido

G. F. Handel

¡Al mun - do paz, na - ció Je - sús! Na - ció ya nues - tro

Rey; El co - ra - zón ya

tie - ne_ luz,___ Y paz su san - ta_ grey, Y___ paz su san - ta_

grey, Y___ paz,___ y paz___ su san - ta grey.

Noche De Paz

Joseph Mohr
Tr. Anónimo

Ascrito a Franz Grüber

¡No - che de paz, no - che de a - mor! To - do duer - me en

de - rre - dor, En - tre los as - tros que es - par - cen su luz,

Be - lla a - nun - cian - do al ni - ñi - to Je - sús, Bri - lla la es - tre - lla de

paz, _____ Bri - lla la es - tre - lla de paz. _____

¡Oh, Santísimo, Felicísimo!

Johannes Falk
Tr. Anónimo

Melodía Siciliana

¡Oh, san - tí - si - mo, _____ fe - li - cí - si - mo, _____

Gra - to tiem - po de Na - vi - dad!

Al mun - do per - di - do Cris - to le ha na - ci - do;

¡A - le - grí - a, a - le - grí - a, cris - tian - dad!

INDEX

present participle, 106, 110, 118
present progressive, 106
professions, 7, 240
pronouns
    demonstrative, 220-21
    direct object, 121, 136, 140, 259
    indirect object, 138, 140, 259
    object of the preposition, 86
    placement, 122, 259-60, 263, 269
    reflexive, 191, 201-2, 270
    relative, 56
    subject, 23, 61
pronunciation, 65
punctuation, 11

question formation, 17, 29
question words, 243

saber, 148, 174
salir, 154
salvation terminology, 230
seasons, 127, 129, 133
sentir, 164
ser, 45, 48, 53-55, 72, 225
servir, 173
Spanish language, 12
sports, 144
syllables, 11

tener, 22, 68, 130
    idiomatic expressions, 130
time-telling, 74-76
tocar, 148
traer, 155, 243
transportation modes, 104
tú versus *usted*, 23, 61

venir, 120
ver, 112, 227
verb
    irregular preterite, 250-51
    irregular *yo* form, 128, 148, 154-57, 162, 212
    plus infinitive, 213, 241
    plus preposition plus infinitive, 213, 241
    present tense, 90, 106
    preterite tense, 210, 233, 251
    reflexive, 190-92, 201-2
    regular -ar, 83-84, 89-90, 96, 210, 233
    regular -er, 110, 218, 233

regular -ir, 118-19, 218, 233-34
    stem change e→i, 173, 234
    stem change e→ie, 164, 234
    stem change o→ue, 167, 234
    stem change u→ue, 147
vocabulary
    accessories, 53
    airport, 135
    body parts, 199-200
    Christmas, 118
    church, 14
    clothing, 161
    descriptions, 181
    directions, 267
    downtown, 60, 266-67
    emotions, 38
    food, 171-73, 259
    house, 22
    housework, 208
    leisure activities, 153
    mail, 217
    materials, 53
    musical instruments, 89
    personal care, 189
    personal characteristics, 44
    physical characteristics, 44
    professions, 7, 240
    reading materials, 110
    restaurant, 171
    salvation terminology, 230
    school
        classroom commands, 9
        subjects, 28
    shopping, 103
    sports, 144
    table-setting, 258
    vacation, 249
    weather, 129
vowels, 236
    a, 19, 51
    e, 19
    i, 26
    o, 33
    u, 41
    diphthongs, 56, 222

weather, 129
word division, 11, 70

ACKNOWLEDGMENTS

A careful effort has been made to trace the ownership of selections included in this textbook in order to secure permission to reprint copyright material and to make full acknowledgment of their use. If any error or omission has occurred, it is purely inadvertent and will be corrected in subsequent editions, provided written notification is made to the publisher.

PHOTOGRAPH CREDITS

The following agencies and individuals have furnished materials to meet the photographic needs of this textbook. We wish to express our gratitude to them for their important contribution.

George R. Collins
Eastman Chemicals Division
Ecuador Tourism Office
Embassy of Argentina
Embassy of Peru
Gene Fisher
Ivonne Benard Gardner
Wade Gladin
Beulah E. Hager

Hampton III Gallery
Mary Hanna
Jaime Lara
Barbara Lewis
Eva Llanos
Helen Mason
Metropolitan Museum of Art,
  Lehman Collection
Hidaí Ponce

Suni Ponce
Omayra Roman
Maribel Ruíz
Gina Santi
Unusual Films
Andy Wolfe
John Wolsieffer
World Bank Photo, E.
  Huffman

Cover
George R. Collins (tl); World Bank, E. Huffman (r); Unusual Films (bl)

Title pages
John Wolsieffer ii (tl); Barbara Lewis ii (bl); Beulah E. Hager ii (m), iii

Chapter 1
Unusual Films 1; Wade Gladin 4

Chapter 2
Beulah E. Hager 12, 13, 16, 18, 24, 32; Unusual Films 27

Chapter 3
Beulah E. Hager 34, 38, 42 (both), 43, 46, 47, 48, 55, 57

Chapter 4
Beulah E. Hager 58, 64, 67, 71 (all), 72, 75, 77; Unusual Films 62

Chapter 5
Beulah E. Hager 82, 99; Andy Wolfe 81, 84, 91; Barbara Lewis 85; Wade Gladin 88, 94

Chapter 6
World Bank Photo, E. Huffman 101; Beulah E. Hager 107; Unusual Films 108; Eva Llanos 112, 113 (both); Wade Gladin 116; Eastman Chemicals Division 125

Chapter 7
Beulah E. Hager 126, 133 (r), 138, 139, 147; Wade Gladin 133 (l); Gene Fisher 133 (m); Helen Mason 142 (m, r); Metropolitan Museum of Art, Lehman Collection 142 (l)

Chapter 8
Barbara Lewis 151; Beulah E. Hager 154, 159 (both), 163, 171, 175, 178; Wade Gladin 164, 165

Chapter 9
Eva Llanos 179, Wade Gladin 186; Embassy of Argentina 200; Barbara Lewis 204

Chapter 10
Ecuador Tourism Office 205, 211, 226; Unusual Films 207; World Bank Photo, E. Huffman 222; John Wolsieffer 223 (l); World Bank Photo 223 (r); Barbara Lewis 225

Chapter 11
John Wolsieffer 231, 234, 248 (both), 255 (r); Unusual Films 239; Eva Llanos 246 (both), 247; Beulah E. Hager 252; Embassy of Peru 255 (l)

Chapter 12
Gina Santi 256, 264; Beulah E. Hager 268, 276 (r); Barbara Lewis 272, 276 (l)